KB230878

국어의 음운 체계 습득 과정

국어의 음운 체계 습득 과정

김태경 · 김명희 · 안미리 공저

한국학술정보㈜

머리말

    아기들은 태어나면서부터 사람들과의 상호작용 속에 성장해 가며 자연스럽게 모국어의 음운 체계를 습득한다. 모국어에 속한 소리를 정확하게 내는 방법을 익히고, 단어의 의미 구별에 관여하는 소리의 특징을 알게 되며, 소리들이 환경에 따라 어떻게 변화하는지에 대한 지식을 습득한다. 이와 같이 유아의 음운 체계 습득 과정은 조음 능력의 발달뿐만 아니라 모국어의 음소 체계 및 음운 교체형에 대한 지식 습득까지도 포함한다.

    모국어의 음운 체계 습득에 관한 이해는 언어의 본질을 탐구하는 데 필수적인 부분이 되며, 인간의 인지 발달 과정에 대한 근본적인 질문에 대한 답을 제공해 주기도 한다. 또한, 유아의 조음 능력 발달 시기에 대한 정보들은 양육 과정에서 직접적으로 활용될 수 있고, 이후 시기의 발달 지표 확립을 위한 기초 자료가 될 수 있다.

    음운 체계 습득 연구는 음운학, 신경과학, 심리학, 교육학, 아동학 등 다양한 학문 분야에서 접근할 수 있는 학제 간 연구 영역에 속한다. 그동안 여러 학문 영역에서 음운 습득에 관한 연구가 수행되어 왔지만, 아직 국내에서는 구체적인 언어 자료에 근거하여 총체적인 음운 체계 발달 과정을 소개하는 책이 나오지 못하였다. 이 책이 나오게 됨으로써 음운학뿐 아니라 아동학, 심리학, 교육학 등 여러 학문 분야의 연구자들이 실질적 도움을 받게 되기를 희망한다.

이 책의 내용은 2002년부터 2004년까지 한국학술진흥재단의 기초학문육성과제 지원을 받아 이루어진 「한국인의 의사소통능력 발달 단계에 관한 연구(KRF - 2002 - 074 - AM1055)」 가운데 영유아의 음운 체계 습득에 관한 내용만을 간추린 것이다.

영유아 단계의 언어 습득 과정을 관찰하기 위하여 이 연구에서는 생후 36개월 미만(조사 시작 시점 기준)의 아동 22명을 대상으로 매주 60분씩 10개월간 지속적으로 언어 자료를 수집하고, 이를 토대로 산출음의 목록과 빈도, 분절음 대치의 양상, 음운 과정(phonological process)의 유형과 빈도, 억양 목록과 운율 단위 등을 분석하였다.

이 책은 생후 6개월에서 3년에 이르는 동안 아동의 조음 능력과 국어 음운 변별 능력이 발달해 가는 일반적인 과정을 다루고 있다.

언어 습득의 경이로움을 담아내기에는 턱없이 거칠고 부족하지만, 음운 체계 습득의 얼개를 어느 정도 보일 수 있게 되었다고 보아 일단 책을 내게 되었다. 여기에서 다루지 못한 각 아동의 개별적 발달 형태와 개인차에 대한 상세한 기술은 다음 기회로 미루게 된 점을 밝혀둔다.

이 책은 모두 5장으로 구성되어 있다. 제1장에서는 음운 체계 습득이란 무엇을 의미하는지에 대해 알아보고, 분석 대상 자료 및 자료 분석 절차를 소개한다. 제2장에서는 말소리의 산출이 어떤 순서로 이루어지는가를 구체적으로 보인다. 제3장에서는 아동이 보이는 분절음 대치 현상을 제시하고, 이를 근거로 자음 체계와 모음 체계가 습득되는 과정을 자세히 살펴본다. 제4장에서는 음운 습득 과정에서 보이는 음운 변동과 조음 책략에 관하여 알아본다. 마지막으로 제5장에서는 아동이 성장하면서 억양 사용과 운율 단위 구성에 어떠한 변화가 나타나는지를 추적해 본다.

이 책이 나오게 되기까지, 그리고 이 책의 바탕이 된 연구가 이루어지는 동안, 정말 많은 역할을 해 주신 수많은 분들의 도움과 수고가 있었다. 연구책임자이신 장경희 선생님은 주제의 구상에서부터

집필과 출판에 이르기까지 모든 면에서 방향을 제시하고 헌신적으로 도와주셨다. 그리고 통사론 연구를 하시며 음운 발달 분야의 연구에도 기꺼이 조언해 주신 이필영 선생님, 초기에 같이 참여하시고 모든 면에서 각별한 관심과 다양한 견해를 주신 이삼형 선생님께도 진심으로 감사드린다. 졸고를 꼼꼼히 읽어주고 조언과 격려를 아끼지 않았던 연구원들과 방대한 분량의 언어 자료 구축과 태깅 등 자료 처리 과정에서 열성적으로 도와준 박사과정의 김정아, 백경미 등 모든 팀원들의 노력에 이 자리를 빌려 고마움을 전하고 싶다.

아울러 이 책의 출판을 맡아주신 한국학술정보와 보기 좋은 책으로 만드는 데 수고해 주신 편집 실무진께도 감사드린다. 무엇보다 한 시간씩 걸리는 녹음 과정에 10개월 이상 꾸준히 참여해 주신 아기와 그 어머니들께 가장 크게 감사드린다.

이 책을 시작으로 음운 체계 발달에 더 많은 관심이 기울여지길 바라며, 앞으로 심도 있는 언어 습득 연구들이 활발하게 이루어지질 기대한다.

차 례

제1장 서 론

아기들이 말을 배워나가는 과정은 너무나 자연스럽게 보인다. 그리고 우리는 자신이 겪었던 모국어 습득 과정에 대해 거의 기억하고 있지 못하다. 이 때문에 우리는 언어 습득 과정을 아주 단순한 것으로 여길 수 있다. 그러나 우리가 사용하고 있는 언어 체계의 복잡성과 규칙성을 생각해 보면, 영유아들의 언어 습득은 정말 놀라운 수수께끼가 아닐 수 없다.

언어 습득의 첫 과제는 말의 소리를 익히고 제대로 발음하는 일일 것이다. 이제부터 우리는 영유아 단계의 아동이 국어의 음운 체계를 습득해 가는 과정을 세밀히 살펴보려 한다. 이를 위해서 먼저 음운 체계 습득이란 무엇을 가리키는지부터 이해할 필요가 있다.

1. 음운 체계 습득이란?

지구상에서 쓰이는 수많은 언어들은 저마다 특정한 소리의 목록, 즉 음소(phoneme)들을 가지고 있고, 이 소리들의 다양한 조합을 통하여 각기 다른 뜻의 단어들이 만들어진다.

국어에는 약 29개의 음소가 있는데(지역과 세대에 따라 그 수가 조금씩 다르다), 각 음소는 단어들의 특정 위치에서 교체되면서 단어들의 의미를 분화시켜 준다. 국어의 '발'과 '팔', '불'과 '풀', '입'

과 '잎'은 같은 자리에 놓인 두 소리 /ㅂ/와 /ㅍ/의 음성적 차이 때문에 전혀 다른 뜻을 가진 단어가 된다. 그러므로 /ㅂ/와 /ㅍ/는 별개의 음소(phoneme)이다.

그러나 동일한 음소라도 발음할 때마다 여러 가지 생리적인 이유로 또는 주변 음의 특성 때문에 소리가 약간씩 달라진다. 국어의 /ㅂ/는 '바지'라는 단어를 말할 때에는 대개 무성파열음 [p]로 소리 나며, '아버지'라는 단어를 말할 때에는 성대의 진동을 동반한 유성파열음 [b]로 소리 난다. 화자에 따라서는 /ㅂ/를 종종 마찰음 [β]로 발음하기도 한다. 사실 [p]와 [b], 그리고 [β]는 음성적으로 큰 차이가 있다. 그러나 한국어가 모국어인 화자들은 이 두 소리를 구별하지 않고 하나의 소리로 인식한다. 즉 [p]와 [b]와 [β]는 국어의 음운 체계 내에서 독립적인 위치를 차지하지 못하며 한 음소가 환경에 따라 달리 나타난 변이음(allophone)일 뿐이다.

아기들은 다른 사람과의 언어적 상호작용을 통해 이와 같이 무수한 말소리들이 나타내는 미세한 차이와 그것들이 지니는 기능을 알아 나간다. 어떤 소리들이 하나의 테두리 안에 들어가고 어떤 소리들은 들어갈 수 없는지, 그리고 그 차이를 만들어 내는 음의 주된 특징은 무엇인지가 포착되고 각인된다. 또한, 조음 기관을 잘 조절하여 목표한 소리를 내도록 연습한다.

이렇게 하여 머릿속에 자리잡힌 모국어의 음운 체계는 이후에 듣는 모든 말소리를 식별하는 데 계속해서 영향을 미친다. 성인이 되어 다른 언어를 접할 때에 우리는 모국어에 없는 다른 소리를 모국어에 존재하는 음소로 변형하여 인식하는 경향이 있다. 가령, [r]과 [l]은 영어에서 엄연히 다른 음소이지만, 한국인은 이를 비슷한 소리로 인식하고 둘 다 /ㄹ/처럼 발음하는 일이 흔하다.

그러므로 언어 습득 과정에서 나타나는 분절음은 두 가지 관점에서 관찰할 수 있다. 하나는 분절음의 출현이 조음 능력의 발달을 나타낸다고 보는 관점이고, 다른 하나는 음소 변별 능력의 발달을 나타낸다고 보는 관점이다.

이 두 가지 능력, 즉, 조음 기관을 움직여 어떤 소리를 내는 능력과 한 언어 내의 음운 대립을 수립하는 능력은 결코 동일하게 취급될 수 없다. 가령, 어떤 단계에서는 특정 음소의 특징과 그 의미 변별 기능을 알지만 단지 조음기관의 미성숙으로 인하여 제대로 발음하지 못하는 경우가 있을 수 있다. 반면에 음성적으로 전혀 다른 두 개의 소리를 발음할 수 있지만 그 두 소리를 단어들 간의 의미를 변별하는 데 사용하지 못하고 단지 우연히 산출한 것일 경우도 있다. 따라서 아동의 음소 습득 순서를 수립하는 데에는 산출음의 목록뿐 아니라 산출음이 목표로 하고 있는 발음과의 대응을 관찰하는 것이 필수적이다.

개별 음소의 습득과 더불어, 아기들은 국어에서 어떤 소리들이 같이 조합되고 어떤 소리들이 조합되지 않는지, 어떤 위치에서 어떤 소리가 나타날 수 없는지에 관한 제약들을 익힌다. 가령, 국어의 /ㄱ, ㄷ, ㅂ/는 비음 앞에 오지 못한다는 제약이 있다. 이러한 제약으로 인해 '밥'이라는 단어는 "밥 줘"에서는 [밥]으로 발음되지만, "밥 먹어"에서는 [밤]으로 발음된다. 따라서 청자는 [밤]이라는 표면형을 듣고 모국어의 음운 제약과 문맥을 고려하여 기저형 /밥/을 추론해 내야 한다.

음운 제약을 이해함으로써 올바른 표면형을 도출하고 역으로 표면 음성에서 기저형을 추론해 내게 되기까지 아동들은 물론 수많은 시행착오를 거친다. 필자 한 사람의 딸은 네 살 무렵, "수영은 못 할 걸."이라는 엄마의 말에 "탈 수 있어!"라고 대답해서 모두를 웃게 만든 일이 있다.

이와 같이 음운 제약들이 언어 습득 과정에 있는 아동에게 어떻게 받아들여지고 있는가 하는 것도 음운 습득 과정을 관찰하는 데 있어서 빼놓을 수 없다. 특히, 아동의 연령이 낮을수록 발음의 경제성을 위한 음운 변동 규칙이 확대 적용되는 것은 언어 습득 과정에서 보이는 흥미로운 현상이다.

또한, 말소리에는 분절음 못지않게 의사소통에서 큰 역할을 하는 요소가 있는데, 억양이나 쉼(pause)과 같은 운율적 요소가 그것이다. 동일한 음소의 조합이라 하더라도 여기에 서로 다른 억양과 쉼을 얹어 말하면 전혀 다른 문법적·화용적 의미를 전달하게 된다. 예를 들어, "사과 줘"라는 말소리는 음소의 목록과 순서를 재배치하지 않고도 끝을 올려 말하는가 내려 말하는가에 따라서 발화의 목적을 달리 해석하게 된다. 이와 같이 음소(분절음)에 얹혀서 나타나는 운율적 요소들을 초분절적(suprasegmental) 요소라고 한다.

따라서 음운 체계 습득 과정을 관찰할 때에는 앞에서 말한 분절음의 발달과 더불어 분절음에 얹힌 억양 패턴이나 리듬 등의 운율적 요소에도 관심을 기울일 필요가 있다. 즉 아동이 발화 단위의 경계에서 어떤 억양을 주로 사용하며 월령이 높아지면서 억양 선택에 어떠한 변화가 나타나는가, 소통 의도가 억양에 어떻게 반영되는가 등이 모두 우리의 관찰 대상이 된다. 또한, 쉼으로 나타나는 운율 단위는 화자의 의식에서 정보의 흐름이 어떻게 이루어지는지를 보여주므로 아동의 말에서 운율 단위가 어떻게 구성되는가,

그리고 발화의 통사 구조와 어떻게 관련되는가를 관찰함으로써 인지적 발달 과정에 대한 모색도 함께 이루어질 수 있을 것이다.

요컨대, 한 언어의 음운 체계를 습득한다는 것은 단순히 그 언어에 속한 자음과 모음을 정확하게 산출하게 되는 것만을 의미하지 않는다. 음운 체계 습득 과정은 분절음 층위의 발달과 초분절음 층위의 발달을 모두 포함한다. 그리고 분절음 층위의 발달은 개별음에 대한 산출 능력과 범주화 능력, 그리고 음운 제약에 대한 이해를 모두 포괄하는 것이다.

2. 분석 대상 자료 및 수집 방법

2.1 대상 아동과 언어 자료

이 책에서 분석 대상으로 삼은 자료는 주 1회 60분씩 10개월~1년간 지속적으로 녹음에 참여한 총 22명 아동의 발화 자료이다. 대상 아동들의 연령은 조사 시작 시점에 생후 4~34개월에 속하며, 조사 시작 시점의 월령을 기준으로 6개월 단위로 분류하여 각 단계별로 대상자의 수가 일정하게 분포되도록 구성하였다. 본 연구에서 녹음 대상으로 선정한 아동들의 월령 분포를 표로 보이면 다음과 같다.

〈표1〉 조사 대상 아동의 월령 분포

대상자 구분	성별	월령(조사 당시)	조사 횟수(시간)
A	여	4~14	38
B	남	4~15	41
C	남	8~23	36
D	여	9~20	40
E	여	10~20	36
F	남	10~22	36
G	여	12~24	41
H	여	14~25	37
I	남	16~25	40
J	남	17~28	40
K	여	17~26	40
L	여	19~30	44
M	남	23~31	39
N	남	23~29	23
O	남	24~32	40
P	남	24~35	37
Q	여	22~40	53
R	여	25~36	39
S	여	31~42	39
T	남	32~43	40
U	여	31~41	40
V	남	34~43	40

일반적으로 종적인 조사에서 피험자가 전체를 대표할 수 있는 전형적인 인물인지를 결정할 수 있는 과반수 자료를 갖추기 위해서는 피험자 수가 3명 이상이 되어야 한다고 보고 있다(박경자, 1997:23). 본 연구에서는 조사 시작 시점의 월령을 기준으로 피험자 집단을 나누되, 언어적으로 중요한 발달 지침이 되는 행동(옹알이, 일어문 발화, 이어문 발화 등)이 주로 나타나는 6개월을 간격을 단위로 하여 집단을 구성하였다. 그리고 0~6개월 집단을 제외한 모든 단계에서

각 집단별로 4명의 피험자를 선정하였다. 피험 아동들의 성별과 형제 순위 비율은 각 집단별로 동일하게 구성되었으며, 피험 아동들의 부모는 대졸 이상의 학력을 지닌 표준어 사용자들이다.

또한, 본 연구에서는 6개월 간격의 6집단에 대하여 10개월 이상 조사하는 중복적 모형을 사용함으로써 각 단계별로 최소한 8명 이상의 자료를 수집하는 효과를 갖고, 연구 결과 도출 시기를 앞당기는 한편, 문제점 발견과 방법 수정에 유연하게 대처할 수 있도록 계획하였다.

조사 방법은 아동의 일상생활에서 나타나는 자연스러운 발화 산출을 유도하기 위하여 각 가정에서 일상적인 패턴으로 부모와 아동이 상호작용하는 상황에서 녹음이 이루어지도록 하였다.[1] 또한 발음이 불분명한 유아의 경우 발화 상황에 대한 이해와 지속적이며 세밀한 관찰 없이 발화 의도를 분석해 내기란 불가능한 일이므로 대화상대자가 유아와 매우 친밀한 관계에 있을 것이 요구되며 발화 상황을 연구자에게 알리는 것이 반드시 필요하다. 그러나 녹음된 음성과 따로 노트에 기록된 사항을 종합하는 것은 번거롭고도 많은 실수를 야기할 수 있으므로 양육자가 유아의 말을 성인의 언어로 즉시 반복해서 녹음하고, 필요한 경우 비언어적인 발화 상황을 언급해서 같이 녹음하도록 하였다. 특히, 발음이 불분명한 말은 성인의 정확한 발음으로 말하여 대응음을 분석해 내기 쉽도록 하였다.

---

1) 아동의 음운 습득과 관련된 기존의 연구에서는 대부분 녹음 목표 대상 단어 목록을 정해 놓고 그림 카드 등을 이용하여 특정 단어를 유도하는 방법을 사용하였다. 그러나 이와 같은 실험을 통한 연구는 한정된 상황의 계획된 기준에 따른 자료만을 취하기 때문에 연구자가 염두에 두지 못한 현상은 간과될 위험이 있다. 본 연구에서는 이러한 점을 감안하여 녹음에 참여한 부모가 아동의 발화를 유도하되 미리 정해진 계획에 따르지 않고 최대한 자연스러운 상황에서 녹음이 이루어지도록 하였다.

녹음을 위탁받은 부모에게는 다음과 같은 녹음 지침을 사전에 알려 녹음의 질을 일정하게 유지할 수 있도록 하였다.

【참조】 녹음 지침

▶ 매회 녹음을 시작할 때 녹음 날짜, 장소를 말하여 녹음한다.

▶ 녹음 장소는 되도록 실내로 하며, 시끄러운 장소는 피한다.
　　※ 피해야 할 장소 – 패스트푸드점, 놀이공원, TV를 크게 틀어놓은 곳, 옆에서 다른 사람들이 이야기를 나누는 경우, 돌발 소음이 있는 곳 등

▶ 녹음기는 고정된 장소에 둔다.
　　– 녹음기를 움직이면 잡음이 생길 수 있으므로, 녹음기를 손에 들고 있거나 주머니에 넣는 일은 피한다. 마이크를 쓰는 경우에는 마이크를 고정된 장소에 두며, 마이크 앞면을 방해하는 물건이 없도록 한다.
　　– 부득이한 이유로 장소를 옮기는 경우, 이동거리가 다소 길다고 판단될 때에는 녹음을 잠시 중단한다. 예) 방 안에서 놀다가 마당으로 가게 되면, 그 사이에는 녹음기를 끄고 마당에 나간 후에 녹음기를 다시 튼다. 중간에 녹음이 끊긴 경우, 이 사실을 녹음 일지에 기록하고 녹음이 끊긴 시점을 알 수 있도록 녹음을 다시 시작할 때에 이를 언급하여 녹음한다.

▶ 녹음은 아동의 언어 능력이 가장 잘 드러나도록 적절한 시간대를 택해서 하고, 양육자가 아동의 발화를 효과적으로 이끌어 낸다.
　　– 아이가 잠자는 중이거나 장시간 반복적으로 이동하는 중에는 녹음을 중단한다.
　　– 녹음 중에 평소에 자주 하는 활동을 해서 아이의 일상생활과 사용 언어가 제대로 반영되도록 한다.

- 아이가 알고 있는 어휘를 많이 말할 수 있도록 녹음 당시 상황에 맞는 질문을 던져 대답을 유도한다.
- 대화 상황에 새로운 사물이나 새로운 행동이 등장했을 때 양육자가 이를 언급해서 아이가 따라하도록 유도한다.

▶ 아이의 발화 의미나 의도를 파악하는 데에 도움이 될 수 있는 정보를 같이 녹음한다.
- 발음이 불분명한 말은 양육자가 즉시 반복해서 말하되, 성인의 정확한 발음으로 말한다. 이때, 양육자의 반복 발화로 인하여 아동의 자연스러운 발화가 방해받는 일이 없도록 말하는 타이밍에 유의한다.
- 녹음 중에 대화의 이해에 중요한 실마리가 되는 상황은 녹음에 남긴다. 필요한 경우, 대화 현장에 어떤 물건이 있는지와 대화 참여자가 언제 어떤 물건과 관련한 행위를 하였는가를 언급하여 녹음한다.
- 아이가 특정 행동에 수반하여 말을 하는 경우에 아이의 말과 관련된 행동을 양육자가 구체적으로 언급한다.

▶ 녹음은 자연스러운 상황에서 한다.
- 아이가 녹음기를 의식하지 않도록 녹음기의 위치 선정에 유의한다.
- 양육자가 아동의 발화나 상황에 대한 정보를 언급할 필요가 있을 때에는 평상시의 말투로 아이와 대화하듯이 한다. 보고하는 식의 말투나 지나친 개입은 아동의 발화 형태를 왜곡할 수 있으므로 피한다.

▶ 매회 녹음이 끝난 직후에 녹음 날짜와 녹음 상황, 아동의 발달과 관련한 중요한 변화 등을 '녹음일지'에 기록한다(참조 – 녹음일지). 녹음일지에 기록하는 대상자 코드 및 번호는 해당 녹음테이프에 부착된 대상자 코드 및 번호를 따른다.

【참조】 녹음 일지

이름		연령	만 개월	성별	남/여
녹음 일시	년 월 일	녹음 장소			
녹음 분량	시간 분	대화 참여자			
녹음 조건					
대화 상황					
아기 발달 상황					
저장 파일명 (※연구소에서 작성함)					

2.2 자료 분석 절차와 방법

자료의 분석은 분절음 단위와 억양 단위로 나누어 이루어졌다.

1) 분절음 단위의 분석

분절음 단위의 분석을 위하여 녹음된 음성 자료에서 유아의 발화만을 대상으로 말소리를 문자로 기록하는 전사 작업을 수행하였다. 전사 방식은 한글을 이용한 음소 전사와 국제 음성 기호(International Phonetic Alphabet: IPA)를 이용한 정밀 전사를 병행하였다. 전사의 기본적인 표기 규약은 다음과 같다.

(1) 자음 체계2)

ㅂ p	ㄷ t	ㅈ ʨ	ㄱ k	
ㅃ p'	ㄸ t'	ㅉ ʨ'	ㄲ k'	
ㅍ pʰ	ㅌ tʰ	ㅊ ʨʰ	ㅋ kʰ	
	ㅅ s			ㅎ h
	ㅆ s'			
ㅁ m	ㄴ n		ㅇ ŋ	
	ㄹ l			

---

2) p, t, ʨ, k가 유성음화하는 경우에는 각각 b, d, ʥ, g로 표기하고, l이 탄설음화하는 경우에는 ɾ로 표기하였다. 불파한 파열음은 해당 자음의 오른쪽 위에 ˺를 붙여 표기하였다. IPA의 ' 는 본래 방출음(Ejectives)을 나타내는 기호이지만, 이 책에서는 경음을 표기하는 데 사용되었음을 밝혀둔다.

(2) 모음 체계[3]

　　ㅣ i　　　　　ㅡ ɯ　　　　ㅜ u
　ㅐ/ㅔ ɛ　　　　ㅓ ʌ　　　　ㅗ o
　　　　　　　　ㅏ ɑ

(3) 이중모음 체계

　　　　　　　ㅟ wi　　ㅢ ɯi　　　　　　　　　ㅠ ju
　ㅒ/ㅖ jɛ　ㅚ/ㅙ/ㅞ wɛ　　　　　ㅕ jʌ　ㅝ wʌ　ㅛ jo
　　　　　　　　　　　　　　　　ㅑ ja　ㅘ wa

　그 밖에 양육자의 발화는 피험 아동의 발화를 해석하는 데 참고
가 될 만한 사항만을 기록하고, 아동이 양육자의 말을 의미도 모르
는 채 그대로 반복하는 모방 발화는 자발적 발화와 구별되도록 별
도 표시하였다. 아동의 발화에서 동일한 형태의 낱말이 두 번 이상
반복되어 발화된 경우는 전사 대상에 포함하였다.

　전사 작업은 음운론을 전공하는 대학원생 2명과 필자에 의해 각
각 2차에 걸쳐 수행되었고, 전사 자료 가운데 1, 2차 전사에서 일
치된 판단이 나온 자료만을 분석 대상으로 삼았다.

2) 억양 단위의 분석

　녹음 자료 가운데 관찰 대상 아동의 발화에 대하여 회기별로 50

---

3) 표준발음법에서 규정한 국어의 단모음 체계는 10모음 체계인데, 국어의 현실 발음에서 단모
　음의 수는 지역과 세대에 따라 최대 10모음 체계에서 최소 6모음 체계까지 나타난다(배주채
　2003). 이 책에서는 서울 지역 청장년층의 현실 발음에서 'ㅔ'와 'ㅐ'의 구별이 없어지고
　'ㅟ, ㅚ'가 이중모음으로 바뀐 결과 나타난 7모음 체계를 바탕으로 전사의 표기 규약을 정하
　였다.

24

발화씩 음성을 추출하여 각각 발화 단위의 음성 파일로 저장한 다음, 발화 경계에 나타난 기본주파수(F0)의 상승과 하강 패턴을 분석하였다.

주요 억양 유형에 대한 표시 및 분석 기준은 다음과 같다.

표시	설 명	주파수 측정지점
H%	마지막음절이 앞음절보다 높게 실현되며 마지막음절 안에서 F0가 거의 동일하게 유지되는 억양	끝에서 두 번째 음절(P), 마지막 음절의 최고점(H2)
MM%	마지막음절이 앞음절과 같은 음높이로 실현되며 마지막음절 안에서 F0가 거의 동일하게 유지되는 억양	끝에서 두 번째 음절(P), 마지막음절의 최고점(H2)
L%	마지막음절이 앞음절보다 낮게 실현되며 마지막음절 안에서 F0가 거의 동일하게 유지되는 억양	끝에서 두 번째 음절(P), 마지막음절의 최저점(L2)
HL%	마지막음절 안에서 F0가 감소하는 억양	내림시작점(H1), 최저점(L2)
LH%	마지막음절 안에서 F0가 증가하는 억양	오름시작점(L1), 최고점(H2)
LHL%	마지막음절 안에서 F0가 증가하다가 감소하는 억양	오름시작점(L1), 최고점(H1), 최저점(L2)
HLH%	마지막음절 안에서 F0가 감소하다가 증가하는 억양	내림시작점(H1), 최저점(L2), 최고점(H2)

억양 분석 도구로는 SCICON사의 PitchWorks 프로그램(Version 6.0)을 사용하였고, 여기서 얻어진 억양 곡선과 청각 인상을 토대로 아동의 주요 억양 패턴을 유형에 따라 분류하였다. 각 자료의 일차적 분석은 음운론 전공의 대학원생 2명에 의해 수행되었으며, 이어서 필자가 검토하고 수정하는 과정을 거쳤다.

제2장 말소리의 출현

이 장에서 다룰 내용은 영유아 단계 아동들의 발화에 나타난 말소리 유형과 특성에 관한 것이다. 일반적으로 음절성 발성이 나타나기 시작하는 생후 6~7개월에서 음운 체계가 어느 정도 갖추어지는 만 3세까지를 조음 능력의 발달이 가장 두드러지는 시기라고 할 수 있다.

음소가 습득되는 시기는 대개 해당음이 처음으로 출현한 시기에서 어느 정도 시간이 흐른 뒤이고, 음소를 습득하는 데 걸리는 시간도 개인이나 개별 음에 따라 차이가 있다. 그러나 첫 출현 시점의 비교를 통하여 어떤 유형의 음소가 상대적으로 먼저 습득되고, 음운 대립의 분화 과정에 어떤 자질이 우선적으로 영향을 미치는지에 대한 단서를 제공할 수 있다.

산출음의 발달과 관련된 선행 연구는 자료의 성격에 따라서 크게 두 가지로 나눌 수 있다. 하나는 한정된 상황의 계획된 기준에 따라 수집된 대량 표본을 대상으로 삼은 것이고, 다른 하나는 소수의 아동을 장기간 관찰하며 얻어진 언어 자료를 대상으로 삼은 것이다. 이남덕(1953), 하계덕(1970), 권경안·이연섭·손미령(1979), 권경안(1981a, b), 엄정희(1986), 이종구(1989), 배소영(1996) 등은 전자의 방법을 이용한 연구이고, 이인섭(1986), 강명재(1991), 홍경훈·심현섭(2002) 등은 후자의 방법을 이용한 연구이다.

여기서는 1장에서 제시한 조사 대상 아동들의 자연 발화 자료에

---

* 이 글은 2003년 5월 30일 '한국인의 의사소통 능력 발달 단계 연구' 중간발표회에서 발표한 원고 「영유아 단계의 말소리 출현 양상」의 내용을 다듬고 보완한 것이다.

서 생후 6개월에서 35개월까지 월령별로 산출된 말소리의 목록과 빈도를 보이되, 시기에 따라 크게 세 단계, 즉 옹알이기(6~11개월), 언어 초기 단계(12~17개월), 후기 단계(18~35개월)로 나누어 제시할 것이다. 이와 같이 단계를 나누어 산출음을 관찰하는 이유는 음의 종류로만 보면 각 단계 사이에 연속성이 발견되지만, 말소리의 기능이나 단위 면에서 보면 각 단계별로 산출되는 음의 성격에 큰 차이가 있기 때문이다.

일반적으로 생후 6개월 시기는 음절성 발성이 가능해지는 시기이며, 12개월은 의미를 가진 첫 단어가 출현하는 시기이고, 18개월은 음운 체계가 출현하는 시기로 알려져 있다. 11개월 이전의 옹알이기에는 단순히 발성 연습의 도구로 음이 산출되며 말소리에 어떤 의미가 담겨 있는 일은 드물기 때문에 언어 이전 시기로 보는 것이 타당하다고 여겨진다.

옹알이기에 말소리보다 주로 울음이나 비명 등으로 의도를 전달하는 것과 달리, 12~17개월 사이에는 의미 전달의 기능을 가진 말소리가 비로소 출현한다. 하지만 이때 말소리의 단위는 음소라기보다는 단어 전체나 음절인 경우가 많다.[1]

18개월 이상이 되면, 음의 결합 양상이 다양해지고 음운 체계라 할 만한 것이 나타난다. 그러나 여전히 조음 능력에 제한이 있어서 어떤 음은 유아가 자신의 음운 체계 안에 있는 다른 음으로 대치시키는데, 그 양상이 매우 규칙적으로 나타난다. 음의 대치 양상은 유아의 음운 체계 안에 새로운 음소 목록이 추가됨에 따라 같이 변화해 가는데,

---

[1] 일정 자음이 일정 모음과 결합하여 나타나는 일이 많다는 것을 그 근거로 들 수 있는데, 보다 정밀한 논의를 위해서는 이 시기의 음소 결합 양상에 대한 계량적 연구가 보충되어야 할 것이다.

이러한 변화는 만 3세 정도까지 꾸준히 일어난다. 따라서 18개월 이후 시기를 분류하지 않고 하나로 묶어서 고찰하기로 한다.

이 장에서 제시되는 산출음의 목록과 빈도 정보는 원자료 가운데 다음 표에 해당하는 자료(파일)를 분석한 결과이다.

〈표2〉 분석 대상 자료의 구성표

	여	남	합계
6개월	2	2	4
7개월	2	2	4
8개월	2	3	5
9개월	2	2	4
10개월	2	2	4
11개월	2	2	4
12개월	4	5	9
13개월	6	5	11
14개월	6	2	8
15개월	6	2	8
16개월	2	6	8
17개월	3	7	10
18개월	3	5	8
19개월	4	7	11
20개월	4	5	9
21개월	6	3	9
22개월	7	2	9
23개월	2	6	8
24개월	2	2	4
25개월	2	2	4
26개월	2	2	4
27개월	2	2	4
28개월	2	2	4
29개월	2	2	4
30개월	2	2	4
31개월	2	2	4
32개월	2	2	4
33개월	2	2	4
34개월	2	2	4
35개월	2	2	4
합계	89	92	181

분석 절차는 다음과 같다. 먼저 해당 음성 파일에서 아동의 모든 발화 내용을 음소 표기 방식에 의하여 전사하였다. 그리고 음성 전사를 마친 자료를 대상으로 통합형 한글 데이터 처리기 SynKDP(Synthesized Korean Data Processor, version 1.5) 프로그램을 이용하여 각 자소의 빈도를 추출하였다. 자음의 경우 음절 초성과 종성을 구분하여 빈도를 추출하였고, 모음의 경우 반모음을 분리하지 않고 반모음을 포함한 이중모음을 목록에 포함시켰다. 여기서 제시되는 빈도는 개월별로 해당음이 산출된 횟수이며, 상대 빈도는 개월별로 분석된 전체 자소 목록의 산출 횟수 가운데 해당음이 산출된 비율이다. 제1장의 2.2에서 밝힌 바와 같이 문자상의 대립만이 존재할 뿐 이미 음소로서의 대립을 잃어버렸다고 판단되는 음들은 하나의 음소로 간주하였다.

각 음소를 여러 변별 자질에 따라 분류하고 각각이 차지하는 비율을 구하는 데에는 Microsoft Excel 프로그램을 사용하였다. 여기서 추출한 통계치는 각 단계별로 1) 개별 자음의 출현 빈도와 산출률, 2) 조음 방법에 따른 자음 산출률, 3) 조음 위치에 따른 자음 산출률, 4) 개별 단모음의 출현 빈도와 산출률, 5) 혓몸 자질에 따른 모음 산출률, 6) 입술 자질에 따른 모음 산출률, 7) 개별 이중모음의 출현 빈도와 산출률, 8) 과도음의 종류에 따른 이중모음의 산출률이다.

1. 옹알이기(6~11개월)의 말소리

이 시기에 나타나는 음은 의미 변별 기능을 갖고 있지 않으므로 음소라고 지칭하기 어려우나 성인언어에 나타나는 음소 목록과 비교하여 이와 음성적으로 유사한 특징을 갖는 음들의 출현 빈도를 제시한다. 분석 대상이 되는 파일의 수는 개월마다 차이가 있으므로 절대 빈도 수치는 비교 대상이 되기 어렵다. 따라서 해당 개월 안에서 중성과 종성을 포함한 전체 음의 산출 횟수에 대해 개별 음이 산출된 횟수를 나타내는 상대 빈도 수치를 함께 보이도록 하겠다.

1.1 자음 목록 및 출현 빈도

1.1.1 음절 두음 위치에서의 자음 출현 빈도

6~11개월 시기에 음절 두음 위치에 나타나는 개별 자음의 출현 빈도와, 전체 음 가운데 해당 자음이 산출되는 비율을 표로 보이면 다음과 같다.

<표3> 음절 두음 위치에서의 개별 자음 출현 빈도와 산출률(6~11개월)

음소		6개월	7개월	8개월	9개월	10개월	11개월
ㄱ	빈도	−	2	3	1	−	1
	상대빈도	−	3.23%	3.95%	1.72%	−	1.23%
ㄲ	빈도	−	3	1	−	−	−
	상대빈도	−	4.84%	1.32%	−	−	−
ㄴ	빈도	−	−	−	−	1	−
	상대빈도	−	−	−	−	0.90%	−
ㄷ	빈도	−	3	12	−	2	1
	상대빈도	−	4.84%	15.79%	−	1.80%	1.23%
ㄸ	빈도	−	2	−	−	−	−
	상대빈도	−	3.23%	−	−	−	−
ㅁ	빈도	3	6	2	5	11	7
	상대빈도	7.69%	9.68%	2.63%	8.62%	9.91%	8.64%
ㅂ	빈도	1	−	−	1	5	2
	상대빈도	2.56%	−	−	1.72%	4.50%	2.47%
ㅃ	빈도	−	−	−	−	−	2
	상대빈도	−	−	−	−	−	2.47%
ㅈ	빈도	−	−	−	1	−	−
	상대빈도	−	−	−	1.72%	−	−
빈도 합계		4	16	18	8	19	13
상대빈도 합계		10.26%	25.81%	23.68%	13.79%	17.12%	16.05%

위 표에서 볼 수 있듯이 6~11개월 사이의 자료에서 산출된 자음의 수는 모두 9개 유형으로, 발성 유형으로 보면 평음과 경음으로 한정되어 있다. 관찰 첫 시기인 6개월 자료에서는 산출음 목록이 /ㅁ/과 /ㅂ/에 한정되며 빈도도 높지 않은 반면, 월령이 증가함에 따라 다양한 위치의 음이 산출되고, 산출 빈도도 증가함을 볼수 있다. 이 가운데 /ㄱ/음은 7~8개월에 주로 나타나다가 다시 줄어드는 양상을 보이는데, 이 시기에 발화된 /ㄱ/음은 전동음의 성격을 가지고 있어 국어의 /ㄱ/ 음소와는 음성적으로 거리가 있다.

조음 방법별로 보면 전체 관찰 시기에서 폐쇄음과 비음의 비율이 높게 나타났으며, 마찰음과 유음은 관찰되지 않는다. 파찰음도 9개월 시기에 1회 나타났을 뿐이어서 의미 있는 산출 자료로 보기 어렵다.

<표4> 조음 방법에 따른 개월별 초성 자음 산출률(6~11개월)

조음방법	6개월	7개월	8개월	9개월	10개월	11개월
비음	7.69%	9.68%	2.63%	8.62%	10.81%	8.64%
파찰음	–	–	–	1.72%	–	–
폐쇄음	2.56%	16.13%	21.05%	3.45%	6.31%	7.41%

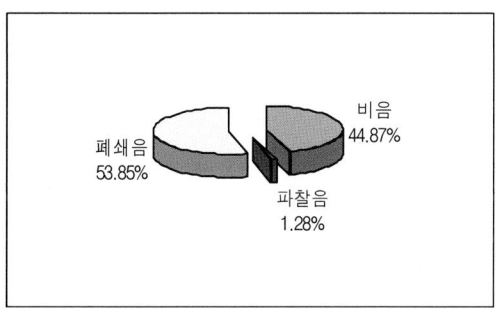

[그림1] 조음 방법에 따른 초성자음 실현 비율(6~11개월)

조음 위치별로 보면 6개월 시기에는 산출음이 양순음에 한정되나 월령이 증가하면 치경음, 연구개음, 경구개음 등으로 확대된다. 전체 구간에서 보면 초성자음 가운데 양순음이 차지하는 비율이 57.69%로 가장 높고, 그 다음으로 높은 비율을 차지하는 음은 치경음(26.92%), 연구개음(14.10%), 경구개음(1.28%)의 순이며, 성문음은 관찰되지 않는다.

<표5> 조음 위치에 따른 개월별 초성자음 산출률(6~11개월)

조음위치	6개월	7개월	8개월	9개월	10개월	11개월
경구개음	–	–	–	1.72%	–	–
양순음	10.26%	9.68%	2.63%	10.34%	14.41%	13.58%
연구개음	–	8.06%	5.26%	1.72%	–	1.23%
치경음	–	8.06%	15.79%	–	2.70%	1.23%

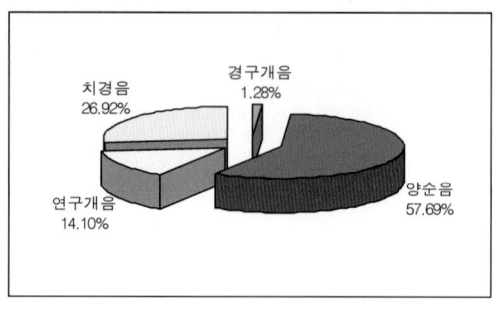

[그림2] 조음 위치에 따른 초성자음 실현 비율(6~11개월)

1.1.2 음절 말음 위치에서의 자음 출현 빈도

생후 6~11개월 된 아동의 발화 자료에서 음절 말음 위치에 나타난 자음별 출현 빈도와 산출률은 아래와 같다.

〈표6〉 음절 말음 위치에서의 개별 자음 출현 빈도와 산출률(6~11개월)

음소		6개월	7개월	8개월	9개월	10개월	11개월
ㅁ	빈도	5	4	1	4	14	4
	상대빈도	12.82%	6.45%	1.32%	6.90%	12.61%	4.94%
ㅇ	빈도	–	–	–	–	1	1
	상대빈도	–	–	–	–	0.90%	1.23%
빈도 합계		5	4	1	4	15	5
상대빈도 합계		12.82%	6.45%	1.32%	6.90%	13.51%	6.17%

생후 6~9개월 사이에는 음절 말음 위치에 /ㅁ/ 음만이 나타나고, 10개월 이후에는 /ㅁ/과 함께 /ㅇ/이 나타났다. /ㅁ/은 음절 두음 위치와 음절 말음 위치를 통틀어 가장 높은 산출률을 보인 음이다.

산출음을 조음 방법에 따라 분류해 보면 모두 비음성 자질을 갖는 음이라는 것을 알 수 있는데, 같은 시기의 초성 자음 출현 빈도 자료에서는 폐쇄음(53.85%)이 비음(44.87%)에 비해 더 높은 비율을 차지하고 있는 사실과 대비된다.

〈표7〉 조음 방법에 따른 개월별 종성 자음 산출률(6~11개월)

조음방법	6개월	7개월	8개월	9개월	10개월	11개월
비음	12.82%	6.45%	1.32%	6.90%	13.51%	6.17%

　조음 위치에 따른 종성 자음 산출률을 보면, 양순음이 94.12%로 가장 높은 산출률을 나타낸다. 개월별로 보면 처음에는 양순음만 나타나다가 후기에 가서 연구개음이 간혹 나타남을 알 수 있다. 치경음은 음절 두음 위치에서는 26.92%로 비교적 높은 비율을 보이나, 음절 말음 위치에서는 나타나지 않는다.

〈표8〉 조음 위치에 따른 개월별 초성자음 산출률(6~11개월)

조음위치	6개월	7개월	8개월	9개월	10개월	11개월
양순음	12.82%	6.45%	1.32%	6.90%	12.61%	4.94%
연구개음	-	-	-	-	0.90%	1.23%

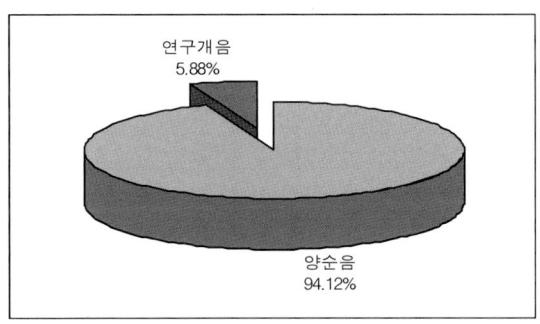

[그림3] 조음 위치에 따른 종성 자음의 실현 비율(6~11개월)

1.2 모음 목록 및 출현 빈도

1.2.1 단모음의 출현 빈도

6~11개월 시기에 나타나는 단모음의 종류와 각각의 빈도 및 산출률은 다음과 같이 나타났다.

〈표9〉 단모음의 출현 빈도와 산출률(6~11개월)[4]

음소		6개월	7개월	8개월	9개월	10개월	11개월
ㅏ	빈도	6	10	9	12	19	14
	상대빈도	15.38%	16.13%	11.84%	20.69%	17.12%	17.28%
ㅑ	빈도	6	10	9	12	19	14
	상대빈도	15.38%	16.13%	11.84%	20.69%	17.12%	17.28%
ㅐ	빈도	1	8	11	2	5	2
	상대빈도	2.56%	12.90%	14.47%	3.45%	4.50%	2.47%
ㅓ	빈도	4	2	1	6	9	5
	상대빈도	10.26%	3.23%	1.32%	10.34%	8.11%	6.17%
ㅗ	빈도	–	1	–	–	–	2
	상대빈도	–	1.61%	–	–	–	2.47%
ㅜ	빈도	–	–	–	–	1	2
	상대빈도	–	–	–	–	0.90%	2.47%
ㅡ	빈도	6	3	7	6	10	9
	상대빈도	15.38%	4.84%	9.21%	10.34%	9.01%	11.11%
ㅣ	빈도	–	5	3	1	4	4
	상대빈도	–	8.06%	3.95%	1.72%	3.60%	4.94%
빈도 합계		17	29	31	27	48	38
상대빈도 합계		43.59%	46.77%	40.79%	46.55%	43.24%	46.91%

개월별로 산출된 단모음 종류를 살펴보면, 6개월 시기에는 빈도 2 이상의 모음으로 /ㅏ/, /ㅓ/, /ㅡ/의 세 가지 모음이 주로 나타나며,

---

2) /ɛ/에 해당하는 음의 경우, 대표형으로 /ㅐ/를 써서 나타내기로 한다.

월령이 증가하면서 /ㅣ/와 /ㅐ/가 목록에 추가된다. /ㅗ/와 /ㅜ/는 옹알이 후기 단계에 가서야 출현하였다. 옹알이 기간 전체에서 산출음의 목록을 보면, 목표 언어의 단모음이 이 시기에 모두 출현한 것으로 나타난다. 그러나 이 시기에 산출되는 /ㅓ/와 /ㅗ/, /ㅡ/와 /ㅜ/는 사실상 뚜렷이 변별되지 않는 중간음의 성격을 띠고 있다.

　이들 모음을 고설성 자질에 의해 분류하여 보면 관찰 초기에는 고모음, 중모음, 저모음의 비율이 거의 비슷하게 나타나다가 후기로 가면서 저모음의 비율이 약간 높아지는 것으로 나타난다. 옹알이 기간 전체로 보면 저모음(36.84%), 중모음(32.63%), 고모음(30.53%)으로 나타난다.

〈표10〉 고설성 자질에 따른 개월별 단모음 산출률(6~11개월)

고설성	6개월	7개월	8개월	9개월	10개월	11개월
고모음	15.38%	12.90%	13.16%	12.07%	12.61%	16.05%
저모음	15.38%	16.13%	11.84%	20.69%	17.12%	17.28%
중모음	12.82%	17.74%	15.79%	13.79%	13.51%	13.58%

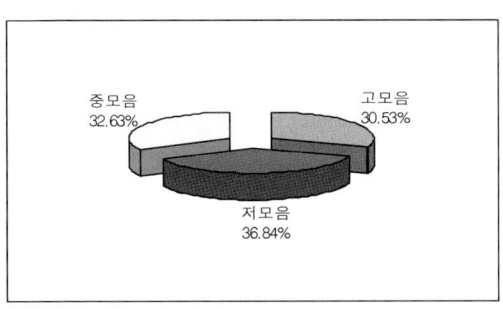

[그림4] 고설성 자질에 따른 단모음 실현 비율(6~11개월)

고설성 자질에 따른 모음의 산출률이 별 차이를 보이지 않는 것
이 비해, 후설성 자질에 따른 모음 산출률은 큰 격차를 나타낸다. 옹
알이 시기의 전 기간에 걸쳐 후설모음이 전설 모음에 비해 높은 산
출률을 보이며, 단모음 안에서의 비율로 보면 전설모음이 24.21%,
후설모음이 75.79%로 나타난다.

〈표11〉 전설성 자질에 따른 개월별 단모음 산출률(6~11개월)

후설성	6개월	7개월	8개월	9개월	10개월	11개월
전설모음	2.56%	20.97%	18.42%	5.17%	8.11%	7.41%
후설모음	41.03%	25.81%	22.37%	41.38%	35.14%	39.51%

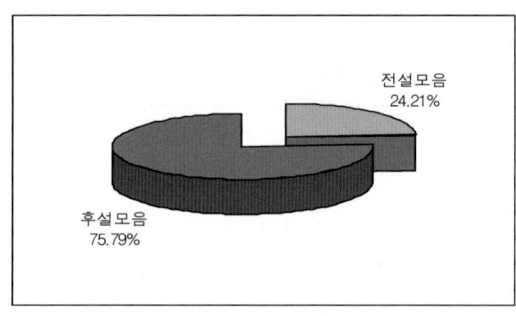

[그림5] 후설성 자질에 따른 단모음의 실현 비율(6~11개월)

　　입술자질에 따라 산출음을 분석해 보면, 옹알이 시기 내내 원순모
음은 거의 나타나지 않고 7개월과 11개월에 낮은 빈도(2 이하)의 산
출을 보이는 것으로 나타난다. 전체 기간에서 보면 비원순모음의 비
율(96.84%)이 원순모음의 비율(3.16%)에 비해 압도적으로 높다.

〈표12〉 원순성 자질에 따른 개월별 단모음 산출률(6~11개월)

원순성	6개월	7개월	8개월	9개월	10개월	11개월
비원순모음	43.59%	45.16%	40.79%	46.55%	42.34%	41.98%
원순모음	–	1.61%	–	–	0.90%	4.94%

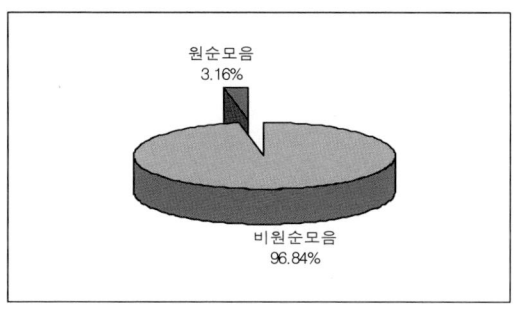

[그림6] 원순성 자질에 따른 단모음의 실현 비율(6~11개월)

1.2.2 이중모음의 출현빈도

이 시기에 산출되는 모음은 대부분 단모음이며, 이중모음으로는 /ㅑ/만이 나타난다. 그것도 8개월 자료에만 한정되어 있어, 이중모음이 안정적으로 나타난다고 보기 어렵다. 산출음을 과도음의 종류로 분류하면 /j/계에 속하며, /w/계와 /ɰ/계 이중모음은 발견되지 않는다. 옹알이기의 이중모음 출현 빈도와 산출률을 표로 보이면 다음과 같다.

〈표13〉 개별 이중모음의 출현 빈도와 산출률(6~11개월)

음소		6개월	7개월	8개월	9개월	10개월	11개월
ㅑ	상대빈도			7.89%			
	빈도			6			

2. 언어 초기 단계(12~17개월)의 말소리

일반적으로 12~17개월은 의미를 가진 첫 단어가 출현하는 시기로, 소리의 단위가 음소가 아니라 음절 또는 전체 단어가 된다는 점에서 전표상적 음운론(prerepresentational phonology)의 시기라고 불리기도 한다(Erica Hoff, 2001). 이 시기에는 특정 모음과 특정 자음이 함께 나타나는 경향이 있으며 목표 언어에서 같은 소리가 유아어에서는 단어에 따라 다르게 발음되기도 한다. 다른 시기에 비해 음소 목록의 개인차가 다소 크게 나타나는 시기이기도 하다.

2.1 자음 목록 및 출현 빈도

2.1.1 음절 두음 위치에서의 자음 출현 빈도

12~17개월 사이에 음절 두음 위치에서 나타나는 개별 자음의 목록과 산출률은 다음과 같다.

〈표14〉 음절 두음 위치에서의 개별 자음의 출현 빈도와 산출률(12~17개월)

음소		12개월	13개월	14개월	15개월	16개월	17개월
ㄱ	빈도	2	–	1	13	5	8
	상대빈도	0.16%	–	0.21%	1.36%	0.71%	0.61%
ㄲ	빈도	2	–	16	16	22	17
	상대빈도	0.16%	–	3.43%	1.67%	3.14%	1.30%
ㄴ	빈도	4	14	10	14	21	6
	상대빈도	0.31%	1.06%	2.15%	1.46%	3.00%	0.46%
ㄷ	빈도	–	14	2	4	10	15
	상대빈도	–	1.06%	0.43%	0.42%	1.43%	1.15%
ㄸ	빈도	9	6	14	2	53	30
	상대빈도	0.70%	0.45%	3.00%	0.21%	7.56%	2.29%
ㅁ	빈도	187	77	33	99	34	72
	상대빈도	14.63%	5.81%	7.08%	10.34%	4.85%	5.50%
ㅂ	빈도	18	25	5	35	2	4
	상대빈도	1.41%	1.89%	1.07%	3.66%	0.29%	0.31%
ㅃ	빈도	5	81	22	19	15	33
	상대빈도	0.39%	6.11%	4.72%	1.99%	2.14%	2.52%
ㅈ	빈도	–	4	5	19	10	7
	상대빈도	–	0.30%	1.07%	1.99%	1.43%	0.53%
ㅉ	빈도	–	1	4	3	1	4
	상대빈도	–	0.08%	0.86%	0.31%	0.14%	0.31%
ㅊ	빈도	–	–	–	–	–	9
	상대빈도	–	–	–	–	–	0.69%
ㅋ	빈도	–	–	–	–	7	9
	상대빈도	–	–	–	–	1.00%	0.69%
ㅌ	빈도	–	–	–	–	–	5
	상대빈도	–	–	–	–	–	0.38%
ㅍ	빈도	–	–	–	2	1	7
	상대빈도	–	–	–	0.21%	0.14%	0.53%
ㅎ	빈도	1	–	–	–	–	2
	상대빈도	0.08%	–	–	–	–	0.15%
빈도 합계		228	222	112	226	181	228
상대빈도 합계		17.84%	16.74%	24.03%	23.62%	25.82%	17.40%

이 시기에 나타난 초성 자음의 수를 보면 12개월은 8개, 13개월은 8개, 14개월은 10개, 15개월에서는 11개, 16개월은 12개, 17개월에 가서는 15개로, 월령이 증가함에 따라 산출음의 종류가 점진적으로 증가한다. 이 시기의 산출음에는 이전 단계인 옹알이 시기에 나타났던 음들이 모두 포함되어 있고, 이 단계에 새롭게 추가된 음소로는 /ㅉ/, /ㅊ/, /ㅋ/, /ㅌ/, /ㅍ/, /ㅎ/이 있다. 이 가운데, /ㅉ/은 이른 시기(13개월)에 출현하여 지속적으로 나타나는 반면, 나머지 유형의 음소들은 이 단계의 말기에 가서야 발견된다. 산출음 가운데 /ㅎ/은 가장 낮은 빈도를 보였다. 옹알이 후기 단계에서 점차 감소 추세를 보였던 /ㄱ/의 산출률은 15개월 이후에 크게 증가하였다.

조음 방법에 따라 초성 자음 산출률을 비교해 보면, 12개월에는

〈표15〉 조음 방법에 따른 개월별 초성자음 산출률(12~17개월)

조음방법	12개월	13개월	14개월	15개월	16개월	17개월
마찰음	0.08%	–	–	–	–	0.15%
비음	14.95%	6.86%	9.23%	11.81%	7.85%	5.95%
파찰음	–	0.38%	1.93%	2.30%	1.57%	1.53%
폐쇄음	2.82%	9.50%	12.88%	9.51%	16.41%	9.77%

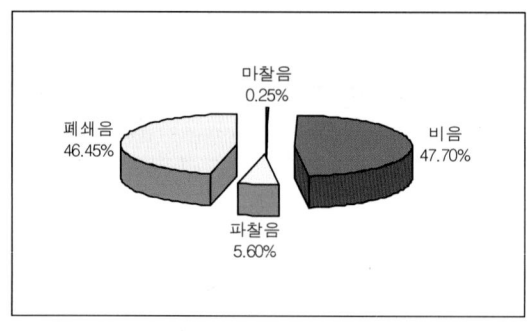

[그림7] 조음 방법에 따른 초성자음의 실현 비율(12~17개월)

비음의 산출률이 가장 높고 월령이 증가함에 따라 비음은 감소 추세를 보이는 반면, 폐쇄음의 산출률이 높아지는 것으로 나타났다. 옹알이 단계와 비교하면 파찰음의 산출률이 눈에 띄게 증가하였다. 유음은 옹알이 단계에서와 마찬가지로 발견되지 않았다.

조음 위치별로 보면 양순음은 12개월에 가장 높은 산출률을 보이다가 월령이 증가하면 약간 감소하는 것으로 나타나는데, 다른 조음 위치의 음들과 비교하면 전체 시기에서 월등하게 높은 비율을 차지한다. 이 시기에서 두드러진 증가 양상을 보인 음은 경구개음으로, 옹알이 시기에는 거의 출현하지 않다가 14개월 이후에는 비교적 안정적으로 나타난다.

〈표16〉 조음 위치에 따른 개월별 초성자음 산출률(12～17개월)

조음위치	12개월	13개월	14개월	15개월	16개월	17개월
경구개음	−	0.38%	1.93%	2.30%	1.57%	1.53%
성문음	0.08%	−	−	−	−	0.15%
양순음	16.43%	13.80%	12.88%	16.20%	7.42%	8.85%
연구개음	0.31%	−	3.65%	3.03%	4.85%	2.60%
치경음	1.02%	2.56%	5.58%	2.09%	11.98%	4.27%

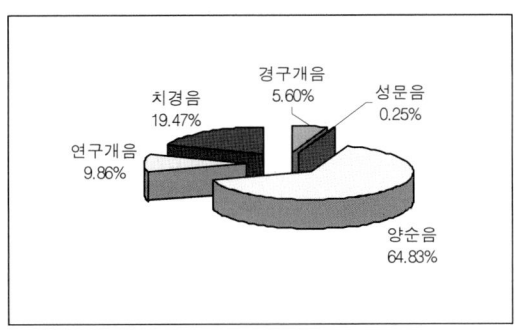

[그림8] 조음 위치에 따른 초성자음 실현 비율(12～17개월)

2.1.2 음절 말음 위치에서의 자음 출현 빈도

이전 단계인 옹알이 시기에서 음절 말음 위치의 산출음이 /ㅁ/과 /ㅇ/으로 매우 제한되어 있었던 것에 비해 이 시기에는 다양한 종류의 음이 출현한다.

〈표17〉 음절 말음 위치에서의 개별 자음의 출현 빈도와 산출률(12～17개월)

음소		12개월	13개월	14개월	15개월	16개월	17개월
ㄱ	빈도	–	–	–	–	2	1
	상대빈도	–	–	–	–	0.29%	0.08%
ㄴ	빈도	–	5	2	8	12	4
	상대빈도	–	0.38%	0.43%	0.84%	1.71%	0.31%
ㄷ	빈도	–	4	–	2	5	2
	상대빈도	–	0.30%	–	0.21%	0.71%	0.15%
ㅁ	빈도	164	76	19	88	33	55
	상대빈도	12.83%	5.73%	4.08%	9.20%	4.71%	4.20%
ㅂ	빈도	1	1	–	2	2	9
	상대빈도	0.08%	0.08%	–	0.21%	0.29%	0.69%
ㅇ	빈도	7	16	13	25	33	25
	상대빈도	0.55%	1.21%	2.79%	2.61%	4.71%	1.91%
빈도 합계		172	102	34	125	87	96
상대빈도 합계		13.46%	7.69%	7.30%	13.06%	12.41%	7.33%

위 표에서 빈도가 1인 음을 제외하고 보면, 12개월에는 이전 단계와 별 차이가 없다가 13개월에 들어서면서 /ㄴ/, /ㄷ/음이 추가되고, 15개월과 16개월에 가면 /ㅂ/과 /ㄱ/이 각각 추가된다. /ㅇ/음의 빈도와 산출률도 월령이 증가함에 따라 높아지는 경향을 보인다.

조음 방법별로 보면 비음이 상대적으로 높은 빈도로 나타나며, 산출률은 12개월 시기에 가장 높았다. 옹알이 시기와 비교하면 폐

쇄음이 종성 목록에 추가된 것을 볼 수 있는데, 그 산출률은 2%
미만으로 그리 높지 않다.

〈표18〉 조음 방법에 따른 개월별 종성 자음 산출률(12~17개월)

조음방법	12개월	13개월	14개월	15개월	16개월	17개월
비음	13.38%	7.32%	7.30%	12.64%	11.13%	6.41%
폐쇄음	0.08%	0.38%	–	0.42%	1.28%	0.92%

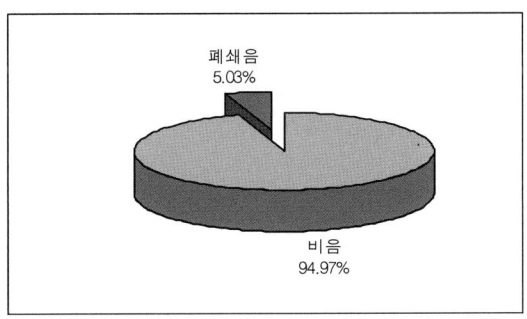

[그림9] 조음 방법에 따른 종성 자음 실현 비율(12~17개월)

　　종성 자음을 조음 위치별로 분석해 보면, 옹알이 시기부터 나타
났던 양순음과 연구개음이 전 기간에 걸쳐 나타나는데, 양순음은
월령이 증가함에 따라 산출률이 낮아지는 반면, 연구개음은 약간
증가하였다. 13개월부터는 치경음이 출현하여, 이 시기에 산출된 음
을 조음 위치별로 보면 모두 세 가지 유형이 된다. 종성 자음 안에
서의 비율을 분석하여 보면, 옹알이 시기에 94.12%로 나타났던 양
순음의 비율이 73.01%로 낮아졌고, 나머지를 연구개음(19.81%)과
치경음(7.14%)이 차지하고 있다.

<표19> 조음 위치에 따른 개월별 종성 자음의 산출률(12~17개월)

조음위치	12개월	13개월	14개월	15개월	16개월	17개월
양순음	12.91%	5.81%	4.08%	9.40%	4.99%	4.89%
연구개음	0.55%	1.21%	2.79%	2.61%	4.99%	1.98%
치경음	−	0.68%	0.43%	1.04%	2.43%	0.46%

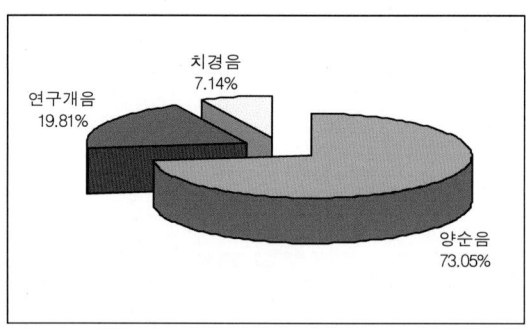

[그림10] 조음 위치에 따른 종성 자음 실현 비율(12~17개월)

2.2 모음 목록 및 출현 빈도

2.2.1 단모음의 출현 빈도

이 시기에 나타나는 단모음의 종류는 옹알이 시기에 나타난 출현음의 목록과 유사하다. 개별 모음의 출현 빈도와 산출률은 〈표20〉과 같다.

옹알이 시기에 고빈도로 나타났던 /ㅏ/, /ㅓ/, /ㅡ/는 12개월 이후에도 높은 산출률을 보인다. 출현 빈도 순위로 보면 /ㅏ/가 가장 높고, 그 다음으로 /ㅡ/가 많이 나타나며, /ㅓ/가 그 다음으로 많이 나타난다. 옹알이 시기와 비교하여 달라진 점은 /ㅗ/, /ㅜ/가 14개월

〈표20〉 개별 단모음의 출현 빈도와 산출률(12~17개월)

음소		12개월	13개월	14개월	15개월	16개월	17개월
ㅏ	빈도	256	411	91	194	95	158
	상대빈도	20.03%	31.00%	19.53%	20.27%	13.55%	12.06%
ㅐ	빈도	39	16	0	7	21	20
	상대빈도	3.05%	1.21%	0.00%	0.73%	3.00%	1.53%
ㅓ	빈도	112	61	27	90	39	86
	상대빈도	8.76%	4.60%	5.79%	9.40%	5.56%	6.56%
ㅗ	빈도	–	–	32	39	10	31
	상대빈도	–	–	6.87%	4.08%	1.43%	2.37%
ㅜ	빈도	31	17	9	3	33	29
	상대빈도	2.43%	1.28%	1.93%	0.31%	4.71%	2.21%
ㅡ	빈도	101	78	13	20	88	217
	상대빈도	7.90%	5.88%	2.79%	2.09%	12.55%	16.56%
ㅣ	빈도	2	18	23	47	9	38
	상대빈도	0.16%	1.36%	4.94%	4.91%	1.28%	2.90%
빈도 합계		541	601	195	400	295	579
상대빈도 합계		42.33%	45.32%	41.85%	41.80%	42.08%	44.20%

이후에 지속적으로 나타난다는 점이다.

고설성 자질로 모음을 분류해 보면 초기에는 저모음, 중모음, 고모음의 순으로 높은 산출률을 보이다가 월령이 증가함에 따라 저모음의 산출률이 낮아지고 고모음의 산출률이 높아지는 것을 알 수 있다. 전체 구간에서 보면, 저모음이 46.15%, 중모음 28.80%, 고모음 25.05%의 비율을 차지한다.

〈표21〉 고설성 자질에 따른 단모음 산출률(12~17개월)

고설성	12개월	13개월	14개월	15개월	16개월	17개월
고모음	8.06%	7.24%	7.73%	7.00%	13.84%	19.47%
저모음	20.03%	31.00%	19.53%	20.27%	13.55%	12.06%
중모음	14.24%	7.09%	14.59%	14.52%	14.69%	12.67%

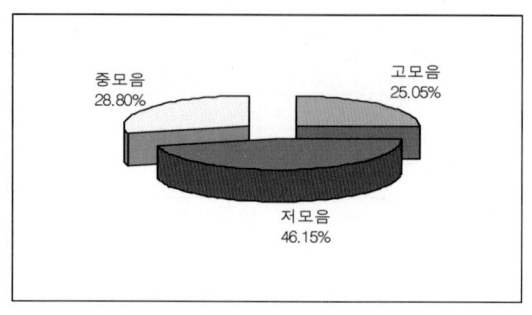

[그림11] 고설성 자질에 따른 단모음 실현 비율(12~17개월)

　　전설성 자질로 보면 후설모음의 산출률이 전설모음에 비해 큰
차이를 보이며 높게 나타나는데, 이러한 산출률은 이 시기의 전 월
령대에서 별 변화가 없이 비슷하게 나타난다. 옹알이 시기와 비교
하면 전체 음 대비 산출률에서는 큰 차이가 없으나, 단모음 안에서
의 비율을 계산하면 후설모음의 비율이 75.79%에서 90.81%로 더
커진 것을 확인할 수 있다.

〈표22〉 전설성 자질에 따른 개월별 단모음 산출률(12~17개월)

후설성	12개월	13개월	14개월	15개월	16개월	17개월
전설모음	3.21%	2.56%	4.94%	5.64%	4.28%	4.43%
후설모음	39.12%	42.76%	36.91%	36.15%	37.80%	39.77%

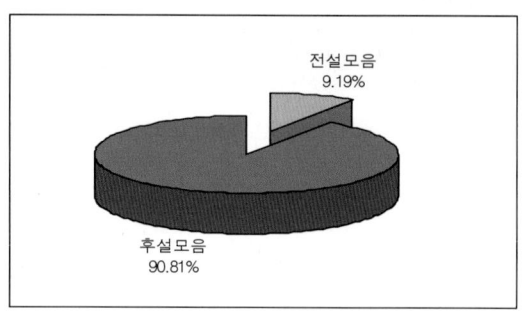

[그림12] 전설성 자질에 따른 단모음 실현 비율(12~17개월)

이 시기에 산출된 단모음을 원순성 자질을 가지고 분류해 보면 옹알이 시기에 비해 비원순모음의 산출률이 약간 낮아지고, 원순모음의 산출률이 올라간 것을 확인할 수 있다. 개월별로 보면 비원순모음의 산출률은 뚜렷한 증가나 감소를 보이지 않고, 원순모음은 관찰 초기에 비해서 후기의 산출률이 높아졌다. 전체 구간에서 비원순모음과 원순모음의 비율을 비교하면, 91.04%와 8.96%로 나타난다.

〈표23〉 원순성 자질에 따른 개월별 단모음 산출률(12~17개월)

원순성	12개월	13개월	14개월	15개월	16개월	17개월
비원순모음	39.91%	44.04%	33.05%	37.41%	35.95%	39.62%
원순모음	2.43%	1.28%	8.80%	4.39%	6.13%	4.58%

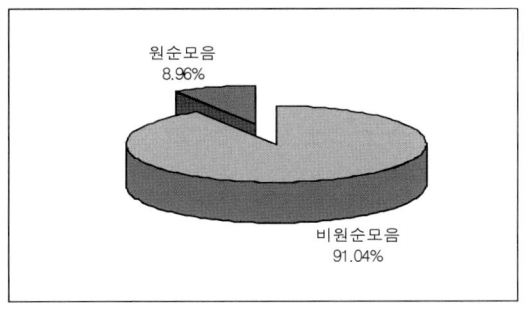

[그림13] 원순성 자질에 따른 단모음 실현 비율(12~17개월)

2.2.2 이중모음의 출현 빈도

옹알이 시기에는 단모음이 산출음의 주를 이루었고, 이중모음 가운데 /ㅑ/만이 단발적으로 관찰된 데 반하여, 언어 초기 단계에 이르러서는 보다 다양한 이중모음이 상대적으로 많이 나타난다. 이 시기에 나타난 이중모음의 유형과 빈도를 보이면 다음과 같다.

〈표24〉 이중모음의 출현 빈도와 산출률(12~17개월)

음소		12개월	13개월	14개월	15개월	16개월	17개월
ㅑ	빈도	11	9	22	15	1	20
	상대빈도	0.86%	0.68%	4.72%	1.57%	0.14%	1.53%
ㅕ	빈도	-	-	-	-	4	4
	상대빈도	-	-	-	-	0.57%	0.31%
ㅘ	빈도	1	1	-	-	-	-
	상대빈도	0.08%	0.08%	-	-	-	-
ㅛ	빈도	-	-	-	-	7	1
	상대빈도	-	-	-	-	1.00%	0.08%
ㅠ	빈도	-	1		1	-	3
	상대빈도	-	0.08%		0.10%	-	0.23%
빈도 합계		12	11	22	16	12	28
상대빈도 합계		0.94%	0.83%	4.72%	1.67%	1.71%	2.14%

위의 표에서 보면, 옹알이 시기에 비지속적으로나마 관찰되었던 /ㅑ/가 이 시기의 초기부터 높은 빈도로 나타나고 있음을 알 수 있다. 17개월에 이르면 이중모음의 산출률이 12개월에 보였던 산출률의 두 배 정도로 높아진다.

과도음의 종류로 보면, /ㅘ/를 제외하고는 모두 /j/계에 속하는 음으로, 성인의 음소 목록에 있는 /j/계 이중모음 가운데 /ㅒ/를 제외한 네 가지 이중모음이 모두 출현했음을 볼 수 있다.

〈표25〉 과도음의 종류에 따른 개월별 이중모음 산출률(12~17개월)

과도음	12개월	13개월	14개월	15개월	16개월	17개월
j계	0.86%	0.75%	4.72%	1.67%	1.71%	2.14%
w계	0.08%	0.08%	-	-	-	-

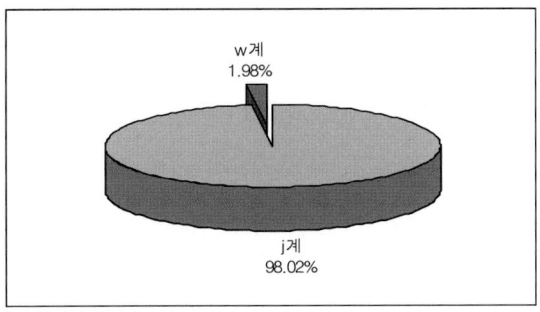

[그림14] 과도음 종류에 따른 이중모음 실현 비율(12~17개월)

3. 후기 단계(18~35개월)의 말소리

18개월경이 되면 말소리의 산출 양상이 더욱 다양해지고 개인별로 음소 목록에 차이가 생기게 되어 동일한 단어가 개인이 선호하는 음에 따라 아주 다르게 발음되는 현상이 나타난다. 이 시기의 유아는 약 50단어가량을 습득한 상태이며, 이때쯤에는 단어가 음절의 연쇄나 분석되지 않는 전체가 아니라 개개 음소로 표상된다고 알려져 있다.[3]

3.1 자음 목록 및 출현 빈도

3.1.1 음절 두음 위치에서의 자음 출현 빈도

이 시기에는 불완전하나마 성인 언어의 음소 목록에 포함된 음들이 모두 산출된다. 18~35개월 사이의 자료에서 분석된 초성 자음의 빈도와 산출률을 개월별로 보이면 아래와 같다.

---

3) Schwarz(1983).

〈표26〉 음절 두음 위치에서의 개별 자음 출현 빈도와 산출률(18~35개월)

음소		18개월	19개월	20개월	21개월	22개월	23개월	24개월	25개월	26개월
ㄱ	빈도	12	17	34	59	129	84	36	109	58
	상대빈도	1.18%	1.31%	1.74%	3.04%	4.82%	3.55%	4.08%	6.48%	6.68%
ㄲ	빈도	31	22	56	78	44	43	15	30	5
	상대빈도	3.05%	1.70%	2.86%	4.02%	1.64%	1.82%	1.70%	1.78%	0.58%
ㄴ	빈도	12	15	37	25	43	88	19	26	30
	상대빈도	1.18%	1.16%	1.89%	1.29%	1.61%	3.72%	2.15%	1.54%	3.46%
ㄷ	빈도	14	15	18	27	78	36	26	36	15
	상대빈도	1.38%	1.16%	0.92%	1.39%	2.91%	1.52%	2.95%	2.14%	1.73%
ㄸ	빈도	30	25	40	38	76	47	57	49	12
	상대빈도	2.95%	1.93%	2.04%	1.96%	2.84%	1.99%	6.46%	2.91%	1.38%
ㄹ	빈도	–	–	–	4	17	2	–	3	5
	상대빈도	–	–	–	0.21%	0.63%	0.08%	–	0.18%	0.58%
ㅁ	빈도	35	46	57	63	60	92	16	49	18
	상대빈도	3.44%	3.55%	2.91%	3.25%	2.24%	3.89%	1.81%	2.91%	2.07%
ㅂ	빈도	13	6	9	10	34	23	12	21	5
	상대빈도	1.28%	0.46%	0.46%	0.52%	1.27%	0.97%	1.36%	1.25%	0.58%
ㅃ	빈도	16	17	47	11	15	43	9	39	21
	상대빈도	1.57%	1.31%	2.40%	0.57%	0.56%	1.82%	1.02%	2.32%	2.42%
ㅅ	빈도	–	–	5	8	2	5	–	2	2
	상대빈도	–	–	0.26%	0.41%	0.07%	0.21%	–	0.12%	0.23%
ㅆ	빈도	–	–	–	–	–	–	–	–	–
	상대빈도	–	–	–	–	–	–	–	–	–
ㅈ	빈도	5	7	33	34	74	59	16	36	13
	상대빈도	0.49%	0.54%	1.68%	1.75%	2.76%	2.49%	1.81%	2.14%	1.50%
ㅉ	빈도	19	29	9	9	101	47	14	26	9
	상대빈도	1.87%	2.24%	0.46%	0.46%	3.77%	1.99%	1.59%	1.54%	1.04%
ㅊ	빈도	1	8	38	19	44	34	6	7	6
	상대빈도	0.10%	0.62%	1.94%	0.98%	1.64%	1.44%	0.68%	0.42%	0.69%
ㅋ	빈도	3	11	16	12	40	7	1	2	7
	상대빈도	0.29%	0.85%	0.82%	0.62%	1.49%	0.30%	0.11%	0.12%	0.81%
ㅌ	빈도	2	8	15	24	15	22	8	12	14
	상대빈도	0.20%	0.62%	0.77%	1.24%	0.56%	0.93%	0.91%	0.71%	1.61%
ㅍ	빈도	–	5	14	8	16	6	3	12	3
	상대빈도	–	0.39%	0.71%	0.41%	0.60%	0.25%	0.34%	0.71%	0.35%
ㅎ	빈도	6	13	12	19	26	44	17	32	14
	상대빈도	0.59%	1.00%	0.61%	0.98%	0.97%	1.86%	1.93%	1.90%	1.61%
빈도 합계		199	244	441	448	814	682	255	491	237
상대빈도합계		19.57%	18.86%	22.51%	23.12%	30.38%	28.84%	28.91%	29.17%	27.30%

음소		27개월	28개월	29개월	30개월	31개월	32개월	33개월	34개월	35개월
ㄱ	빈도	45	35	41	42	32	79	34	43	88
	상대빈도	8.60%	7.26%	4.44%	6.33%	6.65%	5.98%	8.61%	5.44%	8.49%
ㄲ	빈도	6	19	9	12	10	26	7	14	17
	상대빈도	1.15%	3.94%	0.97%	1.81%	2.08%	1.97%	1.77%	1.77%	1.64%
ㄴ	빈도	14	3	26	37	29	43	23	36	68
	상대빈도	2.68%	0.62%	2.81%	5.57%	6.03%	3.25%	5.82%	4.55%	6.56%
ㄷ	빈도	3	11	25	16	11	49	12	17	11
	상대빈도	0.57%	2.28%	2.71%	2.41%	2.29%	3.71%	3.04%	2.15%	1.06%
ㄸ	빈도	18	19	23	10	7	23	7	13	8
	상대빈도	3.44%	3.94%	2.49%	1.51%	1.46%	1.74%	1.77%	1.64%	0.77%
ㄹ	빈도	–	–	1	1	9	31	4	13	23
	상대빈도	–	–	0.11%	0.15%	1.87%	2.34%	1.01%	1.64%	2.22%
ㅁ	빈도	26	24	19	13	12	44	14	27	20
	상대빈도	4.97%	4.98%	2.06%	1.96%	2.49%	3.33%	3.54%	3.41%	1.93%
ㅂ	빈도	11	3	19	17	5	33	7	4	17
	상대빈도	2.10%	0.62%	2.06%	2.56%	1.04%	2.50%	1.77%	0.51%	1.64%
ㅃ	빈도	2	3	19	3	3	17	2	2	11
	상대빈도	0.38%	0.62%	2.06%	0.45%	0.62%	1.29%	0.51%	0.25%	1.06%
ㅅ	빈도	–	1	6	1	2	8	6	9	23
	상대빈도	–	0.21%	0.65%	0.15%	0.42%	0.61%	1.52%	1.14%	2.22%
ㅆ	빈도	–	–	7	–	4	6	–	4	14
	상대빈도	–	–	0.76%	–	0.83%	0.45%	–	0.51%	1.35%
ㅈ	빈도	21	5	32	16	14	24	3	18	21
	상대빈도	4.02%	1.04%	3.46%	2.41%	2.91%	1.82%	0.76%	2.28%	2.03%
ㅉ	빈도	4	9	3	1	–	6	1	9	5
	상대빈도	0.76%	1.87%	0.32%	0.15%	–	0.45%	0.25%	1.14%	0.48%
ㅊ	빈도	2	–	10	4	1	23	1	3	6
	상대빈도	0.38%	–	1.08%	0.60%	0.21%	1.74%	0.25%	0.38%	0.58%
ㅋ	빈도	–	1	3	4	4	1	3	3	3
	상대빈도	–	0.21%	0.32%	0.60%	0.83%	0.08%	0.76%	0.38%	0.29%
ㅌ	빈도	14	5	8	7	2	18	4	8	5
	상대빈도	2.68%	1.04%	0.87%	1.05%	0.42%	1.36%	1.01%	1.01%	0.48%
ㅍ	빈도	–	1	4	–	–	–	3	4	6
	상대빈도	–	0.21%	0.43%	–	–	–	0.76%	0.51%	0.58%
ㅎ	빈도	4	3	11	1	2	9	5	21	13
	상대빈도	0.76%	0.62%	1.19%	0.15%	0.42%	0.68%	1.27%	2.65%	1.25%
빈도 합계		170	142	266	185	147	440	136	248	359
상대빈도합계		32.50%	29.46%	28.79%	27.86%	30.56%	33.28%	34.43%	31.35%	34.62%

이전 단계에 보이지 않다가 이 시기에 와서 처음으로 출현한 음소는 /ㄹ/, /ㅅ/, /ㅆ/이다. /ㄹ/은 21개월에 처음 출현되었는데, 몇몇 아동의 발화 자료에서만 발견된다. 피험 아동에 따라서는 35개월까지 음절 두음 위치의 /ㄹ/이 한 번도 산출되지 않은 경우도 있어서, /ㄹ/음의 습득 시기는 개인별로 크게 차이가 나는 것으로 보인다.

/ㅅ/은 20개월에 처음 출현하는데, 이때의 /ㅅ/은 음절 /쉬/에 포함된 것이 대부분이다. /쉬/에서 /ㅅ/은 경구개치경음 /ʃ/로, 목표 언어에서의 치경음 /ㅅ/을 의미하는 것은 아니다. 경음 /ㅆ/은 이보다 더 늦은 시기인 29개월경에야 산출된다. 그런데 30개월 이전에 산출되는 /ㅅ/과 /ㅆ/은 모두 모음 /ㅣ/나 과도음 /j/에 선행하는 것이다. 따라서 이 경우에도 조음 위치로 보면 치경경구개음이 되므로, 치경음 /ㅅ/은 30개월 이후에 가서야 출현된다고 할 수 있다.

또한 월령의 증가와 함께 초성자음의 산출률 합계가 같이 증가하는데, 초성자음의 산출률 합계는 6개월 시기 자료에서는 10.26%로 나타나다가 12개월에는 13.46%, 18개월에는 19.57%, 24개월에 28.91%, 30개월에 27.86%, 35개월에 이르면 34.62%로 나타난다. 이러한 결과를 보면, 음소 발달이 진행될수록 음절 유형별로는 음절 두음을 가진 음절 유형이 그렇지 않은 음절 유형에 비해 선호됨을 알 수 있다.

조음 방법에 따라 산출 자음을 좀 더 세분하여 보면, 개월별로 마찰음과 유음의 증가가 눈에 띄고, 다른 음들에서는 큰 변화를 찾아보기 어려웠다. 이것은 /ㄹ/과 /ㅅ/이 이 시기에 처음 출현하고, /ㅎ/음의 산출이 안정되었기 때문으로 보인다. 18~35개월 구간에 나타난 전체 초성 자음의 조음 방법별 비율을 보면, 폐쇄음(55.37%), 비음(20.48%), 파찰음(16.01%), 마찰음(6.23%), 유음(1.91%)의 순으로 나타난다.

　이러한 결과를 이전 단계의 결과와 비교하면, 비음의 비율(47.70%)이 현저하게 줄어들고 유음이 새로 등장하였으며 파찰음, 마찰음, 폐쇄음의 비율이 조금씩 증가한 것을 볼 수 있다. 이것은 유아의 음운 체계가 목표 언어의 음운 체계에 좀 더 가까워졌음을 의미한다. 성인 언어에서는 조음 방법별 자음의 비율이 폐쇄음 43.7%, 비음 18.8%, 마찰음 16.9%, 파찰음 11.8%, 유음 8.8%로 나타나는데,[4] 18～35개월 구간의 산출음 비율을 보면 마찰음과 파찰음의 순위가 바뀌어 있고, 유음의 비율이 상대적으로 낮게 나타난다. 즉 35개월까지는 목표 언어에서 산출되는 모든 조음 방법상의 음이 출현 가능하나 유음과 마찰음의 조음은 아직 불안정한 단계로, 좀 더 용이한 조음 방법 자질을 가진 음으로 대치되었음을 예측할 수 있다.

〈표27〉 조음 방법에 따른 개월별 초성자음 산출률(18～35개월)

조음방법	18개월	19개월	20개월	21개월	22개월	23개월	24개월	25개월	26개월
마찰음	0.59%	1.00%	0.92%	1.39%	1.05%	2.07%	1.93%	2.02%	1.84%
비음	4.62%	4.71%	4.80%	4.54%	3.84%	7.61%	3.97%	4.46%	5.53%
유음	-	-	-	0.21%	0.63%	0.08%	-	0.18%	0.58%
파찰음	2.46%	3.40%	4.08%	3.20%	8.17%	5.92%	4.08%	4.10%	3.23%
폐쇄음	11.90%	9.74%	12.71%	13.78%	16.69%	13.15%	18.93%	18.42%	16.13%

조음방법	27개월	28개월	29개월	30개월	31개월	32개월	33개월	34개월	35개월
마찰음	0.76%	0.83%	2.60%	0.30%	1.66%	1.74%	2.78%	4.30%	4.82%
비음	7.65%	5.60%	4.87%	7.53%	8.52%	6.58%	9.37%	7.96%	8.49%
유음	-	-	0.11%	0.15%	1.87%	2.34%	1.01%	1.64%	2.22%
파찰음	5.16%	2.90%	4.87%	3.16%	3.12%	4.01%	1.27%	3.79%	3.09%
폐쇄음	18.93%	20.12%	16.34%	16.72%	15.38%	18.61%	20.00%	13.65%	16.01%

---

4) 성인 언어에 나타난 자음의 출현 빈도에 관한 자료는 박서린(1999)의 분석 결과를 인용한 것임.

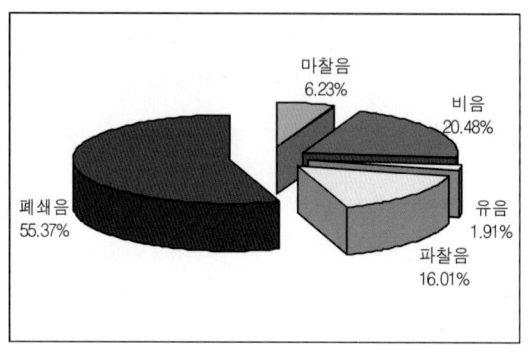

[그림15] 조음 방법에 따른 초성자음 실현 비율(18~35개월)

조음 위치에 따른 초성 자음의 산출률을 보면, 24개월까지는 성문음의 증가가 눈에 띄고, 연구개음과 치경음은 전 구간에 걸쳐 증가 추세를 보이는 것으로 나타났다. 이전 단계와 비교하면 양순음을 제외한 모든 음의 비율이 증가되었다. 양순음은 64.83%에서 21.16%로 대폭 감소한 반면, 연구개음은 9.86%에서 26.12%로 증가하였으며, 치경음은 19.47%에서 32.45%로, 경구개음은 5.6%에서 16.01%로, 성문음은 0.25%에서 4.27%로 각각 증가하였다. 비율이 높은 순서대로 나열하면, 치경음, 연구개음, 양순음, 경구개음, 성문음의 순이며, 이러한 순서는 성인언어에 나타난 조음 위치별 자음 비율의 순서와 일치한다. 성인언어에서는 치경음 43.6%, 연구개음 25%, 양순음 12.7%, 경구개음 11.83%, 그리고 성문음 6.9%로 출현한다고 보고된 바 있다(박서린, 2000). 이 시기의 아동은 치경음을 치경경구개음으로 대치하여 발화하는 경우가 많은데(예. /tugɛ/ '두 개'→[ʨugɛ]), 유아 발화의 치경음 비율이 성인에 비해 낮게 나타난 것은 이러한 독특한 음운 처리 과정 때문인 것으로 여겨진다.

〈표28〉 조음 위치에 따른 개월별 초성자음 산출률(18~35개월)

조음위치	18개월	19개월	20개월	21개월	22개월	23개월	24개월	25개월	26개월
경구개음	2.46%	3.40%	4.08%	3.20%	8.17%	5.92%	4.08%	4.10%	3.23%
성문음	0.59%	1.00%	0.61%	0.98%	0.97%	1.86%	1.93%	1.90%	1.61%
양순음	6.29%	5.72%	6.48%	4.75%	4.67%	6.93%	4.54%	7.19%	5.41%
연구개음	4.52%	3.86%	5.41%	7.69%	7.95%	5.67%	5.90%	8.38%	8.06%
치경음	5.70%	4.87%	5.92%	6.50%	8.62%	8.46%	12.47%	7.61%	8.99%

조음위치	27개월	28개월	29개월	30개월	31개월	32개월	33개월	34개월	35개월
경구개음	5.16%	2.90%	4.87%	3.16%	3.12%	4.01%	1.27%	3.79%	3.09%
성문음	0.76%	0.62%	1.19%	0.15%	0.42%	0.68%	1.27%	2.65%	1.25%
양순음	7.46%	6.43%	6.60%	4.97%	4.16%	7.11%	6.58%	4.68%	5.21%
연구개음	9.75%	11.41%	5.74%	8.73%	9.56%	8.02%	11.14%	7.59%	10.41%
치경음	9.37%	8.09%	10.39%	10.84%	13.31%	13.46%	14.18%	12.64%	14.66%

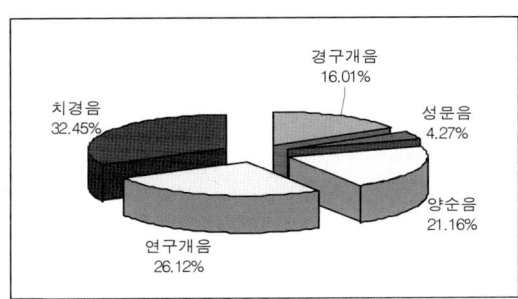

[그림16] 조음 위치에 따른 초성자음 실현 비율(18~35개월)

3.1.2 음절 말음 위치에서의 자음 출현 빈도

18~35개월 사이에 음절 말음 위치에서 산출된 자음의 출현 양상은 다음 표에서와 같이 나타났다.

〈표29〉 음절 말음 위치에서의 개별 자음 출현 빈도와 산출률(18~35개월)

음소		18개월	19개월	20개월	21개월	22개월	23개월	24개월	25개월	26개월
ㄱ	빈도	4	25	27	13	43	14	42	18	8
	상대빈도	0.39%	1.93%	1.38%	0.67%	1.61%	0.59%	4.76%	1.07%	0.92%
ㄴ	빈도	4	14	20	27	62	41	19	19	26
	상대빈도	0.39%	1.08%	1.02%	1.39%	2.31%	1.73%	2.15%	1.13%	3.00%
ㄷ	빈도	4	13	9	14	36	7	1	−	1
	상대빈도	0.39%	1.00%	0.46%	0.72%	1.34%	0.30%	0.11%	−	0.12%
ㄹ	빈도	−	9	−	6	14	11	2	16	−
	상대빈도	−	0.70%	−	0.31%	0.52%	0.47%	0.23%	0.95%	−
ㅁ	빈도	27	30	54	54	41	84	6	22	13
	상대빈도	2.65%	2.32%	2.76%	2.79%	1.53%	3.55%	0.68%	1.31%	1.50%
ㅂ	빈도	5	4	2	3	3	1	5	1	4
	상대빈도	0.49%	0.31%	0.10%	0.15%	0.11%	0.04%	0.57%	0.06%	0.46%
ㅇ	빈도	23	13	121	137	122	113	27	49	28
	상대빈도	2.26%	1.00%	6.18%	7.07%	4.55%	4.78%	3.06%	2.91%	3.23%
빈도 합계		67	108	233	254	321	271	102	125	80
상대빈도 합계		6.59%	8.35%	11.89%	13.11%	11.98%	11.46%	11.56%	7.43%	9.22%

음소		27개월	28개월	29개월	30개월	31개월	32개월	33개월	34개월	35개월
ㄱ	빈도	21	3	3	1	1	3	1	2	12
	상대빈도	4.02%	0.62%	0.32%	0.15%	0.21%	0.23%	0.25%	0.25%	1.16%
ㄴ	빈도	17	4	32	35	22	36	11	18	46
	상대빈도	3.25%	0.83%	3.46%	5.27%	4.57%	2.72%	2.78%	2.28%	4.44%
ㄷ	빈도	1	1	1	2	−	7	4	4	3
	상대빈도	0.19%	0.21%	0.11%	0.30%	−	0.53%	1.01%	0.51%	0.29%
ㄹ	빈도	9	1	10	−	4	20	8	7	31
	상대빈도	1.72%	0.21%	1.08%	−	0.83%	1.51%	2.03%	0.88%	2.99%
ㅁ	빈도	10	2	18	9	6	30	4	16	21
	상대빈도	1.91%	0.41%	1.95%	1.36%	1.25%	2.27%	1.01%	2.02%	2.03%
ㅂ	빈도	−	4	1	1	1	4	1	3	−
	상대빈도	−	0.83%	0.11%	0.15%	0.21%	0.30%	0.25%	0.38%	−
ㅇ	빈도	5	9	19	14	13	34	8	15	34
	상대빈도	0.96%	1.87%	2.06%	2.11%	2.70%	2.57%	2.03%	1.90%	3.28%
빈도 합계		63	24	84	62	47	134	37	65	147
상대빈도 합계		12.05%	4.98%	9.09%	9.34%	9.77%	10.14%	9.37%	8.22%	14.18%

음절 두음에서와 마찬가지로 이 시기에 출현된 음절 말음 목록의 가장 큰 변화는 /ㄹ/음이 산출되었다는 것이다. 그런데 음절 두음에서 /ㄹ/이 산출된 시기와 비교하면, 음절 말음 위치에서의 /ㄹ/ 산출이 음절 두음에 비해 더 일찍 이루어진 것을 확인할 수 있다.

조음 방법별로 보면 비음과 폐쇄음으로만 구성되었던 음절 말음에 유음이 추가되었고, 비음의 산출률은 이전 시기에 비해 별 변화가 없는 데 반해 폐쇄음의 산출률은 조금 증가한 것으로 나타난다. 높은 비율을 차지하는 순서대로 나열하면 비음(75.72%), 폐쇄음(17.63%), 유음(6.65%) 순이며, 비음(64%), 유음(20%), 폐쇄음(16%)의 순서를 보이는 성인언어(박서린, 1999)와 비교하면 유음의 비율이 낮은 편이다.

〈표30〉 조음 방법에 따른 개월별 종성 자음 산출률(18~35개월)

조음방법	18개월	19개월	20개월	21개월	22개월	23개월	24개월	25개월	26개월
비음	5.31%	4.40%	9.95%	11.25%	8.40%	10.06%	5.90%	5.35%	7.72%
유음	–	0.70%	–	0.31%	0.52%	0.47%	0.23%	0.95%	–
폐쇄음	1.28%	3.25%	1.94%	1.55%	3.06%	0.93%	5.44%	1.13%	1.50%

조음방법	27개월	28개월	29개월	30개월	31개월	32개월	33개월	34개월	35개월
비음	6.12%	3.11%	7.47%	8.73%	8.52%	7.56%	5.82%	6.19%	9.74%
유음	1.72%	0.21%	1.08%	–	0.83%	1.51%	2.03%	0.88%	2.99%
폐쇄음	4.21%	1.66%	0.54%	0.60%	0.42%	1.06%	1.52%	1.14%	1.45%

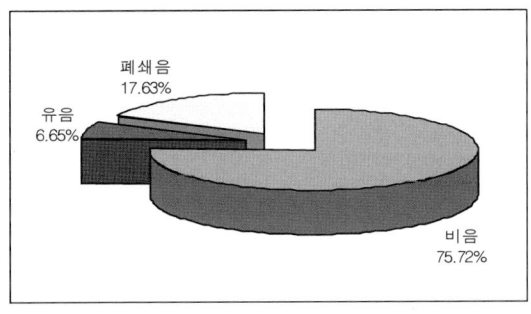

[그림17] 조음 방법에 따른 종성 자음 실현 비율(18~35개월)

음절 말음 목록을 조음 위치에 따라 분류해 보면, 월령이 증가함에 따라 치경음과 연구개음의 산출률은 점차 증가하는 반면 양순음의 산출률은 점차로 감소하여, 결과적으로는 연구개음이 46.09%, 치경음이 31.88%, 양순음이 22.03%의 비율을 차지하는 것으로 나타났다. 이전 단계의 연구개음 비율(19.81%) 및 치경음 비율(7.14%)과 비교하면 크게 증가한 수치이다.[5]

〈표31〉 조음 위치에 따른 개월별 종성자음 산출률(18~35개월)

조음위치	18개월	19개월	20개월	21개월	22개월	23개월	24개월	25개월	26개월
양순음	3.15%	2.63%	2.86%	2.94%	1.64%	3.59%	1.25%	1.37%	1.96%
연구개음	2.65%	2.94%	7.55%	7.74%	6.16%	5.37%	7.82%	3.98%	4.15%
치경음	0.79%	2.78%	1.48%	2.43%	4.18%	2.49%	2.49%	2.08%	3.11%

조음위치	27개월	28개월	29개월	30개월	31개월	32개월	33개월	34개월	35개월
양순음	1.91%	1.24%	2.06%	1.51%	1.46%	2.57%	1.27%	2.40%	2.03%
연구개음	4.97%	2.49%	2.38%	2.26%	2.91%	2.80%	2.28%	2.15%	4.44%
치경음	5.16%	1.24%	4.65%	5.57%	5.41%	4.77%	5.82%	3.67%	7.71%

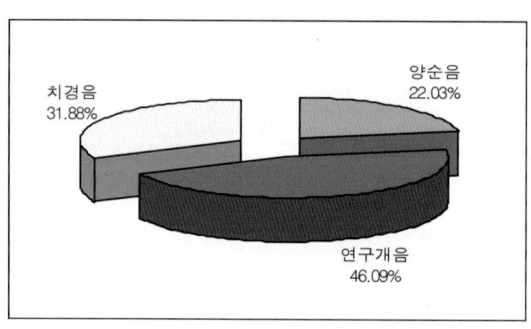

[그림18] 조음 위치에 따른 종성 자음 실현 비율(18~35개월)

---

5) 박서린(2000)에서는 성인언어에서 음절 말의 자음이 치경음 69%, 연구개음 21%, 양순음 10%의 비율로 나타난다고 보고된 바 있어 이와 비교하면 유아 언어에서 치경음의 비율이 성인언어의 경우와 상당히 큰 차이를 보이는 것으로 분석될 수 있다. 그러나 박서린(2000)에서 제시된 비율은 동일 조음 위치의 장애음이 연속되는 경우, 선행 장애음의 탈락될 가능성을 배제한 전사 결과를 바탕으로 한 것이므로, 성인의 실제 발음 양상은 이와 다를 수 있다고 본다.

3.2 모음 목록 및 출현 빈도

3.2.1 단모음의 출현 빈도

성인언어의 단모음 목록은 이미 이전 단계(12~18개월)에 모두 출현된 바 있고, 이들 음소 목록은 후기 단계에 와서도 그대로 유지된다. 개월별 단모음 빈도와 산출률은 〈표32〉에 제시하였다.

개월별로 개별 음소의 산출률을 비교해 보면, 월령이 증가함에 따라 대체로 증가 양상을 보이는 것은 /ㅐ/모음이며, 감소 양상을 보이는 것은 /ㅡ/모음으로 나타났다. /ㅗ/와 /ㅜ/은 일정 기간 증가하다가 다시 감소하는 것으로 나타난다. 여기서 주목되는 점은 /ㅗ/의 산출률과 /ㅓ/의 산출률이 반비례하고, 또, /ㅜ/의 산출률과 /ㅡ/의 산출률이 반비례한다는 사실이다. /ㅓ/의 산출률은 18~19개월 시기에는 각각 6.39%와 9.58%로 나타나다가 24개월 시기에 가면 3.97%로 떨어지는 반면, /ㅗ/의 산출률은 18~19개월에 각각 2.95%와 2.01%의 낮은 산출률을 기록하다가 24개월 시기에는 9.86%로 나타난다. /ㅜ/와 /ㅡ/ 모음의 경우를 보면, /ㅜ/모음은 18~19개월에 3.83%와 1.78%로 나타나다가 27개월 시기에는 6.88%로 나타나고, /ㅡ/ 모음은 18개월에 15.83%, 19개월에 12.98%로 나타난다. 이러한 현상이 나타나는 것은 이 시기에 /ㅗ/, /ㅓ/와 /ㅜ/, /ㅡ/가 아직 뚜렷이 변별되지 않는다는 것을 의미한다. 24~27개월 사이에 /ㅡ/가 /ㅜ/로 발음되거나(예. [kʰuda] '크다', [paboŋ] '밥은'), /ㅓ/가 /ㅗ/로 발음되는(예. [tɕʰotɕ'ɛ] '첫째', [ot'okʰɛ] '어떡해') 등 비원순음이 동일한 혓몸 자질을 갖는 원순음으로 대치되

<표32> 개별 모음의 빈도와 산출률(18~35개월)

음소		18개월	19개월	20개월	21개월	22개월	23개월	24개월	25개월	26개월
ㅏ	빈도	109	154	266	207	331	286	111	240	102
	상대빈도	10.72%	11.90%	13.58%	10.68%	12.36%	12.09%	12.59%	14.26%	11.75%
ㅐ	빈도	20	36	28	42	98	112	17	51	39
	상대빈도	1.97%	2.78%	1.43%	2.17%	3.66%	4.74%	1.93%	3.03%	4.49%
ㅓ	빈도	65	124	115	116	183	130	35	108	61
	상대빈도	6.39%	9.58%	5.87%	5.99%	6.83%	5.50%	3.97%	6.42%	7.03%
ㅗ	빈도	30	26	55	77	118	103	87	84	16
	상대빈도	2.95%	2.01%	2.81%	3.97%	4.40%	4.36%	9.86%	4.99%	1.84%
ㅜ	빈도	39	23	64	50	73	67	30	36	39
	상대빈도	3.83%	1.78%	3.27%	2.58%	2.72%	2.83%	3.40%	2.14%	4.49%
ㅡ	빈도	161	168	152	129	87	87	18	43	31
	상대빈도	15.83%	12.98%	7.76%	6.66%	3.25%	3.68%	2.04%	2.55%	3.57%
ㅣ	빈도	38	38	120	132	194	183	56	146	69
	상대빈도	3.74%	2.94%	6.13%	6.81%	7.24%	7.74%	6.35%	8.67%	7.95%
빈도 합계		462	569	800	753	1084	968	354	708	357
상대빈도 합계		45.43%	43.97%	40.84%	38.85%	40.46%	40.93%	40.14%	42.07%	41.13%

음소		27개월	28개월	29개월	30개월	31개월	32개월	33개월	34개월	35개월
ㅏ	빈도	41	47	118	51	54	198	47	88	161
	상대빈도	7.84%	9.75%	12.77%	7.68%	11.23%	14.98%	11.90%	11.13%	15.53%
ㅐ	빈도	13	23	41	13	19	50	20	44	42
	상대빈도	2.49%	4.77%	4.44%	1.96%	3.95%	3.78%	5.06%	5.56%	4.05%
ㅓ	빈도	54	31	40	60	54	76	28	57	57
	상대빈도	10.33%	6.43%	4.33%	9.04%	11.23%	5.75%	7.09%	7.21%	5.50%
ㅗ	빈도	18	4	25	10	8	40	12	30	36
	상대빈도	3.44%	0.83%	2.71%	1.51%	1.66%	3.03%	3.04%	3.79%	3.47%
ㅜ	빈도	36	18	33	9	13	29	13	6	23
	상대빈도	6.88%	3.73%	3.57%	1.36%	2.70%	2.19%	3.29%	0.76%	2.22%
ㅡ	빈도	6	17	32	30	17	48	12	35	46
	상대빈도	1.15%	3.53%	3.46%	4.52%	3.53%	3.63%	3.04%	4.42%	4.44%
ㅣ	빈도	47	59	93	78	39	98	26	66	51
	상대빈도	8.99%	12.24%	10.06%	11.75%	8.11%	7.41%	6.58%	8.34%	4.92%
빈도 합계		215	199	382	251	204	539	158	326	416
상대빈도 합계		41.11%	41.29%	41.34%	37.80%	42.41%	40.77%	40.00%	41.21%	40.12%

는 일이 흔하게 일어난다는 사실도 이러한 견해를 뒷받침하는 자료가 될 수 있을 것으로 보인다.

혓몸 자질인 고설성에 따라 이 시기의 산출 모음을 분류해 보면 중모음 36.56%, 고모음 33.58%, 저모음 29.86%로 나타나는데([그림 19]), 이전 시기에 비하여 저모음의 비율이 감소하고 중모음과 고모음이 증가한 것이다. 성인 언어의 경우에는 고모음(43.78%), 저모음(29.55%), 중모음(26.67%)로 나타나,6) 이 시기의 언어가 이전 단계

⟨표33⟩ 고설성 자질에 따른 개월별 단모음 산출률(18~35개월)

고설성	18개월	19개월	20개월	21개월	22개월	23개월	24개월	25개월	26개월
고모음	19.57%	15.92%	13.88%	13.47%	10.49%	11.42%	11.79%	13.37%	16.01%
저모음	10.72%	11.90%	13.58%	10.68%	12.36%	12.09%	12.59%	14.26%	11.75%
중모음	15.14%	16.15%	13.37%	14.71%	17.62%	17.42%	15.76%	14.44%	13.36%

고설성	27개월	28개월	29개월	30개월	31개월	32개월	33개월	34개월	35개월
고모음	17.02%	19.50%	17.10%	17.62%	14.35%	13.24%	12.91%	13.53%	11.57%
저모음	7.84%	9.75%	12.77%	7.68%	11.23%	14.98%	11.90%	11.13%	15.53%
중모음	16.25%	12.03%	11.47%	12.50%	16.84%	12.56%	15.19%	16.56%	13.02%

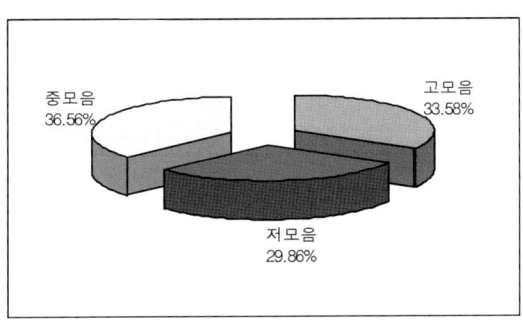

[그림19] 고설성 자질에 따른 단모음 실현 비율(18~35개월)

---

6) 성인 언어에 나타난 모음의 상대 빈도는 배희숙(2001)에 제시된 모음의 절대 빈도 자료를 바탕으로 필자가 산출한 것이다.

비하여 목표 언어의 모습에 좀 더 가까워진 것으로 해석된다. 즉 옹알이기와 언어 발달 초기 단계에서는 저모음의 비율이 높고, 후기 단계에서는 저모음의 비율은 낮아지는 대신에 중모음과 고모음의 비율이 높아지며, 성인언어에서는 고모음의 비율이 가장 높게 나타난다.

　전설성 자질에 따라서 보면, 해당 기간 안에서 월령이 증가함에 따라 전설모음의 산출률은 점차로 증가하고, 후설모음의 산출률은 점차로 감소하였다. 이전 단계와 비교해 볼 때 결과적으로 전설모음 비율이 이전 단계의 19.19%에서 25.63%로 높아졌으며, 후설모음의 비율은 90.81%에서 74.37%로 낮아진 양상을 보였다. 성인언어에서는 후설모음의 비율이 더 증가하여 후설모음 대 전설모음의 비율이 63.68%와 36.32%로 나타난다.

〈표34〉 후설성 자질에 따른 개월별 단모음 산출률(18～35개월)

후설성	18개월	19개월	20개월	21개월	22개월	23개월	24개월	25개월	26개월
전설모음	5.70%	5.72%	7.55%	8.98%	10.90%	12.47%	8.28%	11.71%	12.44%
후설모음	39.72%	38.25%	33.28%	29.88%	29.56%	28.46%	31.86%	30.36%	28.69%

후설성	27개월	28개월	29개월	30개월	31개월	32개월	33개월	34개월	35개월
전설모음	11.47%	17.01%	14.50%	13.70%	12.06%	11.20%	11.65%	13.91%	8.97%
후설모음	29.64%	24.27%	26.84%	24.10%	30.35%	29.58%	28.35%	27.31%	31.15%

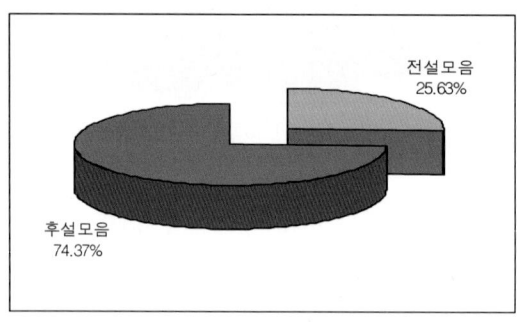

[그림20] 전설성 자질에 따른 단모음 실현 비율(18～35개월)

18~35개월 자료에 나타난 단모음을 원순모음과 비원순모음으로 분류하여 그 비율을 살펴보면, 비원순모음이 84.22%, 원순모음이 15.78%를 차지하고 있는 것으로 분석된다. 단모음에서 차지하는 원순모음의 비율이 옹알이 시기에는 3.26%였다가 언어 초기 단계에서는 8.96%로 늘어나고, 후기에 와서 15.78%로 늘어난 것은 성인 언어의 원순모음 비율이 20.15%에 이른다는 점을 감안할 때 발달의 연속선상에서 보아 자연스러운 일이다.

〈표35〉 원순성 자질에 따른 개월별 단모음 산출률(18~35개월)

원순성	18개월	19개월	20개월	21개월	22개월	23개월	24개월	25개월	26개월
비원순모음	38.64%	40.19%	34.76%	32.30%	33.33%	33.74%	26.87%	34.94%	34.79%
원순모음	6.78%	3.79%	6.07%	6.55%	7.13%	7.19%	13.27%	7.13%	6.34%

원순성	27개월	28개월	29개월	30개월	31개월	32개월	33개월	34개월	35개월
비원순모음	30.78%	36.72%	35.06%	34.94%	38.05%	35.55%	33.67%	36.66%	34.43%
원순모음	10.33%	4.56%	6.28%	2.86%	4.37%	5.22%	6.33%	4.55%	5.69%

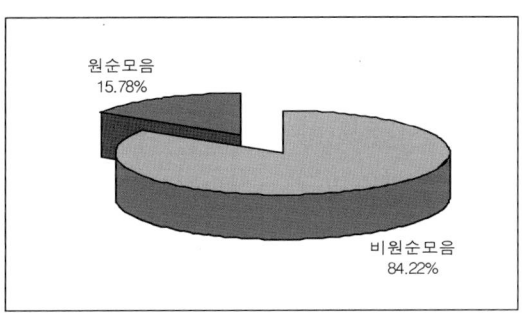

원순모음
15.78%

비원순모음
84.22%

[그림21] 원순성 자질에 따른 단모음 실현 비율(18~35개월)

3.2.2 이중모음의 출현 빈도

18~35개월 사이에는 이전 단계에서 출현했던 /ㅑ/, /ㅕ/, /ㅛ/, /ㅠ/, /ㅘ/ 외에도 /ㅒ/, /ㅙ/, /ㅝ/, /ㅟ/, /ㅢ/가 나타나, 출현 여부로만 보면 성인언어에 나타나는 이중모음 목록[7]과 일치한다.

〈표36〉 개별 이중모음의 출현 빈도와 산출률(18~35개월)

음소		18개월	19개월	20개월	21개월	22개월	23개월	24개월	25개월	26개월
ㅑ	빈도	11	10	39	54	30	28	4	20	12
	상대빈도	1.08%	0.77%	1.99%	2.79%	1.12%	1.18%	0.45%	1.19%	1.38%
ㅒ	빈도	−	−	−	3	6	16	3	13	−
	상대빈도	−	−	−	0.15%	0.22%	0.68%	0.34%	0.77%	−
ㅕ	빈도	2	13	6	10	18	13	22	28	20
	상대빈도	0.20%	1.00%	0.31%	0.52%	0.67%	0.55%	2.49%	1.66%	2.30%
ㅘ	빈도	−	−	3	−	3	3	3	4	3
	상대빈도	−	−	0.15%	−	0.11%	0.13%	0.34%	0.24%	0.35%
ㅙ	빈도	−	−	−	−	1	−	1	−	−
	상대빈도	−	−	−	−	0.04%	0.00%	0.11%	−	−
ㅛ	빈도	−	1	5	9	20	11	2	3	−
	상대빈도	−	0.08%	0.26%	0.46%	0.75%	0.47%	0.23%	0.18%	−
ㅝ	빈도	−	−	−	7	4	1	−	−	1
	상대빈도	−	−	−	0.36%	0.15%	0.04%	−	−	0.12%
ㅟ	빈도	−	−	4	1	−	1	−	−	−
	상대빈도	−	−	0.20%	0.05%	−	0.04%	−	−	−
ㅠ	빈도	−	−	6	5	12	6	1	3	1
	상대빈도	−	−	0.31%	0.26%	0.45%	0.25%	0.11%	0.18%	0.12%
ㅢ	빈도	−	−	−	−	1	−	−	−	−
	상대빈도	−	−	−	−	0.04%	−	−	−	−
빈도 합계		13	24	63	89	95	79	36	71	37
상대빈도 합계		1.28%	1.85%	3.22%	4.59%	3.55%	3.34%	4.08%	4.22%	4.26%

---

7) 본 연구에서는 1장에서 제시한 것과 같이 /jɛ/, /ja/, /ju/, /jʌ/, /jo/, /wi/, /wɛ/, /wa/, /wʌ/, /ɰi/ 등 10개의 이중모음 체계에 따라 전사를 수행하였다. /ㅔ/와 /ㅐ/가 /ɛ/로 통합된 것과 마찬가지로 /ㅒ/와 /ㅖ/, /ㅙ/와 /ㅞ/도 각각 /jɛ/, /wɛ/로 통합되었다고 보는 것이다. 빈도표에는 해당 발음을 표시하는 한글 자소 가운데 각각의 대표자만을 기록하였다.

음소		27개월	28개월	29개월	30개월	31개월	32개월	33개월	34개월	35개월
ㅑ	빈도	7	17	12	20	7	14	8	11	5
	상대빈도	1.34%	3.53%	1.30%	3.01%	1.46%	1.06%	2.03%	1.39%	0.48%
ㅒ	빈도	2	–	1	7	2	2	–	–	–
	상대빈도	0.38%	–	0.11%	1.05%	0.42%	0.15%	–	–	–
ㅕ	빈도	4	6	13	11	1	22	10	17	16
	상대빈도	0.76%	1.24%	1.41%	1.66%	0.21%	1.66%	2.53%	2.15%	1.54%
ㅘ	빈도	1	2	6	6	1	–	–	–	1
	상대빈도	0.19%	0.41%	0.65%	0.90%	0.21%	–	–	–	0.10%
ㅙ	빈도	–	3	–	–	2	–	–	1	–
	상대빈도	–	0.62%	–	–	0.42%	–	–	0.13%	–
ㅛ	빈도	–	2	–	1	–	6	3	5	5
	상대빈도	–	0.41%	–	0.15%	–	0.45%	0.76%	0.63%	0.48%
ㅝ	빈도	–	–	–	–	–	2	–	1	1
	상대빈도	–	–	–	–	–	0.15%	–	0.13%	0.10%
ㅟ	빈도	–	–	–	–	–	–	–	–	–
	상대빈도	–	–	–	–	–	–	–	–	–
ㅠ	빈도	1	–	6	5	–	9	–	2	1
	상대빈도	0.19%	–	0.65%	0.75%	–	0.68%	–	0.25%	0.10%
ㅢ	빈도	–	–	–	–	–	–	–	–	–
	상대빈도	–	–	–	–	–	–	–	–	–
빈도 합계		15	30	38	50	13	55	21	37	29
상대빈도 합계		2.87%	6.22%	4.11%	7.53%	2.70%	4.16%	5.32%	4.68%	2.80%

〈표36〉에서 보면, 이중모음의 산출률은 대체로 성인언어에서의 이중모음 산출률(7.84%)에 비해 크게 떨어진다. 이 가운데 /ㅑ/, /ㅕ/는 전 월령대에서 비교적 높은 산출률을 보이는 음이다. 이전 단계에서 1회 출현하는 데 그쳤던 /ㅘ/는 22개월 이후에는 지속적으로 산출되는 편이다. /ㅢ/는 22개월 시기에 1회 산출된 것으로 나타나고 그 외에는 발견되지 않았다.

과도음의 종류별로 이중모음을 분류해 보면, /j/계 이중모음은 관찰 단계의 전 구간에서 나타나는 반면, /w/계 이중모음은 20개월 이후부터 나타나고 그 산출률이 /j/계 이중모음보다 낮게 나타났다. 그리고 /ɰ/계는 거의 나타나지 않는다. 성인언어에 나타난 이중모

음 비율을 보면 이와는 전혀 다른 모습으로, /w/계가 70.65%로 가
장 많은 비율을 차지하고, 그 다음으로 /j/계가 27.04%를 차지하며,
/ɰ/계가 2.31%를 차지하는 것으로 되어 있다.

〈표37〉 과도음 종류에 따른 개월별 이중모음 산출률(18～35개월)

과도음	18개월	19개월	20개월	21개월	22개월	23개월	24개월	25개월	26개월
j계	1.28%	1.85%	2.86%	4.18%	3.21%	3.13%	3.63%	3.98%	3.80%
ɰ계	–	–	–	–	0.04%	–	–	–	–
w계	–	–	0.36%	0.41%	0.30%	0.21%	0.45%	0.24%	0.46%

과도음	27개월	28개월	29개월	30개월	31개월	32개월	33개월	34개월	35개월
j계	2.68%	5.19%	3.46%	6.63%	2.08%	4.01%	5.32%	4.42%	2.60%
ɰ계	–	–	–	–	–	–	–	–	–
w계	0.19%	1.04%	0.65%	0.90%	0.62%	0.15%	–	0.25%	0.19%

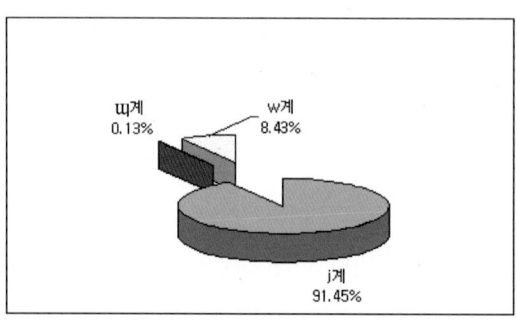

[그림22] 과도음 종류에 따른 이중모음 실현 비율(18～35개월)

4. 마무리

　지금까지 영유아의 발화에 나타난 음소 출현 양상에 대해 검토하였다. 여기서는 생후 6~35개월 사이에 있는 22명의 아동의 발화를 지속적으로 녹음하여 음소 전사한 결과를 가지고 산출음의 유형과 수를 조사하고 음운 자질과 음소 발달의 상관관계를 살폈다. 이 책에서는 아동의 발화에 나타난 말소리를 초성 자음, 종성 자음, 단모음, 이중모음으로 분류하되, 실제 구어에서 사용되는 현실음의 체계를 최대한 반영하여 19개의 자음 체계와 7개의 단모음 체계, 10개의 이중모음 체계 안에서 각각의 빈도와 산출률을 구하였다. 본 장에서 논의된 내용을 요약적으로 제시하면 다음과 같다.

　(1) 초성 자음으로 가장 먼저 출현하는 음은 /ㅁ/음이며, /ㄴ/, /ㄷ/, /ㄸ/, /ㅂ/ 등도 비교적 이른 시기에 출현하는 것으로 나타났다. 옹알이 시기에 출현하는 음은 모두 평음과 경음 계열이며 격음 계열은 17개월 이후에야 출현하였다. /ㄱ/과 /ㄲ/는 옹알이 시기에 잠깐 나타나고는 출현하지 않다가 15개월 이후부터 비교적 안정되게 나타났다. 가장 늦게 출현하는 음은 /ㄹ/과 /ㅅ/ 계열로 31개월 이후가 되어서야 목표 언어의 음소에 가까운 음이 산출된다. 그러나 산출음이 발견된다고 해서 해당음이 완전히 습득된 것이라고 보기는 어려우며, 보다 조음하기 쉬운 음으로 변형되어 발음되는 일이 자주 일어난다. 발달 단계별로 산출음을 분류해 보면, 조음 방법에 따라서는 비음 - 폐쇄음 - 파찰음 - 마찰음 - 유음의 순서로

나타나며, 조음 위치에 따라서는 양순음 - 치경음 - 연구개음 - 경구
개음 - 성문음의 순서로 나타난다.

(2) 종성 자음은 옹알이 시기에서부터 발견되는 /ㅁ/, /ㅇ/이 언어
초기 단계에서도 높은 산출률을 보이며, 13개월부터는 /ㄴ/, /ㄷ/, 15
개월경부터는 /ㅂ/, /ㄱ/음이 추가된다. 종성 자음에서도 /ㄹ/은 가
장 늦게 산출되는데, 그 시기는 음절 두음 위치에서의 출현 시기보
다 조금 빠른 21개월경이 된다. 조음 방법별로는 비음 - 폐쇄음 -
유음의 순으로 나타나 초성자음의 경우와 크게 다르지 않다. 조음
위치별로는 양순음 - 연구개음 - 치경음 순으로 나타나 음절 두음
위치에서와는 다른 순서를 보인다.

(3) 단모음의 경우에는 자음에 비해 다양한 음이 관찰 초기 단계
에 산출된다. 옹알이 시기 초기에 고빈도로 나타나는 음은 /ㅏ/,
/ㅡ/, /ㅓ/이고, 옹알이 단계 후기로 가면서 /ㅐ/, /ㅣ/, /ㅜ/, /ㅗ/ 음
이 나타난다. /ㅗ/, /ㅜ/가 지속적으로 나타나는 것은 14개월 이후
이다. 다시 단계별로 산출음의 출현 비율을 고찰하면, 후설모음이
전설모음보다 먼저 산출되고, 비원순모음이 원순모음에 비해 먼저
산출되는 것으로 나타난다. 고설성 자질에 따라 산출음을 분류하는
경우 옹알이 단계에서는 분포상의 특징을 찾기 어려웠다. 그러나
12개월 단계에 가면 저모음 〉 중모음 〉 고모음의 비율로 나타나다가
월령이 증가함에 따라 저모음의 산출률이 낮아지고 고모음의 산출
률이 높아져 성인 언어의 단모음 산출 유형에 점차로 가까워지는
양상을 나타냈다.

(4) 이중모음은 단모음에 비해 산출 시기가 훨씬 늦어지며, 산출률도 성인 언어와 비교하여 매우 낮게 나타난다. 이중모음 가운데 가장 먼저 출현하는 음은 /ㅑ/이며, 12개월경부터 비교적 안정적으로 출현하고, 그 뒤에 이어서 /ㅕ/, ㅛ/, /ㅠ/ 등이 출현한다. /ㅘ/, /ㅙ/, /ㅝ/, /ㅟ/ 등이 산출되는 것은 20개월 이후이고, /ㅢ/는 거의 나타나지 않았다. 과도음의 종류를 기준으로 이중모음의 출현 순서를 따져보면 /j/계, /w/계, /ɰ/계의 순으로 나타난다고 할 수 있다.

음의 산출 시기를 정하는 데에 있어서는 초출음을 위주로 판단하는가 아니면 습관적 산출음을 위주로 판단하는가에 따라 큰 차이가 난다. 여기서 제시된 시기는 초출음의 산출 시기를 중심으로 한 것이므로, 습관적 산출음을 중심으로 한 기존의 연구들에 비해서는 대체로 시기가 다소 앞당겨진 결과로 나타났다. 여기서 제시된 순서는 산출 순서만을 놓고 볼 때 범언어적인 음소 발달 순서에 견주어 큰 차이가 없었으나, 평음과 경음이 비슷한 시기에 산출되고 유음의 산출이 마찰음보다 늦게 이루어진 것은 국어의 개별언어적인 특성에 기인한다고 여겨진다.

제3장 음소 체계의 습득

생후 1년에서 3년에 이르는 기간 동안, 아동의 음운 체계는 끊임없이 변화하며 성인의 음운 체계에 가까워지기까지 분화를 거듭한다. 아동의 음운 체계가 지닌 이러한 불완전성과 역동성으로 인하여 나타나는 것이 바로 분절음 대치 현상이다.

분절음 대치란 성인 언어의 한 분절음이 아동 언어에서 다른 분절음으로 바뀌어서 산출되는 현상을 말한다. 그러나 이때 대치음들은 무작위한 것이 아니라 목표음과 자연부류(natural class)에 속하는 경우가 많다. 즉, 대치되는 자질을 제외한 다른 음성 자질(feature)을 목표음과 대치음이 공유한다는 특징이 있다. 따라서 이러한 분절음 대치 현상을 면밀히 검토함으로써, 아동이 모국어의 개별 음소를 어떠한 대조 체계 안에서 어떤 순서를 거쳐 습득하는지를 엿볼 수 있다.

아동이 성인언어의 음소를 자신의 조음 능력에 맞도록 변화시키는 음운 대치 현상에 대해서는 비교적 최근 들어 연구가 이루어졌으며(김영태·신문자 1992, 장신자 1997, 이기정 1997, 전희정·이승환 1999 등) 그 수도 매우 제한되어 있다. 또한 대부분이 아동의 언어에 나타나는 다양한 음운 현상을 분류하고 각각의 과정에 대한 개별적인 설명을 하는 데에 그쳐, 이를 음소 습득의 모형과 연결지어 관찰하려는 시도가 요구된다. 음소 습득과 분절음 대치를 관련지은 실증적 연구로는 권경안(1981)이 있는데, 여기서는 5~7세

---

* 이 장에 기술된 자음 체계 습득에 관한 내용은 『한국어교육』 제14권 2호(2003), 모음 체계 습득은 『인지과학』 제15권 1호(2004)에 발표한 내용을 바탕으로 하였다.

의 유치원생들을 대상으로 한 횡적인 자료 수집 결과를 바탕으로 분석이 이루어졌다. 그런데 대상 아동의 연령대가 너무 높아 이미 음소 습득이 거의 이루어진 상태여서 유아 초기 단계의 음소 습득 과정을 살피지 못한 아쉬움이 있다.

아동은 일반적으로 생후 12개월이 되면 의미 있는 발화를 시작하며 36개월까지 음소 발달이 가장 활발하게 진행된다. 물론 완전한 음운 체계의 수립은 만 5~6세가 되어야 비로소 가능하지만, 36개월 무렵까지 유아는 수많은 시도와 시행착오를 겪으며 음에 대한 분류와 산출 능력을 계속적으로 변화시켜 단기간 동안에 성인 언어의 음운 체계에 근접할 정도로 놀라운 발전을 하게 된다.

그런데 음소 대립의 분화는 어느 한순간에 갑자기 일어나는 것이 아니라 서서히 완성되어 가는 형태를 취한다. 그러므로 특정 분절음의 대치가 얼마나 자주 발생하는가 하는 문제는 목표음과 개별 아동의 발화음 사이에서 발견되는 다양한 대응 관계의 유형만큼이나 결과 해석에 중요한 영향을 미친다. 즉 대치되는 분절음의 종류뿐 아니라 그러한 대치가 발생하는 빈도도 반드시 함께 고려되어야 한다.

이 장에서는 생후 12개월에서 36개월 사이에 있는 아동들의 발화를 대상으로 하여 여기서 일반적으로 나타나는 분절음 대치 현상을 기술하고, 각각의 현상이 주로 나타나는 시기와 출현 빈도를 고찰함으로써 아동이 각자의 음운 체계를 구성해 나가는 방법과 그 순서를 알아보고자 한다.

자음 및 모음의 대치 현상을 관찰하기 위해 분석 대상으로 삼은 자료는 〈표1〉에 보인 바와 같다.[1]

〈표1〉 분석 대상 자료의 개월별 분포

성별＼개월	12	13	14	15	16	17	18	19	20	21	22	23	24	25	26	27	28	29	30	31	32	33	34	35	합계
남	5	5	2	2	6	7	5	7	5	3	2	6	4	4	3	2	2	2	2	2	1	1	3	3	84
여	4	6	6	6	2	3	3	4	4	6	7	3	2	4	3	2	2	2	2	2	3	3	4	1	84
합계	9	11	8	8	8	10	8	11	9	9	9	9	6	8	6	4	4	4	4	4	4	4	7	4	168

분석은 다음과 같은 절차로 진행되었다. 먼저, 음성 전사된 아동의 발화 자료 가운데 의미 파악이 가능한 형태들만 따로 간추렸다. 그리고 아동의 음성형과 성인언어의 음성형을 대비하고 양자 사이에 차이가 있는 경우, 이를 분절음 대치의 유형에 따라 분류하였다. 대응음을 설정하는 과정에서는 아동의 목표 언어가 되는 성인의 현실 발음이 최대한 반영되도록 하였다.[2] 성인언어와 아동언어의 음운 대응을 유형에 따라 분류한 후에는, 시기별로 각각의 분절음 대응이 나타난 빈도와 비율을 계산하였다.

본 장은 크게 1) 분절음 대치의 유형과 음운 대립의 분화 과정, 2) 자음 체계의 습득, 3) 모음 체계의 습득, 4) 마무리의 네 부분으로 이루어져 있다. 여기서 분절음 대치의 유형에 대해 먼저 살펴보는 이유는 분절음 대치의 양상이 매우 다양하고, 그러한 다양한 대

---

1) 파일별로 포함된 발화 수는 아동의 월령에 따라 차이가 나는데 23개월 이전 아동의 자료인 경우 발화 횟수가 많지 않아 각 파일당 평균 50발화 정도가 되며 24개월 이후 자료에서는 파일당 200~300발화가량이 된다. 산출음 목록과 같이 발생 빈도수가 높은 언어요소의 경우에는 보통 50~100개의 발화가 적정 표본의 양으로 제기되나 음운 처리 과정의 경우 발생 빈도가 높지 않으므로 표본 수를 이보다 높게 잡아 1시간 녹음 분량의 파일에 포함된 아동의 발화 전체를 분석 대상에 포함시켰다.

2) 1장에서 밝힌 것처럼 현재 청장년층 표준어 화자의 발음에서 변별이 사라진 것으로 판단되는 두 모음 /ㅔ/와 /ㅐ/는 /ɛ/로 통합하였고, /ㅚ/와 /ㅟ/도 이중모음 /wɛ/와 /wi/로 발음되는 것으로 보았다. 또한, 흔히 쓰이는 구어체 발음 또는 양육자의 특징적인 발음이 해당 아동의 발화에서 발견된 경우에는 이것이 표준 발음과 차이가 있더라도 발화음과 대응음에 차이가 없는 것으로 보았다.

치 양상이 음소 습득 과정을 밝히는 중요한 열쇠가 되기 때문이다. 따라서 분절음 대치의 구체적인 모습을 살펴보기에 앞서, 음소 대립 체계 수립의 관점에서 분절음 대치의 유형과 원인에 대해 이해하고 넘어갈 필요가 있다.

1. 음소 대립의 분화와 분절음 대치 현상

　성인언어와 아동들의 발화음의 관계는 어떤 경우에는 체계적이고 예언 가능한 것으로 보이며 어떤 경우에는 거의 관계를 찾아볼 수 없을 정도로 일관성이 없어 보인다. 전자의 경우는 아동이 발화를 전체 단어나 음절의 연쇄가 아니라 개개 음소로 표상하고 있음을 보여주는 근거가 되며, 후자의 경우는 아동이 음소를 연결하기보다 좀 더 큰 단위(음절이나 단어)를 연결하고 있음을 보여주는 증거가 될 수 있다(Steffens, 1994).

　Stoel-Gammon & Dunn(1984)에서는 유아 언어에서 나타나는 음운 오류 형태를 크게 세 가지 과정-(1) 음을 탈락시키거나 첨가시키는 음절 구조 과정, (2) 한 음소를 다른 음소로 바꾸는 대치 과정, (3) 한 음소가 다른 음소와 닮는 동화 과정-으로 나누어 설명한다. 여기서 언급된 음절 구조 과정에는 비강세 음절 탈락, 어말 자음 탈락, 자음군 단순화 등이 있고, 대치 과정에는 폐쇄음화, 활음화, 모음화, 전설음화 등이 포함되며, 동화 과정에는 양순음 동화, 치경경구개음 동화, 비음 동화, 전환, 중복 등이 포함된다.

Ingram(1986)의 경우에도 분류 방법은 크게 다르지 않아, 대치 과정에 폐쇄음화, 전설음화, 활음화, 모음 중화를 포함시켰고, 동화 과정에 유성음화, 연구개 동화, 순음동화, 구강음화를 포함시켰다. 음절 구조 과정으로는 자음군단순화, 종성 자음 탈락, 비강세 음절 탈락, 중첩 등이 발견된다고 하였다. 이들 연구에서 제시된 세 가지 과정 가운데, 음절 구조 과정과 동화 과정은 목표음과 발화음의 분절음 사이에 일정한 대응 관계가 형성되지 않고 주변 음이나 전체 단어 형태에 영향을 받는 변동 과정이므로 음운 대립의 분화 과정과는 직접적인 관련이 없다. 따라서 본 장에서 살펴보려고 하는 것은 이러한 음절 구조 과정이나 동화 과정을 제외한 개별 분절음의 대치에 관한 것이다.

즉, 본 연구에서 말하는 분절음 대치란 성인언어에 속한 한 음소가 유아어에서 다른 음소로 일정하게 대응되는 현상을 가리킨다. 그런데 아동의 발화에 나타나는 음운 오류를 앞에서 언급한 전체 단어의 구조에 대한 조정 과정으로 볼 것인가 아니면 분절음 대치 과정으로 볼 것인가를 결정하는 문제는 그리 간단한 일은 아니다. 분절음 대치 과정을 동화 등의 구조 조정 과정으로부터 분리하는 기준은 얼마만큼 다양한 음운 환경에서 일정하게 음의 대응이 발견되는가에 달려 있다. 가령, /m/이 /n/로 대치되는 것은 후행자음이 치경음 또는 치경경구개음인 경우에 한정되며(예. 김치[kintɕʰi]), 그 밖의 환경에서는 대치 현상이 발견되지 않으므로(예. 모자 [moʣa/*noʣa], 엄마 [ʌmma/*ʌnma]) 분절음의 대응 관계를 설정하기보다는 주변음에 의한 동화로 보는 것이 합당하다. 반면, /s/이 /t/나 /tɕ/로 대치되는 것은 음운적 환경이나 어휘의 종류와 무관하

며 비교적 일관되게 일어난다(예. 손[t'on], 주스[ʨuʨ'u], 무서워[mut
ʰʌwʌ], 풍선[pʰuntʰʌn] 등). 따라서 후자의 경우는 일단 분절음 대
치 과정으로 분류될 수 있다.

1.1 분절음 대치의 유형

분절음 대치 현상을 대치의 방향이나 산출음 목록과의 비교를
통해서 관찰해 보면 분절음 대치 현상은 다음의 몇 가지 유형으로
나뉜다.

우선, 분절음 대치 현상은 대치가 일어나는 방향에 따라서 일방
향적 대치와 양방향적 대치로 분류될 수 있다. 일방향적 대치는 성
인언어의 A 음소가 유아어에서 B 음소와 일정하게 대응되고 그 반
대 방향의 대응은 발견되지 않는 것이다. 반면에, 양방향적 대치는
성인언어의 A 음소가 유아어에서 B 음소와 대응되는 동시에 성인
언어의 B 음소가 유아어의 A 음소와 대응되기도 하는 것이다. A
음소와 B 음소 사이에 이러한 양방향적 대치가 일어나고 있다면,
A 음소와 B 음소는 서로 변별되지 않았다고 보아도 좋을 것이다.
즉 이러한 양방향적 대치를 보이는 두 음소는 이것을 사용하는 아
동에게는 사실상 하나의 음소로 인식되고 있는 것이다.

일방향적 대치는 산출음 목록과의 비교를 통해서 다시 두 부류
로 나눌 수 있다. 하나는 대치되는 음이 아동의 산출음 목록에 없
는 경우이고, 다른 하나는 대치되는 음이 아동의 산출음 목록에 이
미 존재하는 경우이다. 전자의 경우에는 대치되는 음이 아직 산출

되지 않았으므로 해당음의 조음상 어려움을 대치의 원인으로 들 수 있을 것이다. 그러나 후자의 경우, 이미 산출된 적이 있는 음이 다른 음으로 대치되는 것이므로 이 경우는 조음 제약이 아닌 다른 원인에 의한 대치로 보아야 한다.

아동의 산출음 목록에 이미 어떤 두 개의 음이 존재하는데 그중 어느 하나가 다른 음으로 대치되는 현상은, 그 두 개의 음이 양방향으로 대치되는 시기와 두 음의 사용이 완전히 분리되는 시기의 사이에 주로 나타난다. 이러한 사실은 조음 능력과 변별 능력의 발생 사이에 일정한 시간 간격이 있을 수 있으며, 이 경우 조음 능력은 있으나 변별 능력이 전혀 없는 상태에서 변별 능력이 완성되는 상태로 이행하는 시기에 두 개의 음에 대하여 완전한 혼용도 아니고 완전한 변별도 아닌 하나의 음으로 통합하려는 시도가 일어난다는 것을 말해 준다. 그리고 이러한 일방향 대치가 늘어나는 시기는 대치하는 음소가 본격적으로 산출되는 시기와도 어느 정도 일치한다.[3] 즉 양방향의 대치 현상이 줄어들고 일정 방향으로의 대치 현상이 갑자기 많아지는 것은 미분화 상태의 음소가 별도의 음소로 분화되는 과정에서 나타나는 과도기적 현상으로 볼 수 있다.

요컨대, 분절음 대치 과정의 원인으로 볼 수 있는 것은 조음 제약, 제한된 인지 능력, 발음 연습의 일환 등이며, 분절음 대치 과정이 이 세 가지 원인 중 어떤 것에 기인하는가를 판단하기 위해서는 대치 과정의 방향 및 해당 아동의 산출음의 목록을 주목할 필요가 있다. 분절음 대치 과정의 원인과 유형을 간단히 정리하면 다음과 같이 될 것이다.

---

3) 산출음의 빈도에 관해서는 2장의 내용 참고.

1) 조음 기관의 미성숙으로 인한 조음 제약 때문에 발음이 어려운 음소를 발음이 보다 용이한 음소로 대치한다.
2) 두 음소의 음성적 유사성으로 인하여 이를 각각의 변별된 음소로 인지하는 데 실패하며 음 산출에 있어서도 두 음소를 혼동하여 사용한다.
3) 음운 변별 능력이 지속적으로 발달하는 단계에 있는 아동이 처음으로 도입된 음소의 산출을 학습하는 과정에서 해당음의 조음 방식을 다른 음의 조음에까지 확대 적용한다.

위에 제시한 유형 가운데 첫 번째 유형은 분절음 대치 현상 중 대치가 일정한 방향으로 규칙적으로 일어나고 그 반대 방향의 대치가 발견되지 않으며, 성인언어의 대응음이 아동의 산출음 목록에 없는 경우이다. 이 경우에는 해당 아동이 두 음소를 실제로는 변별해서 인식하고 있으면서도 제한된 조음 능력 때문에 산출 과정에서 두 음소의 변별력이 상실된 것으로 보인다. 가령, 성인언어의 마찰음이 아동언어의 폐쇄음과 대응하는 사례가 보편적으로 관찰되는 경우, 성인언어의 폐쇄음이 아동언어의 마찰음과 대응하는 관찰되지 않거나 극히 낮은 빈도로 관찰된다면 이때 아동의 목표음은 마찰음이지만 보다 조음이 쉬운 폐쇄음으로 대치해서 발음한 것으로 볼 수 있을 것이다. 이와 같이 조음 제약에 의해 특정음이 다른 음으로 대치된 경우 아동의 산출음 목록에서는 해당음을 거의 찾아볼 수 없다.

둘째, 대치가 양방향으로 일어나고 그 비율이 거의 동일하다면, 대치되는 두 음소 간의 변별적 차이를 아동이 인지하지 못하고 있는 것으로 해석할 수 있다. 가령, 경음의 격음화와 격음의 경음화가 동시에 발견되고 그 발생 빈도가 비슷하다면, 아동이 아직 경음과 격음의 주요 변별 자질인 경음성 자질과 기음성 자질을 습득하지 못한 것이 된다.

셋째는, 아동의 산출음 목록에는 이미 두 개의 음소가 모두 존재하는데 어느 한 음소가 다른 음소로 대치되는 일방향의 대치 현상이 일시적으로 증가하는 경우이다. 이 경우는 대치 현상이 곧 조음상의 어려움을 말해 주는 것은 아니고, 어떤 음의 조음 방법을 연습하는 과정에서 해당음의 조음 방법을 다른 음에까지 적용한 것으로 보인다. 가령, 어떤 아동의 산출음 목록에 이미 평음과 경음이 모두 존재하는데 이후에 평음의 경음화가 발견된다면, 이때 경음화 현상은 경음의 조음이 평음의 조음보다 더 용이해서가 아니라 해당 아동의 음운 체계에 새로 편입된 경음을 음소로 안정시키는 과정에서 경음의 사용이 일시적으로 두드러지는 것이다. 새로 습득된 음은 이러한 과도기를 거쳐 아동의 음운 체계 안에 보다 확실하게 자리잡게 된다.

1.2 음소 대립의 분화 과정

앞(1.1)에서 분절음 대치 현상을 대치의 방향 및 산출음 목록과의 비교를 통해 원인별로 분류하였다. 그러나 각각의 분절음 대치 현상은 고정된 양상으로 나타나지 않고 아동의 발달 단계에 따라 그 발생 빈도와 유형에 있어 상당한 차이를 보인다. 즉 분절음 대치 현상 가운데 어떤 것은 그 출현 기간이 매우 짧게 나타나기도 하고 어떤 것은 꽤 오래 지속되기도 한다. 또, 어떤 경우에는 일방향 대치가 일관되게 나타나며, 어떤 경우에는 양방향 대치가 나타나다가 일방향 대치로 전환되기도 한다. 이것은 아동의 음운 체계가 끊임없이 변화하는 과정에 있고, 음을 산출하는 데 사용되는 책략이나 제약도 그 발달 단계에 맞추어서 같이 발전해 가거나 소멸해 간다는 것을 의미한다. 그러므로 각각의 분절음 대치 현상을 단편적으로 고찰하기보다 시기에 따른 분절음 대치의 변화 양상을 관찰하는 것이 필요하다.

시기에 따른 분절음 대치 양상의 변화는 대치의 방향뿐 아니라 대치의 빈도 및 대치하는 음의 종류에 있어서도 찾아진다. 우선, 대치의 빈도와 관련하여, 어떤 분절음에 대한 대치 현상은 갑자기 출현했다가 어느 순간 갑자기 사라지는 것이 아니라 그 출현 빈도가 점점 높아지거나 점점 낮아진다. 즉 한 언어의 음소는 한 번에 습득되기보다 아동의 조음 능력과 인식 능력의 정도에 따라 단계를 거치며 점진적으로 습득되는 것으로 보인다. 어떤 음운 대치의 출현 여부보다도 빈도의 변화를 통해 음운의 습득 여부를 판단하게 되는 것은 이 때문이다.[4]

---

4) 아동의 음운 체계와 산출하는 음 사이의 관계는 매우 밀접한 관계를 보이지만, 한 아동의 자료를 종적으로 관찰하다 보면 그 아동의 조음 능력에 걸맞지 않는 발음형이 발견되기도 한다. 가령, 어떤 아동의 26개월 시기의 발화 자료로부터 이 아동이 연구개음과 치경경구개음을 변별적으로 발음할 수 있고(예. 코끼리[kʰokʼi], 죽었어[tɕugʌt˺tɕʼʌ˺]), 두 번째 음절에서 이중모음 /jʌ/의 발음도 가능하며(예. 주면[tumjʌn]), 발성 유형에 따른 변별이나 마찰음의 조음은 불완전하지만 어두 음절의 /i/ 모음과 /u/ 모음을 구별해서 발음하는 능력도 가지고 있는 것으로 판단되는 데도(예. 수박[tʰjubak˺], 시소[tɕʰitɕʰo], 수건[tʼugʌn]), 실제로는 특정 단어(예. '쿠션'에 대해서 우리가 다른 단어들의 음성형으로부터 예상할 수 있는 음성형 [kʰuntʰjʌn]이 아니라, 자신의 음운 체계에 비추어 뒤떨어진 형태인 [tɕʼinʼoŋ]으로 발음하는 일이 있다. 반대로, 아동이 자신의 조음 능력을 훨씬 뛰어넘는 발음을 하는 예가 발견되기도

하나의 목표음과 대치되는 음의 목록도 시기에 따라 변화한다. 이때 대치되는 음의 범위와 음소 대립의 분화 단계는 서로 밀접하게 연관되어 있다. 예를 들어, 어떤 시기에 A라는 음소가 B 음소나 C 음소와 대치되다가 시간이 지남에 따라 B 음소와만 대치되고 C 음소와는 더 이상 대치되지 않는다면, 이러한 변화는 아동의 음운 체계에서 그만큼 대립의 분화가 진행된 것을 의미한다. 즉 A 음소가 B 또는 C 음소와 대치되는 단계에서는 아동의 음운 체계에서 A, B, C는 덩어리진 하나의 음소 자격을 가지며, 그들 사이의 변별적 자질은 아동에게는 무의미한 것으로 볼 수 있다.[5] 그리고 A 음소가 B 음소와만 대치되고 C 음소와 대치되지 않는 단계에서는 아동의 음운 체계에서 A와 B가 동일한 음소 범주에 속하고, C 음소는 A, B 음소와는 별개의 음소 범주로 분리되었다고 볼 수 있다.

예를 들어, /t, t', t^h, n, ʨ, ʨ', $ʨ^h$/는 국어에서 변별적 음소로 사용되고 있지만, 어떤 아동의 산출음 목록에 /t, t', t^h, n, ʨ, ʨ', $ʨ^h$/의 음이 모두 들어 있더라도 이것이 한 단어 내의 동일한 음을 가

하는데, 22개월에 거의 성인음에 가깝게 발음되던 '고맙습니다[komapˀʨɯmda]'가 그 이후에 오히려 [anɲia], [komaja] 등 뒤떨어진 발음형으로 고정되는 일도 있다. 이처럼 조음 능력이 훨씬 발달한 이후에도 이전에 사용했던 음성형을 고정적으로 사용하기도 하고, 일시적으로 발전된 음성형을 보이는 경우도 있어서 단편적인 자료가 곧 아동의 음운 체계를 대변하지는 못한다.

5) 유아가 언어를 습득하는 과정에 총체적인 것에서 점점 작은 단위로 세분하여 재체제화하는 경향이 있다는 견해는 Jakobson & Halle(1956), Lewis(1957), Menyuk(1971) 등의 논의에서 찾아볼 수 있다. Jakobson & Halle(1956)에서는 발달의 초기부터 음운 대립의 분화가 일어나며 발성에 소비되는 에너지의 차이가 큰 것부터 대립이 형성된다고 보았다. 즉 /p/와 /a/의 대립이 가장 먼저 이루어지고, 이어서 /t/가 /p/와 대립하면서 생긴 삼각 구도를 기초로 해서 점차로 대립이 분화해 간다고 보았다. 그러나 Jakobson의 이론은 이를 정당화할 충분한 사실적 근거를 보여주지는 못했다. Menyuk(1971)에서는 Jakobson의 이론을 수정 보완하여 자음과 모음이 각각 습득되어 가는 과정을 변별 자질의 대립을 통해 설명하였는데, 여기서 제시한 영어 자음의 분화 과정은 구강음과 비강음, 순음과 치음, 후치경음과 연구개음, 폐쇄음과 마찰음의 순이다. 여기서는 자음의 자질 습득 순서가 혀의 조정 방법, 혀와 턱의 기능 분화 및 차별적 통제 능력 등에 따라 정해진다고 보았다.

리키는 경우에는 이 단계에서 아동이 이들 음소를 각각 변별적으로 사용하고 있다고 보기 어렵다. 만일, 성인언어의 '차'/$\mathrm{tɕ^h a}$/가 아동의 발화에서 /ta, t'a, $\mathrm{t^h a}$, na, tɕa, tɕ'a, $\mathrm{tɕ^h a}$/ 등으로 발화된다면, 이 아동은 /$\mathrm{tɕ^h}$/의 여러 변별 자질 가운데 조음 위치 자질에 속하는 전방성 자질만을 습득한 상태이며, 구강음과 비강음의 구별이나 파열음과 파찰음의 구별 및 평음, 경음, 격음의 구별에 관여하는 조음 방법 자질과 발성 유형 자질을 습득하지 못한 상태임을 짐작할 수 있다. 그런데 '차'/$\mathrm{tɕ^h a}$/에 대응하는 발음이 시간이 지남에 따라 /ta, t'a, $\mathrm{t^h a}$, na, tɕa, tɕ'a, $\mathrm{tɕ^h a}$/에서 /ta, t'a, $\mathrm{t^h a}$, tɕa, tɕ'a, $\mathrm{tɕ^h a}$/로, 다시 /$\mathrm{t^h a}$, $\mathrm{tɕ^h a}$/로 축소된다면, 이것은 곧 이 아동이 구강음과 비음을 변별하게 되고 이어서 경음과 격음과 평음을 변별하게 되는 과정으로 해석된다. 그리고 아동의 언어에서 음운 대치가 더 이상 발견되지 않는 것은 음운 분화가 완성되었으며 비로소 성인의 음운 체계가 완전하게 습득되었음을 의미한다.

요컨대, 아동의 음운 체계는 일정한 순서를 거쳐 점진적으로 자질의 분화가 이루어지는 가변적인 체계로 볼 수 있고, 분절음 대치 양상을 통해 그 구성과 발달을 짐작할 수 있다. 여기서 아동이 습득하고 사용하는 음소의 단위는 성인이 사용하는 음소 단위와 다를 수 있는데, 성인언어에 나타나는 다양한 음의 연쇄는 그대로 받아들여지는 것이 아니라 아동의 음운 체계와 아동의 형태소 체계를 바탕으로 인식되고 분석되어 아동 나름의 목표음 형태로 기억되고 저장되기 때문이다. 이러한 가설을 토대로 이어지는 절에서는 각 음소의 변별 자질들이 어느 시기에 주로 습득되며 어떠한 순서를 거쳐 음소가 분화되는지를 자세히 살펴본다.

2. 자음 체계의 습득

국어의 자음을 변별하는 데에는 조음 방법 자질과 조음 위치 자질 외에 발성 유형 자질이 관여한다. 국어에 존재하는 19개 자음을 자질에 따라 분류해 보면, 조음 위치별로는 양순음, 치경음, 치경경구개음, 연구개음, 성문음의 다섯 가지 유형이 있으며, 조음방식별로는 폐쇄음, 마찰음, 파찰음, 비음, 유음의 다섯 가지 유형이 있다. 그리고 발성 유형별로는 평음, 경음, 격음의 세 가지 유형이 존재하는데, 이들 자음은 모두 하나의 조음 위치와 조음방식을 공유하고 있다.

각각의 범주에 속하는 음들은 산출 순서에서도 차이를 보이지만, 각 음소를 변별하는 순서에서도 차이를 보일 가능성이 있다. 그리고 각각의 음소가 변별적으로 사용되는 순서는 음의 산출 순서와 반드시 일치하지 않을 수도 있다.

2.1 조음 위치 자질의 습득 과정

국어의 자음은 조음 위치에 따라 양순음 /p, p', p^h, m/, 치경음 /t, t', t^h, s, s', n, l/, 치경경구개음 /ʨ, ʨ', $ʨ^h$/, 연구개음 /k, k', k^h, ŋ/, 성문음 /h/로 나뉜다. 아동의 발화에 나타난 분절음 대치 현상 가운데 서로 다른 조음 위치의 음이 대치되는 예는 치경음과 치경경구개음을 제외하고는 매우 드물게 발견된다.[6] 시기별로 각각의 음운 대응이 발견된 빈도와 비율은 〈표2〉에 정리하였다.

〈표2〉 조음 위치에 따른 분절음 대치 빈도와 상대 빈도7)

음운대응 (성인언어 : 유아언어)	12~17개월	18~23개월	24~29개월	30~35개월
치경음 : 치경경구개음	7 (33.33%)	79 (60.77%)	90 (55.21%)	42 (30.43%)
치경경구개음 : 치경음	10 (47.62%)	27 (20.77%)	59 (36.20%)	84 (60.87%)
치경경구개음 : 연구개음	0 (0.00%)	2 (1.54%)	0 (0.00%)	0 (0.00%)
순음 : 치경음	0 (0.00%)	2 (1.54%)	2 (1.23%)	2 (1.45%)
순음 : 연구개음	0 (0.00%)	0 (0.00%)	3 (1.84%)	3 (2.17%)
치경음 : 연구개음	0 (0.00%)	3 (2.31%)	6 (3.68%)	6 (4.35%)
성문음 : ∅	4 (19.05%)	17 (13.08%)	3 (1.84%)	1 (0.72%)

〈표2〉에서 볼 수 있듯이 조음 위치의 차이를 보이는 대응은 치경음과 치경경구개음의 경우에 가장 광범위하게 발견된다. 즉 성인

---

6) 분절음 대응에서 조음 방식이 다른 음소가 대치된 것으로 보이는 또 다른 경우로 연구개음이 치경경구개음으로 대치되는 현상(예. 고기[koʨi](14개월), 딸기[t'aʨʰi~t'aʨ'i](19개월), 코끼리[kʰoʨ'ii](23개월), 기다리고[ʨidaigu](26개월), 여기[jʌʥi](29개월) 등)이 있다. 이러한 대치는 비교적 높은 빈도(12~17개월: 4회, 18~23개월: 7회, 24~29개월: 11회, 30~35개월: 45회)로 전체 관찰 시기에서 꾸준히 발견된다. 앞에서 제시한 예를 보면 성인언어의 연구개음 /k/나 /k'/가 유아어에서 치경경구개음 /ʨ, ʨ', ʨʰ/ 등으로 실현되고 있다. 그런데 연구개음이 치경음으로 대치되는 현상에서 특징적인 것은, 이러한 변동이 모음 / l / 앞에서만 일어나고, 그 외의 환경에서는 일어나지 않는다는 것이다. 위에 제시된 예만 보아도 '고기'나 '기다리고' 등에서 /ㅗ/모음에 선행하는 /ㄱ/는 치경경구개음으로 대치되지 않고 연구개음으로 실현됨을 확인할 수 있다. 또한, 이 시기 아동의 자발적인 발화에서 연구개음의 산출률이 치경경구개음의 산출률보다 높게 나타나는 데도 치경경구개음이 연구개음으로 대치되는 역방향의 대치 현상은 발견되지 않으므로, 조음 제약에 의한 대치나 음소 미분화에 의한 혼용으로 보기 어렵다. 이러한 사실들을 감안할 때 연구개음이 치경경구개음으로 대치되는 현상은 단순한 분절음 대치 현상이 아닌 음운론적 환경에 민감한 동화 현상임을 알 수 있다. 즉 후행하는 / l / 모음의 전설성으로 인해 이에 선행하는 연구개음이 치경경구개음화하는 것이다. 유아어를 관찰하다 보면, 이와 같이 자음이 후행 모음의 영향을 받아 변동이 일어나는 것 외에도 자음이 이에 인접하는 자음의 자질을 공유하거나 모음이 인접 모음의 자질을 공유하는 동화 현상이 자주 발견되며, 특히 음운 체계의 초기 발달 단계에서 주로 나타난다. 발음하는 데 드는 노력을 경감하는 역할을 하는 동화 현상에 대해서는 제4장에서 다룬다.

7) 조음 위치에 따른 분절음 대치의 전체 발생 빈도 가운데 해당 항목의 대치 빈도를 백분율로 나타냄.

언어의 치경음 /t, t', tʰ, s, s', n/ 등이 유아어에서 치경경구개음 /ʨ, ʨ', ʨʰ/로 대치되기도 하고, 반대로 성인언어의 치경경구개음이 유아어에서 치경음으로 대치되기도 하는데, 구체적인 예를 보이면 다음과 같다.

(1) a. [paʥi]   (바니)   15개월

    [ʨugɛ]   (두 개)   21개월

    [ʨal]   (달)   22개월

    [ʃiʨʰa]   (싫다)   20개월

    [ʨʰjubak˺]   (수박)   23개월

    [ʨʰigɛ]   (시계)   23개월

    [kɯʨʰi]   (글씨)   30개월

  b. [p'at'ap'at'a] (반짝반짝)   14개월

    [tʰɛ]   (책)   18개월

    [it'ok˺]   (이쪽)   22개월

    [moda]   (모자)   23개월

    [t'aga]   (작아)   23개월

    [tuk'a]   (줄까)   28개월

    [andʌ]   (앉아)   32개월

(1a)를 보면 치경비음 /n/과 치경폐쇄음 /t, t', tʰ/, 치경마찰음 /s, s'/가 치경경구개파찰음 /ʨ, ʨ', ʨʰ/로 대치되었으며, (1b)에서는 치경경구개파찰음 /ʨ, ʨ', ʨʰ/가 치경폐쇄음 /t, t', tʰ/로 대치되었음을 확인할 수 있다. 치경음과 치경경구개음은 시기에 따라 대치의 빈

도나 방향 면에서 차이를 보이기는 하지만, 대치 현상 자체는 관찰 구간 전체에 걸쳐 지속적으로 관찰되었다. 따라서 36개월 이전의 아동은 산출에서 치경음과 치경경구개음을 완전하게 변별하지 못한다고 할 수 있다. (1)에서 보인 목표음과 발화음의 관계를 관찰해 보면 각각의 대응음이 조음 위치뿐 아니라 조음 방법에서도 차이가 남을 알 수 있다. 그리고 대치의 대상이 되는 음은 아동의 월령이 증가함에 따라 그 범위가 점점 줄어드는데, 여기에 해당 음소의 조음 방법이 그 범위를 가르는 기준으로 작용한다. 치경음과 치경폐쇄음의 대치 현상 가운데, 치경폐쇄음 /t, t', tʰ/와 치경경구개파찰음 /tɕ, tɕ', tɕʰ/의 대치는 가장 늦게까지 발견되는 현상이다. 그런데 국어의 /tɕ, tɕ', tɕʰ/와 /t, t', tʰ/의 변별에서 더 중요한 역할을 하는 요소는 조음 위치가 아닌 조음 방법이 되므로[8] 이들 음소의 대치 현상은 2.2에서 자세히 다루기로 하고, 여기서는 이러한 현상을 제시하는 데에 그친다.

이 시기 아동의 발화음과 대응음을 관찰해 보면, 위에서 보인 치경음과 치경경구개음의 경우를 제외하고는 서로 다른 조음 위치의 음으로 대치되는 예가 매우 드물다. 따라서 아동의 음운 체계에서 조음 위치에 따른 음소 분류는 비교적 이른 시기에 일어남을 알 수 있다. 조음 방식이나 발성 유형 등 다른 자질이 바뀌는 경우에도 조음 위치 자질은 대부분 그대로 유지된다.

(2) a. [mu:]　　　　　(푸우 – 인형)　　　14개월

---

8) 성인언어에서 나타나는 동일 조음 위치 장애음 탈락 현상(예. 낮도[naˀo], 듣자[tɯtɕˀa])을 보면 /ㄷ/과 /ㅈ/의 조음 위치는 음운론적 의미를 갖지 못함을 알 수 있다(신지영, 2003:259 – 263).

[pʰɛ]	(배)	21개월
b. [t'on]	(손)	19개월
[tɕ'idʑi]	(지지)	19개월
c. [kʰi]	(귀)	20개월
[k'oŋ]	(공)	22개월

(2a)를 보면, '[muː](푸우)'에서는 파열음 /p/가 비음 /m/로, '[pʰɛ] (배)'에서는 평음 /p/가 격음 /pʰ/로 실현되는 등 조음방식과 발성 유형에서 각각 변동이 보이지만 조음 위치로 보면 양순음이 갖는 전방성 자질과 설정성 자질이 그대로 유지되었다. (2b)의 '[t'on] (손)'은 마찰음 /s/가 폐쇄음 /t'/로 대치된 예이고 '[tɕ'idʑi](지지)'는 평음 /tɕ/가 경음 /tɕ'/로 대치된 예이다. 이 경우에도 발화음과 대응음이 모두 치경음 또는 치경경구개음이므로 조음 위치에 변화가 없다. (2c)의 '[kʰi](귀)'와 '[k'oŋ](공)'은 평음 /k/가 동일 조음 위치의 격음 /kʰ/와 경음 /k'/로 각각 대치된 예이다.

지금까지의 논의를 종합하면, 조음 위치 자질에 따른 자음의 변별은 치경음과 치경경구개음의 변별을 제외하고는 비교적 이른 시기에 이루어진다. 즉 음운 대응이 본격적으로 관찰되는 18개월 무렵에는 이미 양순음과 치경음 – 치경경구개음, 연구개음, 성문음의 변별이 이루어진 상태이며,9) 치경음과 치경경구개음의 변별에 조음

---

9) 양순음, 치경음 – 치경경구개음, 연구개음, 성문음의 변별이 동시에 이루어지는지 아니면 순차적으로 이루어지는지는 분절음 대응 양상을 통해서 알기 어렵다. 음의 산출로만 보면 옹알이 시기(12개월 이전)에 이미 양순음과 치경음·치경경구개음이 나타나고, 12~17개월 사이에 연구개음이 출현하며, 18개월 무렵에 성문음이 출현하므로(2장 참조), 일정한 순서를 가지는 것으로 보인다. 그러나 이때 사용된 말소리에는 어떤 의미가 담겨 있는 일이 드물고, 의미 전달의 기능을 가진 말소리가 출현하는 경우에도 아동이 인식하고 사용하는 소리의 단위가

위치 자질이 아닌 조음 방식 자질이 더 중요한 역할을 한다고 보면, 조음 방식이나 발성 유형에 따른 자음의 변별보다 조음 위치에 따른 변별이 앞서서 일어난다고 말할 수 있다. 연구개음과 치경경구개음은 / ㅣ / 모음에 선행하는 경우에는 그 영향으로 변별이 상실되는 일도 있으나, 주변음의 영향이 크지 않은 그 밖의 환경에서는 대부분 변별이 이루어진다.

2.2 조음 방식 자질의 습득 과정

국어의 자음을 조음 방식에 따라 분류하면 폐쇄음 /p, p', p^h, t, t', t^h, k, k', k^h/, 마찰음 /s, s', h/, 파찰음 /ʨ, ʨ', ʨ^h/, 비음 /m, n, ŋ/, 유음 /l/의 다섯 가지 유형이 있다. 이 가운데 가장 늦은 산출을 보이는 것은 유음과 마찰음으로, 유음의 경우 30개월 이후에 산출되기 시작하는데 대부분 음절말 위치로 한정되어 나타나며 그 빈도도 매우 낮다. 마찰음 중에서는 /h/만이 18개월 이후에 나타나기 시작하고 /s, s'/는 36개월까지 거의 산출되지 않는다. 다시 말해서, 36개월 이하의 시기에 대부분 아동의 산출음 목록에는 유음과 마찰음이 빠져 있고, 성인언어의 유음이나 마찰음은 유아어에서 흔히 회피되거나 다른 음으로 대치된다. 성인언어의 음소가 유아어에서 조음방식자질이 다른 음으로 대치되는 경우를 차례대로 살펴보기

음소라기보다 단어 전체나 음절인 경우가 많아 대응음 설정에 어려움이 많다. 각 부류의 음들이 언제 변별적으로 사용되기 시작하는가는 대응음 설정이 가능한 시기에서부터 알 수 있으므로. 그 이전에 분화가 이루어진 경우에는 각각의 대립이 이루어지는 구체적인 시기나 순서를 밝히는 데 한계를 가진다.

로 하겠다.

가) 유음의 대치

성인 언어의 유음은 유아어에서 활음이나 동일 조음 위치의 폐쇄음 또는 비음으로 나타나고, 아예 생략되는 일도 있다. 단계별 유음의 대치 양상은 〈표3〉에 정리하였다.

〈표3〉 유음의 대치 빈도와 상대 빈도[10)]

음운대응 (성인언어 : 유아언어)	12~17개월	18~23개월	24~29개월	30~35개월
유음 : 활음	2 (3.64%)	22 (6.88%)	41 (7.85%)	57 (11.56%)
유음 : 비음	3 (5.45%)	2 (0.63%)	0 (0.00%)	1 (0.20%)
유음 : 폐쇄음	0 (0.00%)	16 (5.00%)	11 (2.11%)	14 (2.84%)
유음 : Ø[11)]	13 (23.64%)	45 (14.06%)	76 (14.56%)	86 (17.44%)

우선 유음이 활음으로 대치되는 경우부터 보기로 하자. 유음이 활음 /j/로 대치되는 현상은 매우 광범위하게 발견되는 반면, 활음이 유음으로 대치되는 현상은 발견되지 않는다.

(3) [kʼujkʼuj]　　　　(꿀꿀)　　　　12개월

　　[kʰojjoʀ]　　　　(콜록)　　　　15개월

---

10) 조음 방법에 따른 분절음 대치의 전체 발생 빈도 가운데 해당 항목의 대치 발생 빈도를 백분율로 나타냄.

11) Ø은 영(null) 음소를 나타내며, 소위 탈락을 가리킨다. 유음 및 마찰음의 탈락을 음절구조 조정 과정이 아닌 분절음 대응으로 분류한 이유는, 유음과 마찰음의 탈락이 음절 말음 위치에 한정되지 않고 나타나며, 다른 종성 자음의 탈락이 더 이상 관찰되지 않는 시기에도 유음과 마찰음의 탈락이 지속적으로 관찰되므로 유음과 마찰음의 탈락에는 전체 단어의 구조보다 개별 분절음의 특성이 더 크게 관여한다고 판단되기 때문이다.

[mammaj]	(양말)	21개월
[ap'ajaŋ]	(아빠랑)	22개월
[tɯjʌga]	(들어가)	22개월
[kɯjɯndɛ]	(그런데)	25개월
[ʃijʌ]	(싫어)	28개월
(4) [jao]	(야옹)	14개월
[mwʌja]	(뭐야)	21개월
[mjʌʨʰi]	(멸치)	23개월
[jɛi]	(얘기)	23개월
[ɲjʌu]	(여우)	29개월

(3)은 성인언어의 유음에 유아어의 활음이 대응되는 예이다. 그런데 성인언어의 활음은 (4)에서 보이는 바와 같이 유아어에서 탈락하거나 그 앞에 /n/ 삽입이 일어나거나 그대로 유지된다. 이와 같이 유음과 활음의 대치가 양방향이 아닌 일방향으로 일어나고 산출음 목록에 유음이 포함되어 있지 않다는 것을 고려할 때, 유음이 활음으로 대치되는 현상에는 분명 조음 제약이 관여함을 알 수 있다. 유음을 조음하려면 설단 부분이 올라가는 동시에 설첨이 구개에 접촉하면서 설측에서 기류가 흐르도록 하거나(설측음) 매우 짧은 폐쇄를 만들어 내야 하는데(탄설음), 혀가 구강에 비해 커서 조절이 쉽지 않은 유아들로서는 유음의 조음 과정에서 설단을 경구개에 접근시키는 데에서 그쳐 결과적으로는 유음이 활음 /j/로 실현되게 된다. 즉 유음을 산출하는 과정이 아동에게 어렵기 때문에 유음과 비슷한 성질을 갖는 다른 음으로 대치되는 것이다.[12]

국어의 경우, 유음이 다른 음으로 대치되는 것에 비해 아예 탈락되는 비율이 두 배 정도 높게 나타나며, 비교적 낮은 월령대(12~17개월)에서는 더 높은 비율로 나타난다. 유음이 나타나야 할 자리가 아예 빈칸으로 나타나는 예를 아래에 제시한다.

(5) [mu]   (물)   18개월
    [ugo]   (울고)   21개월
    [tai]   (다리)   22개월
    [pa]   (발)   22개월
    [p'agan]   (빨간)   26개월
    [ui]   (우리)   27개월

(5)에서 보면, 음절 내 위치나 어중 위치에 관계없이 유아어에서 유음이 실현되지 못하는 것을 확인할 수 있다. '[mu](물), [ugo](울고), [pa](발), [p'agan](빨간)'에서는 종성 자음 위치의 유음이 실현되지 못하였고, '[tai](다리), [ui](우리)'에서는 음절 두음 위치의 유음이 생략되었다. 또한 '[mu](물), [pa](발)' 등에서는 어말 위치에서, 나머지 예에서는 어중 위치에서 유음이 생략되었다.

---

12) 유음이 활음으로 대치되는 현상은 다른 언어에서도 매우 일반적으로 관찰된다. 가령, 영어의 /l/나 /r/는 /w/ 또는 /j/로 대치되고(lap[jæp], leg[jek], ready[wedi]), 에스토니아어의 /r/는 /j/로 대치된다(예. raha[jaha], Rosbi[jobi], rutte[jutu]). 그러나 불어에서는 활음화의 예는 보고된 바 없고, 탈락만이 나타난다(lampe[āp], la[a], lune[um]). 이처럼 영어와 불어에서 대치 양상이 다르게 나타나는 원인으로, Ingram(1986)에서는 영어와 달리 불어의 경우 어두에 활음이 오는 것이 매우 제한되어 있다는 점을 들었다. 즉 음운 대치는 언어보편적 경향을 가지기보다는 아동이 속한 언어의 음운론 체계에 보다 많은 영향을 받는다는 것이다. 다시 말해서 각 음소의 기능부담량이 음소 습득 순서에 중대한 영향을 미친다는 것을 알 수 있다.

아동에 따라서는 유음을 활음이 아닌 비음이나 폐쇄음으로 대치하기도 한다.

(6) [tʰannaŋtʰannaŋ]   (살랑살랑)   23개월
    [monna]   (몰라)   29개월
    [tɕ'idʌ]   (싫어)   28개월

(6)은 유음 /l/이 동일 조음 위치의 비음 /n/과 폐쇄음 /t/로 각각 대치된 예이다. 성인언어의 유음이 유아어에서 비음으로 실현되는 것은 주로 유음이 연속해서 나오는 경우이며, 그 밖의 경우에는 폐쇄음화하는 것이 보통이다. 유음이 활음이 아닌 다른 음으로 대치되는 것은 그리 일반적인 현상은 아니며, 개별 아동의 성향이 강하게 작용하는 것으로 보인다. 즉 비슷한 시기의 아동이라 하더라도 어떤 아동은 '몰라[molla]'를 [mojja]로 발음하는 반면, 어떤 아동은 [monna]로 발음한다. 그리고 그러한 성향은 한 아동의 발화에서는 단어의 종류를 넘어서 동일하게 유지된다. 다음은 28~30개월 시기에 속한 두 아동의 발화를 비교한 것이다.

(7) a. 몰라[mojja], 손가락[tʰonk'ajak˺], −랑[jaŋ]
    b. 몰라[monna], 호랑이[hodaŋi], 파란[pʰanan].

(7a)와 (7b)는 각각 다른 아동의 자료인데, (7a)에서는 유음이 모두 활음으로 대치되었고, (7b)에서는 유음이 모두 비음이나 폐쇄음으로 대치되었다. (7a)와 같은 예들을 발화 목록에 포함하고 있

는 아동은 활음을 선호하는 것으로 보이며, (7b)와 같은 예들을 발화 목록에 포함하고 있는 아동은 비음을 선호하는 것으로 보인다. 즉 대치 현상에 있어서도 개인별로 차이가 나는 경우가 있고, 각 개인의 발화 자료 안에서는 이것이 비교적 일관된 경향으로 나타난다.[13)]

이와 같이 유음이 다른 음으로 일정하게 대치되는 현상은 18개월 이후부터 발견되기 시작하여 36개월까지 거의 예외 없이 적용된다. 따라서 유음의 변별 자질인 설측성 자질이 36개월까지 습득되지 못하며, 산출에 있어서 유음이 음소의 지위를 갖지 못한다고 말할 수 있다. 그러나 위에서 제시된 대치 현상은 인식에 있어서 유음이 변별되지 않는다고 말할 근거는 되지 못한다. 특히 아동 자신은 발음을 제대로 못 하면서도 성인이 아동의 발음을 흉내 내어 말하면 여기에 이의를 제기하는 일이 종종 있는데, 이 사실은 아동이 조음 제약으로 인하여 다른 범주에 속한 음소를 같게 발음하더라도 실제로는 두 음소를 다르게 인식하고 있으며 아동이 목표로 삼고 있는 음은 각각 다른 범주에 속해 있을 가능성을 보여준다.

나) 마찰음의 대치

성인언어의 마찰음과 유아어의 폐쇄음(파찰음)이 대응되는 현상

---

13) 권경안(1981: 76 - 77)에서는 유치원 아동들을 대상으로 한 조음 검사 자료에서 어말 위치의 /l/이 탈락하는 비율 다음으로 /t/로 대치되는 비율이 높고 그 다음으로 /j/로 대치되는 비율이 높게 나타나므로 /l/는 zero→/t/→/j/의 과정을 거쳐 습득된다고 보았다. 그러나 대치음의 발생 빈도에 따른 순서를 곧 한 음소의 습득 순서의 직접적 근거로 보는 것에는 문제가 있다. 왜냐하면 대치음의 종류는 한 아동이 같은 시기에 발화한 자료에서도 다양하게 나타날 수 있고, 비슷한 음소 습득의 단계에 놓인 아동이라도 개별 아동의 성향에 따라서 대치음의 종류가 달라질 수 있기 때문이다.

도 유음의 경우와 비슷한 양상으로 나타난다. 마찰음의 대치 양상을 표로 정리하면 다음과 같다.

〈표4〉 마찰음의 대치 빈도와 상대 빈도14)

음운대응 (성인언어 : 유아언어)	12~17개월	18~23개월	24~29개월	30~35개월
마찰음 : 폐쇄음	4 (7.27%)	72 (22.50%)	214 (41.00%)	201 (40.77%)
마찰음 : 파찰음	2 (3.64%)	59 (18.44%)	80 (15.33%)	41 (8.32%)
마찰음 : ∅	6 (10.91%)	30 (9.38%)	5 (0.96%)	5 (1.01%)

마찰음 /s, s'/는 유아어에서 탈락하거나 폐쇄음 /t, t', tʰ/이나 파찰음 /ʨ, ʨ', ʨʰ/ 등으로 대치된다. 대치의 방향으로 보면 유음과 활음의 대응에서와 마찬가지로 마찰음과 폐쇄음(파찰음)의 대응 관계에서도 역방향의 대치 현상은 발견되지 않는다.

(8) [t'on]   (손)   19개월

   [ʨuʨ'u]   (주스)   21개월

   [ʌʨ'ʌdzʌʨ'ʌ] (없어졌어)   22개월

   [ʨʰjubak̚]   (수박)   23개월

   [ʨʰjʌnhada]   (시원하다)   23개월

   [tʰok̚]   (속)   24개월

   [mutʰʌwʌ]   (무서워)   24개월

   [kɯjɛtʰʌ]   (그래서)   24개월

   [putʰaŋhada] (불쌍하다)   26개월

---

14) 조음 방법에 따른 분절음 대치의 전체 발생 빈도 가운데 해당 항목의 대치 발생 빈도를 백분율로 나타냄.

[nugut'ɛjo]	(누구세요)	29개월
[tʰɛ]	(새)	29개월
[tɛk˺]	(색)	29개월
[kɯʨi]	(글씨)	29개월

(9) a. [t'ok˺t'o] (똑똑) 16개월

      [nada] (낙타) 23개월

      [taga] (달걀) 25개월

      [ʨugɛ] (두 개) 21개월

      [ʨal] (달) 22개월

  b. [ʨʰiʨʰi] (칙칙) 20개월

      [ʨak'aman] (잠깐만) 27개월

      [k'amʨ'a] (깜짝) 25개월

      [tʰɛ] (책) 18개월

      [it'ok˺] (이쪽) 22개월

      [moda] (모자) 23개월

위의 예를 보면, (8)에서와 같이 마찰음 /s, s'/는 폐쇄음 /t, t', tʰ/ 이나 파찰음 /ʨ, ʨ', ʨʰ/로 대치되는 반면, 성인언어의 /t, t', tʰ, ʨ, ʨ', ʨʰ/는 (9)의 예처럼 유아어에서도 그대로 유지되거나, 아니면 다른 음으로 대치된다고 해도 /t, t', tʰ, ʨ, ʨ', ʨʰ/ 안에 속하는 음으로 대치되는 것을 볼 수 있다. 즉 파열음과 파찰음이 서로 혼동되는 일은 있어도 파열음이나 파찰음이 마찰음과 혼동되는 일은 없는 것이다.

아동의 산출음 목록을 보면 마찰음은 유음과 더불어 가장 늦게 나타나는 음에 속한다. 따라서 마찰음이 폐쇄음으로 대치되는 현상 역시 조음 제약에 의한 변동으로 분류할 수 있다. 마찰음은 두 개의 조음자가 거의 협착됨으로써 형성된 협착점 사이로 지속적으로 공기의 흐름을 압축시킴으로써 생긴다. 치경마찰음 /s, s'/를 발음하려면 혀의 중간 부분을 낮추고 혀의 측면을 윗니의 가장자리로 올려야 하는데, 혀를 구개에 대지 않고 올리는 것은 혀의 조절이 쉽지 않은 유아에게는 가장 어려운 조음 방법이다. /s/ 대신 구개마찰음 /ʃ/가 발음되기도 하는데, 이는 협착이 충분히 이루어지지 않아서이다. 말할 때 턱을 올리는 작용을 하는 중간날개근이 충분히 성숙되지 못한 것[15])도 치경마찰음이 제대로 조음되지 못하는 한 원인이 될 수 있을 것이다.

　　/s, s'/가 /t, t', tʰ/로 대치되는가 아니면 /ʨ, ʨ', ʨʰ/로 대치되는가는 개별 아동의 성향과는 무관한 것으로 보인다. 그 이유는 /s, s'/와 대응하는 음이 한 아동의 자료에서도 일관되게 나타나지 않고, /t, t', tʰ, ʨ, ʨ', ʨʰ/ 중의 어떤 음소도 될 수 있기 때문이다. 이러한 사실은 이 시기의 아동이 폐쇄음과 파찰음, 그리고 평음과 경음과 격음의 범주를 확실히 구분하지 못하고 있음[16)을 알려준다. 그런데 여기서 짚고 넘어가야 하는 것은, 24개월 이전 자료에서는 마찰음이 폐쇄음이나 파찰음과 대응하는 데에 일정한 규칙이 발견되지 않다가 24개월 이후에는 마찰음이 파찰음과 대응하는 것은 주로 고모음 /i, ɯ, u/에 선행하는 경우라는 사실이다. 치경파열음이

---

15) 영 · 유아의 발음 기관 구조에 대해서는 Stark(1986:164) 참조.
16) 평음, 경음, 격음의 범주 구분에 관해서는 4.3에서 논의한다.

고모음 앞에서 파찰음으로 바뀌어 발음되는 현상은 일본어[17]와 캐나다의 퀘벡 지역어에서 널리 관찰되는 현상이다. 즉 이러한 경우의 파찰음화는 고모음의 고설성 자질이 선행 자음에 영향을 미쳐 파찰음으로 발음되는 일종의 동화 현상으로 설명되는데, 유아어에서 발견되는 폐쇄음과 파찰음의 교체 현상도 같은 맥락에서 이해할 수 있다. 즉 24개월 이전까지는 폐쇄음과 파찰음이 출현 환경에 차이를 보이지 않다가 24개월 이후에 출현 환경에 부분적으로 차이가 나타나는 것은 아동이 이 두 음의 종류를 구별해서 사용하기 시작했음을 짐작게 한다. 또한 아동이 음소를 사용하는 방식에 있어서 성인의 음운 사용에 비해 음성적 환경의 영향을 더욱 크게 받고 있음을 알 수 있다.

국어의 또 다른 마찰음인 /h/는 18개월 무렵에 처음으로 출현하지만 24개월 이전에는 흔히 탈락된다.

(10) [taɛt'a]   (다 했다)   17개월

    [piɛgi]   (비행기)   20개월

    [ajan]   (하얀)   22개월

(10)은 /h/가 어중 위치와 어두 위치에서 비실현된 예를 보인 것이다. 이러한 /h/ 탈락은 18~23개월 사이에 주로 나타나고, 24개월 이후에는 /h/가 대부분 제대로 실현된다. /h/는 후두 내에서 협착이 이루어지며, /h/를 조음할 때 필요한 움직임은 후두 내전근과 외전근에 의해 조절되는 성대의 근접뿐이다(Borden, 1994). 따라서

---

17) /natu/[natsu], /gomadu/[gomazu] 등(안상철, 2001 : 182).

치경마찰음 /s, s'/를 조음하는 것보다 성문마찰음 /h/를 조음하는 것이 유아에게 용이할 수 있고, 이것은 음의 산출 순서에도 반영되어 성문마찰음이 치경마찰음에 앞서서 나타난다. 즉 마찰음의 변별 자질인 마찰성 자질은 24개월 이후에 습득되기 시작하며, 치경마찰음은 조음 제약으로 인해 습득이 지연되는 것으로 볼 수 있다.

다) 폐쇄음과 파찰음의 대치

마찰음이 폐쇄음이나 파찰음으로 대치되는 양상이 시기에 따라 다르게 나타나는 것 외에도 폐쇄음과 파찰음이 서로 대치되는 양상을 통해서 이 두 부류의 음소들 사이의 분화 과정을 엿볼 수 있다. 폐쇄음과 파찰음의 대치 양상은 〈표5〉에 정리하였다.

〈표5〉 폐쇄음과 파찰음의 대치 빈도와 상대 빈도[18]

음운대응 (성인언어 : 유아언어)	12~17개월	18~23개월	24~29개월	30~35개월
폐쇄음 : 파찰음	5 (9.09%)	20 (6.25%)	10 (1.92%)	1 (0.20%)
파찰음 : 폐쇄음	10 (18.18%)	27 (8.44%)	59 (11.30%)	84 (17.04%)

폐쇄음과 파찰음의 대치는 치경음과 치경경구개음의 경우로 한정되어 나타난다. 이것은 국어의 파찰음으로서 치경경구개위치에서 조음되는 음만이 존재하며, 치경경구개음과 치경음을 제외한 다른 조음 위치에 의한 자음 대립의 분화는 18개월 이전에 거의 완성된

---

18) 조음 방법에 따른 분절음 대치의 전체 발생 빈도 가운데 해당 항목의 대치 발생 빈도를 백분율로 나타냄.

다는 사실(3.1)과 관련된다.[19] 즉 폐쇄음과 파찰음의 혼용은 치경폐쇄음 /t, t', tʰ/와 치경경구개파찰음 /tɕ, tɕ', tɕʰ/의 대치로 나타난다. 앞에서 제시되었던 치경음과 치경경구개음의 대응 예 가운데, 폐쇄음과 파찰음의 대응에 해당하는 예만을 선택적으로 다시 보이면 다음과 같다.

(11) a. [tɕugɛ]　　　(두 개)　　　　21개월

　　　 [tɕal]　　　　(달)　　　　　 22개월

　　　 [ʃitɕʰa]　　　(싫다)　　　　 20개월

　　 b. [p'at'ap'at'a]　(반짝반짝)　　 14개월

　　　 [tʰɛ]　　　　　(책)　　　　　 18개월

　　　 [it'okˀ]　　　 (이쪽)　　　　 22개월

　　　 [moda]　　　　(모자)　　　　 23개월

　　　 [t'aga]　　　 (작아)　　　　 23개월

　　　 [tuk'a]　　　 (줄까)　　　　 28개월

　　　 [andʌ]　　　 (앉아)　　　　 32개월

(11a)는 폐쇄음이 파찰음으로 대치된 예이고, (11b)는 파찰음이 폐쇄음으로 대치된 예인데, 이러한 양방향의 대치는 한 아동의 자

---

19) 36개월 이전의 아동이 치경음과 치경경구개음을 뚜렷이 구별하지 않고 두 부류의 음소를 혼동하여 사용하는 경향을 보인다는 점은 앞(3.1)에서도 언급한 바 있는데, 치경경구개음과의 대치 현상이 모든 치경음에 대하여 동일하게 일어나는 것은 아니다. 치경경구개음과의 대치 현상 가운데 36개월 무렵까지 지속되는 현상은 주로 치경폐쇄음에 한정된다. 즉 /t, t', tʰ/가 치경 위치에서 조음되고 /tɕ, tɕ', tɕʰ/가 치경경구개 위치에서 조음되는 것은 사실이지만, 30개월 무렵부터는 같은 치경음 중에서도 다른 조음 방식을 갖는 음(예. /n/)과 /tɕ, tɕ', tɕʰ/가 대치되는 현상은 발견되지 않는 것으로 보아, /t, t', tʰ/와 /tɕ, tɕ', tɕʰ/의 변별에는 조음 위치 자질보다 조음 방식 자질이 더 유효함을 알 수 있다.

료에서 같이 나타나는 경향을 보인다. 각각의 대치가 일어나는 빈도는 시기에 따라 다른데, 24개월 이전에는 양쪽이 거의 비슷한 비율을 차지하다가 24개월 이후에 파찰음이 폐쇄음으로 대치되는 비율이 높아지기 시작하여 30개월 이후에는 폐쇄음이 파찰음으로 대치되는 현상은 거의 발견되지 않고, 파찰음이 폐쇄음으로 대치되는 현상만 나타난다. 그런데 24개월 이후에 발견되는 대치는 마찰음이 파찰음으로 대치되는 경우와 마찬가지로 대부분 고모음 앞에서 일어난다. 따라서 음운 환경으로부터 독립적인 분절음 대치 현상으로 보기 어렵다. 즉 24개월 이전에는 파찰음과 치경폐쇄음이 한 아동의 자료에서 양방향으로 서로 대치되나, 그 이후의 대치 현상은 동화에 의한 대치를 제외하면 거의 일방향으로 대치가 일어나고 있다고 볼 수 있다. 대치가 일방향으로 일어나는 경우는 조음 제약에 의한 경우와 음소를 습득하는 단계에 해당 음소를 확대 사용하는 경우로 나누어 볼 수 있는데, 24개월 이전에도 이미 파찰음과 폐쇄음이 모두 산출되고 있었던 사실을 감안하면 파찰음이 치경폐쇄음으로 대치되는 원인이 조음 제약 때문일 가능성은 적어 보인다. 그보다는 치경폐쇄음을 독립된 음소로 안정시키는 과정에서 폐쇄음의 조음 방식이 비슷한 조음 위치의 파찰음에 확대 적용된 것으로 보인다.

이러한 일방향의 대치는 30개월 이후에도 지속되는데, 30개월 이후에는 고모음 앞에서 치경폐쇄음이 파찰음으로 대치되는 현상까지도 사라지고 파찰음이 치경폐쇄음으로 대치되는 현상만이 나타난다. 그리고 관찰 시기의 후반까지 그 대치 비율이 매우 높게 나타나는 것으로 보아 이러한 현상이 36개월 이후에도 어느 정도 지속될 것이며 대치 현상이 사라지는 것은 36개월이 훨씬 지난 시기가 될 것임을 짐작할 수 있다. 이러한 사실들을 종합해 볼 때, 24개월 이전까지 아동은 치경폐쇄음과 파찰음을 구분하지 못하고 있으며, 24개월 이후부터 별도의 음소 부류로 분화되기 시작하는데 각각의 음소가 아동의 음운 체계 안에 확실히 자리잡게 되는 것은 이러한 대치 현상이 완전히 사라지는 36개월 이후의 어느 시점이 될 것이다.

라) 구강음과 비음의 대치

다음으로 구강음과 비강음의 대응의 살펴보자. 구강음과 비강음의 대응이 마찰음과 비마찰음의 대응이나 유음과 활음의 대응과 다른 점은, 일정한 분절음 대치 현상이 보이면서 그 역방향으로의 대치도 같이 발견된다는 것이다. 구강음과 비강음의 대치 양상은 〈표6〉에 정리하였다.

〈표6〉 구강음과 비음의 대치 빈도와 상대 빈도[20]

음운대응 (성인언어 : 유아언어)	12～17개월	18～23개월	24～29개월	30～35개월
구강음 : 비음	4 (7.27%)	12 (3.75%)	26 (4.98%)	3 (0.61%)
비음 : 구강음	6 (10.91%)	15 (4.69%)	0 (0.00%)	0 (0.00%)

성인언어의 비음이 유아어에서 구강음으로 실현되거나 성인언어의 구강음이 유아어에서 비음으로 실현된 예를 구체적으로 보이면

---

20) 조음 방법에 따른 분절음 대치의 전체 발생 빈도 가운데 해당 항목의 대치 발생 빈도를 백분율로 나타냄.

다음과 같다.

(12) [ɯmba]   (엄마)   12개월

[nabi]   (나무)   15개월

[puwa]   (물)   20개월

[tɛdaŋgo]   (냉장고)   20개월

[mʌŋmʌga]   (멍멍아)   21개월

[pʌkˀgo]²¹⁾   (먹고)   23개월

(13) [mu:]   (푸우 - 인형)   14개월

[min]   (삔 - 머리핀)   16개월

[kamaŋ]   (가방)   25개월

[pam]   (밥)   19개월

(12)는 성인언어의 /m, n, ŋ/는 유아어에서 /p, t, k/로 실현된 예
이고, (13)는 /p/가 /m/로 실현된 예이다. 두 음의 차이는 연구개를
내려 비강 통로를 열고 비강의 공명을 동반하면서 소리를 내는가,
아니면 연구개를 올려 인두벽에 대고 비강 통로를 차단하여 기류
가 비강으로 통하는 것을 막은 상태로 소리를 내는가에 있다. 비강
음과 구강음의 대치 현상은 대상자에 관계없이 나타나고 일정 시
기까지는 한 대상자의 자료에 두 과정이 모두 포함되어 있다는 점
에서 볼 때, 이러한 대치 현상을 조음 제약이나 구강음과 비강음

---

21) 성인언어에서는 장애음이 연속할 때 후행장애음이 경음화되는 것이 필수적인 현상이나, 유
아어에서는 수의적으로 일어난다. 유아의 경우에는 음절을 하나씩 끊어서 발음하는 일이 많
으므로 유아어에서 성인언어의 경음화 현상과 같은 음운 변동 과정은 흔히 차단된다.

두 부류 사이의 습득 순서와 관계 짓기 어렵다.

즉 이 시기의 아동은 구강음과 비강음을 변별하지 못한다고 볼수 있는데, 그 원인으로는 다음 두 가지 가능성이 있다. 첫째, 동일 조음 위치의 구강음과 비강음을 각각의 변별된 음소가 아닌 하나의 음소로 인지하고 있어 음 산출에서도 이를 혼동하여 사용하는 것이다. 둘째, 인식에서는 변별을 하고 있지만 발음 시 연구개의 조작이 미숙하여 산출음에서 구별이 안 되는 것이다. 그런데 구강음과 비강음의 대치에서 특징적인 것은, 비음성 자질을 변별적으로 사용하지 못한 예가 주로 /p/와 /m/의 경우에 치중되어 있고 다른 경우(/t/~/n/, /k/~/ŋ/)에는 극히 소수의 예만 발견된다는 점이다. 치경 비음 /n/와 연구개 비음 /ŋ/는 구강 폐쇄의 자리가 다르다는 것을 제외하면 양순 비음 /m/와 같은 방법으로 생성된다. /n/음을 낼 때는 혀의 뒤쪽이 위쪽 어금니에 닿은 상태에서 설첨이나 설단이 치경 부위에 닿고, /ŋ/ 음을 낼 때에는 설배가 연구개에 닿아 구강이 성도의 측면 지류로 공명되는 것을 막는다. 공명기가 길면 길수록 자연스럽게 반응하는 주파수가 낮아지는데, 공명이나 포먼트는 /ŋ/에서보다 /n/에서 낮아지고, /n/에서보다 /m/에서 더 낮아진다. 즉 구강 내에서 폐쇄가 뒤쪽에서 이루어질수록 공명도가 점점 커지며, 공명도가 가장 낮은 양순 비음이 비공명음인 구강폐쇄음과 혼동될 가능성이 가장 높다.[22) 이러한 점들을 고려할 때 유아어에서 구강음과 비강음이 서로 대치되는 것은 각각의 조음 방법 자질을 변별적 자질로 인식하지 못하고 있기 때문일 가능성이 높다고

22) 임진왜란(1592), 정유재란(1597) 당시 일본군이 한국어 회화집으로 사용한 것으로 추측되는 『陰德記』의 高麗詞之事에서도 '믈/buri/, 머리/bori/, 납/dabu/' 등 어두에서 /m/과 /b/, /n/과 /d/의 대응이 나타난다(이기문, 1988: 12-13).

판단된다.

　위와 같은 양방향의 대치는 24개월 무렵까지 이어지다가 24개월 이후에는 비자음이 구강자음으로 대치되는 예는 사라지고 구강자음이 비자음으로 대치되는 예만 발견된다.

(14)　a.　[pɛk'om]　　　　　(배꼽)　　　　　24개월

　　　　[pajamgɛmi]　　　(바람개비)　　　25개월

　　　　[mɛŋɯlmɛŋɯl]　　(뱅글뱅글)　　　28개월

　　b.　[ma]　　　　　　　(말)　　　　　　25개월

　　　　[nʌmmu]　　　　　(너무)　　　　　28개월

　24개월 이후에 구강음이 비음으로 대치되는 것은 (14a)에서와 같이 양순음의 경우로 한정되고, 비음은 (14b)에 보이는 것처럼 제대로 실현된다. 그리고 구강음이 비음으로 대치되는 현상도 30개월 이후에는 거의 사라진다. 구강음과 비강음의 대치는 다른 대치 현상에 비해 그 빈도가 그리 높지 않은 편이어서 더 많은 자료에 대해서, 그리고 대상자 개별적으로 분석이 좀 더 이루어져야 할 것으로 보인다. 하지만 지금까지 관찰된 바에 따라 정리를 해 보면, 구강음과 비강음은 24개월 이전까지는 음소로서의 완전한 구별이 되지 않고 혼동되어 사용되다가 24개월 이후에 변별이 일어나기 시작하여 30개월이 되면 각각이 별개의 음소로 안정된다.

2.3 발성 유형 자질의 습득 과정

국어에는 하나의 조음 위치와 조음 방법을 공유한 두세 개의 자음들이 존재한다. 국어의 폐쇄음과 파찰음은 기식성과 긴장성에 의해 각각 평음, 경음, 격음의 세 부류로 나뉘며, 마찰음은 긴장성에 의해 평음, 경음의 두 부류로 나뉜다. 성인언어의 음소가 유아언어에서 발성 유형이 다른 분절음으로 대치되는 양상을 표로 보이면 다음과 같다.

〈표7〉 발성 유형에 따른 분절음 대치 빈도와 상대 빈도[23]

음운대응 (성인언어 : 유아언어)	12~17개월	18~23개월	24~29개월	30~35개월
평음 : 경음	14 (26.42%)	21 (23.86%)	72 (64.29%)	20 (33.33%)
경음 : 평음	17 (32.08%)	10 (11.36%)	1 (0.89%)	1 (1.67%)
격음 : 경음	13 (24.53%)	18 (20.45%)	33 (29.46%)	11 (18.33%)
경음 : 격음	5 (9.43%)	12 (13.64%)	4 (3.57%)	0 (0.00%)
평음 : 격음	1 (1.89%)	15 (17.05%)	0 (0.00%)	27 (45.00%)
격음 : 평음	3 (5.66%)	12 (13.64%)	2 (1.79%)	1 (1.67%)

위 표에서 알 수 있듯이 24개월 이전 아동의 자료에서 평음과 경음, 경음과 격음, 평음과 격음이 서로 대치되는 현상은 매우 흔하게 발견된다. 즉 발성 유형에 따른 자음의 분류는 24개월 이전의 아동에게는 거의 무의미한 것으로 보인다. 평음·경음·격음이 대치되는 구체적인 양상은 다음과 같이 나타난다.

---

23) 발성 유형에 따른 분절음 대치의 전체 발생 빈도 가운데 해당 항목의 대치 발생 빈도를 백분율로 나타냄.

(15) a. [k'oŋ]   (공)   22개월

       [pʰot'o]   (포도)   16개월

       [ʌbɯp'a]   (어부바)   13개월

       [tɕ'idʑi]   (지지)   19개월

    b. [aba]   (아빠)   13개월

       [kogi]   (코끼리)   15개월

       [uduk˺]   (우뚝)   16개월

       [tɕidʑi]   (찌찌 – 젖꼭지)   15개월

(16) a. [kʰi]   (귀)   20개월

       [pʰɛ]   (배)   21개월

       [tʰudʑa]   (두자)   32개월

       [tɕʰoŋtɕʰiŋɛ] (조심해)   22개월

    b. [kʌ]   (코)   21개월

       [pin]   (핀)   15개월

       [tok'ɯdʑi]   (토끼)   15개월

       [tɕɛk˺]   (책)   14개월

(17) a. [kʰot˺]   (꽃)   23개월

       [apʰa]   (아빠)   13개월

       [itɕʰok˺]   (이쪽)   21개월

       [tʰo]   (또)   21개월

    b. [k'ɯda]   (크다)   21개월

       [p'a]   (팔)   22개월

[tɕ'ingu]	(친구)	21개월
[t'otɕʰi]	(토끼)	23개월

위에서 (15)는 평음과 경음, (16)은 평음과 격음, (17)은 경음과 격음이 대치된 예를 보인 것이다. 위 세 가지 경우에 양방향의 대치 현상이 모두 발견되는데, 가령, 평음과 경음의 대치 과정을 살펴보면, 성인 언어의 /k/가 유아어에서 /k'/로 대치될 뿐 아니라 (15a), 성인언어의 /k'/가 유아어의 /k/로 대치되기도 한다(15b). 양방향의 변동 비율은 뚜렷한 차이를 보이지 않으며, 다양한 조음 위치의 자음들에 대하여 폭넓게 적용된다. 위에 든 예에서 보이는 바와 같이 평음화, 경음화, 격음화의 과정에는 /k/계열, /t/계열, /p/계열, /tɕ/계열의 자음이 모두 포함되어 있다. 이러한 사실은 이 시기 아동이 발성 유형과 관련한 자질을 변별적 자질로 인식하지 못하고 있고, 따라서 아동의 음소 체계에 평음, 경음, 격음의 구별이 아직 안 되어 있을 가능성이 높다는 점을 시사해 준다.

24개월에서 30개월 사이에는 이러한 양방향의 대치가 줄어들고, 대신 평음이 경음으로 대치되거나 격음이 경음으로 대치되는 비율이 눈에 띄게 높아진다. 따라서 이 시기에는 경음이 다른 음으로부터 분리되어 별개의 음소로 자리잡기 시작했음을 알 수 있다.

30개월 이후에는 평음이나 격음이 경음으로 대치되는 현상이 계속해서 발견되기는 하지만 이전 단계에 비해 현저하게 줄어든다. 대신, 이전 단계에서는 볼 수 없었던 평음의 격음화 현상이 나타난다. 이것은 이 시기에 와서 격음이 새로운 음소 범주로 자리잡아 가고 있음을 보여준다. 평음과 달리 경음은 격음으로 대치되는 현상을 보이지 않는데, 이를 통해서 경음이 다른 음들(평음이나 격음)과 다른 범주로 분리되는 과정이 이전 단계에 이미 상당한 정도로 진행되었음을 알 수 있다.

2.4 요약

지금까지 성인언어와 유아어의 비교에서 나타난 자음 대응의 종류와 발생 빈도를 자질에 따라 살펴보았다. 각각의 대치 현상이 주로 일어나는 시기와 대치의 방향을 요약해서 나타내면 다음과 같다.

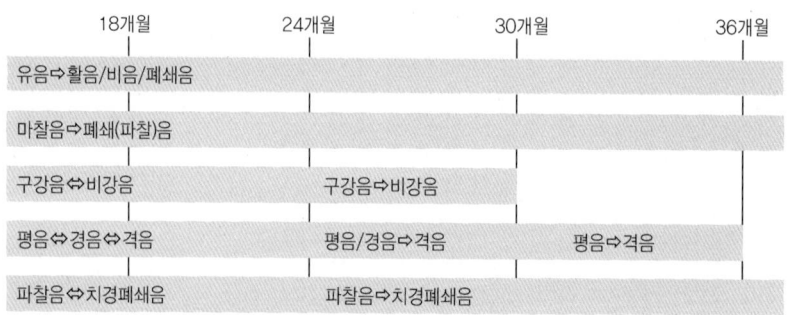

[그림1] 분절음 대치의 방향과 대치 시기[24)]

유음과 마찰음은 관찰 전 구간에 걸쳐 산출음 목록에 나타나지 않았으며, 유음은 활음·비음·폐쇄음으로, 마찰음은 폐쇄음·파찰음으로 대치되는 일방적 대치 현상을 보였다. 이러한 유음 및 마찰

---

24) 그림에서 화살표의 방향은 성인언어의 음소와 유아어의 음소가 대응되는 방향을 나타낸다. 화살표가 한 방향으로 되어 있는 것은 대치의 방향이 일방향적임을 나타내며 화살표가 양방향으로 되어 있는 것은 대치의 방향이 양방향적임을 나타낸다. 각각의 막대 그림은 그 위에 표시된 대치 현상이 지속되는 기간을 표시한다.

음의 대치는 한정된 조음 능력에 의한 것으로 보이며, 대치 양상이 일정하게 나타난 것으로 보아 인식에서는 변별이 되고 있을 가능성이 높다. 그러나 산출에서는 결과적으로 변별이 이루어지지 않았다.

구강음과 비강음은 24개월 이전까지는 양방향적 대치를 보이다가 24개월 이후에는 비음이 구강음으로 대치되는 현상은 사라지고 구강음이 비음으로 대치되는 현상만 남는다. 이러한 사실로 미루어 보아, 24개월 이후에 두 자질 간의 변별이 이루어지기 시작한 것으로 추정되며, 구강음의 비음화가 거의 사라지는 30개월 무렵에는 산출에서 변별이 완성되는 단계에 이르렀음을 알 수 있다.

폐쇄음과 파찰음의 대치는 24개월 이전까지는 양방향적 대치가 발견되다가 24개월 이후에는 파찰음이 폐쇄음으로 대치되는 일방향적 대치로 전환되고 이러한 일방향적 대치 현상은 36개월까지 높은 빈도로 관찰된다. 이것은 24개월 무렵부터 파열음과 폐쇄음의 변별이 인식되기 시작하지만 산출에서 변별이 완성되는 것은 이보다 훨씬 뒤늦은 36개월 이후의 어느 시점이 되리라는 것을 시사한다.

평음과 경음과 격음의 경우에는 24개월 이전에는 역시 양방향적 대치를 보이다가 24개월에서 30개월 사이에는 평음과 격음이 모두 경음으로 대치되는 현상이 두드러진다. 그리고 30개월에서 36개월 사이에는 평음과 격음이 경음으로 대치되는 빈도는 줄어들고, 평음이 격음으로 대치되는 현상이 두드러지게 나타난다. 이것은 24개월 이전에는 평음과 경음과 격음의 변별이 전혀 되지 않다가 24개월 무렵부터 경음이 평음이나 격음으로부터 분리되어 인식되기 시작하여 30개월에서 36개월 사이의 어느 시점에 경음의 변별이 이루어지고, 이어서 격음이 평음과 변별된다는 사실을 추정케 한다.

위에 보인 대치 현상은 모두 동일 조음 위치의 음소(치경음과 치경경구개음의 조음 위치 차이가 음운론적 의미를 갖지 않는다고 볼 때) 사이에서 이루어졌으며, 조음 위치가 혼동된 별도의 예는 거의 발견되지 않았다. 그러므로 조음 위치 자질에 의한 변별은 음운 대응이 비교적 정확하게 관찰되는 18개월 무렵에는 이미 완성되었다고 볼 수 있을 것이다.

이러한 자음 대치 양상을 근거로 자음 음소들 간의 변별이 일어나는 순서를 음운 자질에 따라서 정리해 보면 다음과 같다.

1) 조음 위치에 따른 자음의 변별은 치경음과 치경경구개음을 제외하고는 다른 자질에 의한 변별보다 앞서서 이루어진다. 즉 양순음과 치경음 - 치경경구개음, 연구개음, 성문음의 변별이 18개월 무렵에 완성된다. 치경음과 치경경구개음은 사실상 조음 위치 자질이 변별적 자질로서 기능하지 않는 것으로 보았으며, 치경음과 치경경구개음의 구별은 폐쇄음과 파찰음의 변별을 통해 자연히 이루어지는 것으로 보았다.

2) 조음 방법 자질에 의한 분류 중에서는 구강음과 비강음의 대립이 가장 먼저 성립되어 30개월 무렵에 완성되고, 파열음과 파찰음의 대립은 관찰 기간 안(36개월 이전)에는 이루어지지 않는 것으로 나타났다. 유음과 마찰음은 각각 활음과 폐쇄음(파찰음)으로 일방적으로 대치되며 이러한 대치는 관찰 전체 기간에 걸쳐 매우 높은 빈도로 나타났다. 따라서 유음과 마찰음은 36개월까지 습득되지 못하며 결과적으로 산출에서의 변별도 이루어지지 않았다고 볼 수 있다.

3) 발성 유형에 따른 음소들 간의 변별은, 경음과 그 밖의 음이 먼저 30개월에서 36개월 사이에 분화되고, 이어서 36개월 무렵에 격음과 평음이 분화되는 것으로 나타났다. 평음과 경음과 격음이 분화되는 시기는, 조음 방법 자질에 의한 자음 분화 시기와 비교하면 구강음과 비강음이 분화되는 시기와 폐쇄음과 파찰음이 분화되는 시기의 사이에 놓인다.

지금까지 논의한 산출에서의 자음 변별 순서를 종합해서 보이면 [그림2]와 같이 될 것이다. 아동의 음운 체계는 발달 초기에는 [그림2]에서 보이는 바와 같이 조음 위치의 변별만이 이루어진 보다 큰 단

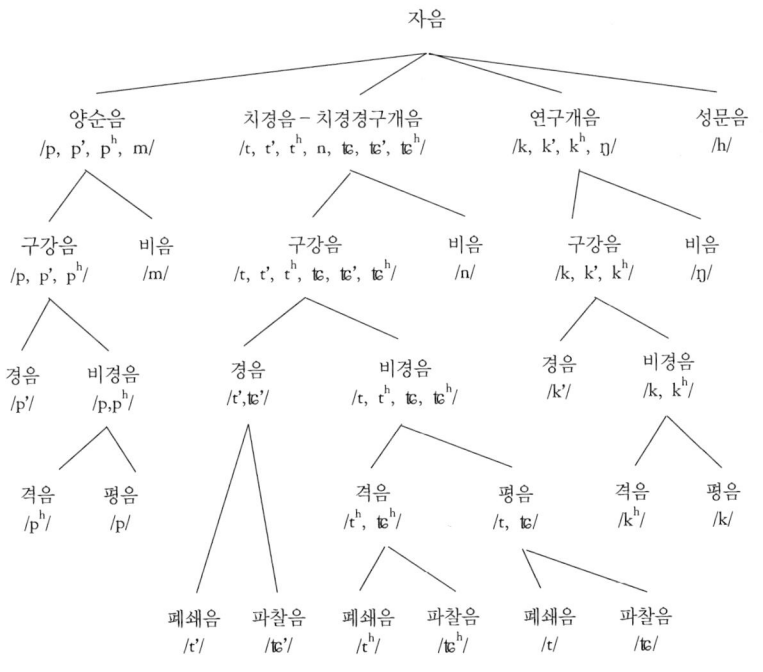

[그림2] 산출에서의 자음 변별 순서

위의 덩어리진 음소형태로 구성된다. 즉 산출음 목록에는 /p, p', pʰ, m, t, t', tʰ, n, tɕ, tɕ', tɕʰ, k, k', kʰ, ŋ, h/의 16개 음이 모두 나타나지만, 실제로 이들 음은 각각이 변별적 기능을 하지 못하고, 양순음, 치경음-치경경구개음, 연구개음, 성문음이라는 4종류의 음소로 대별된다. 이러한 음소 형태는 변별 자질의 습득과 함께 보다 작은 단위의 음소 형태로 분화를 거듭하여, 양순구강음, 양순비음, 치경경구개구강음, 치경경구개비음, 연구개구강음, 연구개비음, 성문음의 7개 음소로 나뉘고, 여기서 경음이 분리된 10개 음소로, 다시 격음이 분리된 13개 음소로, 다시 파찰음이 분리된 15개 음소로 나뉜다.

3. 모음 체계 습득 과정

음소 목록들 사이의 음성적 차이가 비교적 분명한 자음에 비해 모음은 해당 음소의 음역을 규정하기가 어려우며 특히 연령대가 낮은 아동의 발화 자료의 경우 불분명한 발음적 특성으로 인해 분석이 용이하지 않다. 이러한 이유들로 인해 모음의 발달 순서나 개별 모음의 습득 과정에 대한 연구 결과는 그리 많지 않다. 모음의 습득을 변별적 자질에 의한 음운 대립의 분화 과정으로 설명한 이론적 연구로는 Jakobson(1941)이 대표적인데, 여기서는 모음의 변별적 자질이 혀의 높이 자질(고저 자질), 혀의 최고점의 위치 자질(전후 자질), 입술 모양 자질(원순성 자질)의 순서로 작용하여 모음 대립을 만든다고 보았다. 즉 고모음/i/ 대 저모음/a/의 대립이 먼저 형성되고, 이어서 전설모음/i/ 대 후설모음/u/의 대립이 형성되며 최종적으로 원순모음/u/ 대 비원순모음/a/의 대립이 형성된다고 주장하였다. 그러나 이 연구는 개별 언어를 대상으로 한 것이 아니어서 구체적인 개별 모음의 습득 과정이 드러나 있지 않고 이론을 정당화할 사실적 근거가 제시되지 못하였다.

모음 습득 과정에 관한 국내의 실증적 연구로는 권경안(1981b)이 있다. 여기서는 만 3~5세의 아동 20명을 대상으로 자발적 발화를 수집하여 연령별로 개별 모음의 발음률을 살폈다. 그런데 대상 아동의 연령이 높은 탓에, 모든 단모음에 대하여 발음률이 90%가 넘는 결과를 보여 발음율의 정도가 습득 순서에 대한 직접적인 근거로 사용되지는 못하였다. 대신 이중모음이 다른 음으로 대치되는 양상을 비교하여 단모음의 습득 순서를 추론하는 방식을 취하였다.

본 절에서는 앞(2절)에서 자음체계의 습득 과정을 살필 때와 마찬가지로 분절음 대치 비율과 해당 대치음의 산출률[25]을 비교해볼 것이다. 이로써 모음 대치와 모음 산출 사이의 상관관계 및 대치의 원인을 함께 알아본다.[26]

---

25) 산출음의 빈도에 관해서는 2장에서 제시된 결과를 참조한다.

26) 본 연구의 분석 대상이 되는 음운 대응 자료에는 형태와 무관한 보편적인 대응의 경우만 포함되어 있다. 가령, 34개월의 한 아동의 자료에서 발견된 '때리지 마[ˈɛɾɪʌʤima]'와 같은 예는 형태를 일반적인 음운 대응의 관점에서 분석하면 모음 /i/가 이중모음 /jʌ/로 대치된 것으로 설명된다. 그러나 모음 /i/가 이중모음 /jʌ/로 대치되는 것은 보편적인 현상이 아닐뿐더러 이러한 설명은 음운 오류가 발생한 원인에 대한 직접적인 설명이 되지 못한다. 이러한 현상은 형태음소론적 설명을 통하여 보다 쉽게 설명될 수 있다. 즉 명령형인 '때려'의 기본형이 '때리-'인 것을 알지 못하고 명령형 자체를 하나의 형태로 설정하고 있는 아동이 '때려' 형태에 다시 연결어미 '-지'를 결합하여 결과적으로 잘못된 음성형을 산출하게 된 것이다. 이와 같이 종결 어미 형태 뒤에 다시 어미가 결합된 형태적 오류는 24~36개월 아동의 자료에서 흔하게 발견할 수 있는데, 예를 들어 '붙어' 형태에 '-잖어'가 결합하여 '붙어잖어(붙였잖어)'처럼 발화한다든지 '만들어' 형태에 '-ㄹ게'가 결합한 '만들어게

3.1 고모음 · 중모음 · 저모음의 분화

모음의 산출은 자음의 산출보다 대체로 앞서는데, 옹알이 시기에 벌써 /ɑ, ɛ, ʌ, ɯ, i/ 등이 산출되고, 12~18개월 사이에는 원순음을 포함한 국어의 단모음 /ɑ, ɛ, ʌ, o, u, ɯ, i/가 모두 산출된다.[27] 하지만, 이때 산출되는 음은 어떤 음소에 귀속시키기 어려운 중간음적인 성격을 띠고 있는 경우가 많고, 유의미어에서 성인 언어의 음소와 일대일 대응 관계를 찾아보기도 어렵다. 자음에 비해 모음은 조음 방법이 단순해서 특별한 노력이 없이도 우연히 음이 산출될 수 있다는 점을 감안하면, 개별 모음의 산출 여부보다는 그 산출률이 더 중요한 의미를 지닌다고 볼 수 있다.

36개월 이전에 산출되는 개별 모음들을 고설성 자질에 따라 분류해 보면, 12개월 단계에서는 저모음 〉중모음 〉고모음의 비율로 나타나다가 월령이 증가함에 따라 저모음의 산출률이 낮아지고 고모음의 산출률이 높아져 성인 언어의 단모음 산출 유형에 점차로

(만들게)', '해' 형태에 '-는'이 결합한 '해는(하는)'과 같은 예를 음운 대치 과정에 포함시킬 경우 일반적인 음운 대치 과정에 무수한 예외 항목만을 남겨놓게 될 것이다. 따라서 본 고에서는 이와 같이 특정 형태와 관련된 음운 대치의 경우를 분석 대상에서 제외하였다.

27) 국어의 단모음 체계에 대해서는 논란이 많은데, 국어의 모음을 10모음 체계로 잡는 경우에는 / l, ㅔ, ㅟ, ㅐ, ㅚ, ㅏ, ㅡ, ㅜ, ㅓ, ㅗ/가 포함되고(김무림 1992, 이병근·최병옥 (1997), 허웅(1976), 9모음 체계로 보는 견해에서는 /ㅟ/를 단모음이 아닌 이중모음으로 보며(오정란 1997), 8모음 체계로 보는 견해에서는 /ㅚ/와 /ㅟ/를 모두 단모음으로 인정하지 않는다(배주채 1996). 7모음 체계를 주장하는 경우에는 /ㅚ/와 /ㅟ/를 이중모음으로 보는 한편, /ㅐ/와 /ㅔ/를 하나의 음소로 통합되었다고 본다. 다양한 화자들의 실제 음성 자료 분석 결과는, 서울 방언 화자의 경우 성별이나 연령에 무관하게 /ㅚ, ㅟ/를 이중모음으로 발음하며 /ㅔ, ㅐ/의 경우에는 철자를 의식하여 부자연스러운 발화를 하지 않는 이상 거의 음성적 차이가 없는 것으로 나타났다(신지영 2003). 본 연구에서는 녹음 대상 아동들의 목표음에 영향을 미칠 수 있는 양육자가 20~30대 연령층의 서울 지역 화자들임을 감안하여 성인언어의 모음 체계를 7모음 체계로 보고, 이러한 7모음 체계를 바탕으로 한 성인언어와 유아어의 음운 대응 관계를 살폈다.

가까워지는 양상을 나타낸다.[28] 따라서 조음 능력의 발달 측면에서 본다면 저모음에 대한 조음 능력이 중모음이나 고모음에 대한 조음 능력보다 먼저 발달한다고 할 수 있다.

그런데 아동의 발화에 나타난 분절음 대치 현상을 관찰해 보면 고저 자질에 따른 모음의 대치 양상은 이러한 조음 능력의 발달 순서와는 외견상 반대되는 것으로 나타난다. 즉 먼저 발달된 고모음이 나중에 발달된 중모음이나 저모음으로 대치되는 비율보다 중모음이 고모음으로 대치되는 비율이 더 높게 나타난다.

〈표8〉 고저 자질에 따른 모음 대치 빈도와 상대 빈도[29]

음운대응 (성인언어 : 유아언어)	12~17개월	18~23개월	24~29개월	30~35개월
고모음 : 중모음	18 (8.18%)	4 (1.93%)	9 (4.13%)	5 (4.76%)
고모음 : 저모음	3 (1.36%)	2 (0.97%)	2 (0.92%)	0 (0.00%)
중모음 : 고모음	86 (39.09%)	47 (22.71%)	15 (6.88%)	9 (8.57%)
중모음 : 저모음	4 (1.82%)	4 (1.93%)	16 (7.34%)	8 (7.62%)
저모음 : 고모음	2 (0.91%)	4 (1.93%)	6 (2.75%)	0 (0.00%)
저모음 : 중모음	4 (1.82%)	9 (4.35%)	8 (3.67%)	2 (1.90%)

〈표8〉은 시기별로 고저 자질에서 차이가 나는 음운 대응이 발견된 빈도와 비율을 정리한 것인데, 여기서 보면 중모음과 고모음이 대치되는 빈도가 다른 대치 빈도에 비하여 비교적 높게 나타난다. 그중에서도 성인언어의 고모음이 유아어에서 중모음으로 대치되는 비율에 비해 성인언어의 중모음이 유아어에서 고모음으로 대치되는 비율이 월등하게 높은 것을 관찰할 수 있다. 성인언어의 중모음

---

28) 고저 자질에 따른 개월별 단모음 실현 비율은 2장의 〈표21〉 참조
29) 전체 모음 대치 발생 빈도 가운데 해당 항목의 대치 발생 빈도를 백분율로 나타냄.

과 유아어의 고모음이 대응되는 예를 다음 (1)을 통해 자세히 살펴
보기로 하자.

(1) a. [ʃi]   (새)   18개월

    [tɕʰi]   (책)   20개월

    [kidiɛjo]   (기대세요)   21개월

  b. [ɯbɯba]   (어부바)   13개월

    [ɯmma]   (엄마)   16개월

    [hammɯnni]   (할머니)   17개월

    [munnɛ]   (먹네)   23개월

  c. [pɛk'up̚]   (배꼽)   15개월

    [kʰɯ]   (코)   19개월

(1a)에는 전설중모음 /ɛ/가 전설고모음 /i/로, (1b)는 비원순후설중
모음 /ʌ/가 비원순후설고모음 /ɯ/ 또는 원순후설고모음 /u/로 대치
된 예이고, (1c)는 원순후설중모음 /o/가 원순후설고모음 /u/와 비원
순후설고모음 /ɯ/로 대치된 예이다. 이러한 음운 대응을 고저 자질
외의 다른 혓몸 자질이나 입술 자질과 관련지어 보면, 혀의 전후
위치와 관련해서는 전설중모음은 전설고모음과 대응되고, 후설중모
음은 후설고모음과 대응되는 등 대부분 목표음에서의 자질이 그대
로 유지되고 있으나. 입술 자질과 관련해서는 원순성의 변화가 동
반되는 일이 흔함을 알 수 있다. 가령, '먹네[munnɛ]'에서는 비원순
중모음이 원순 고모음으로, '코[kʰɯ]'에서는 원순 중모음이 비원순
고모음으로 대치되어, 개구도의 변화와 함께 원순성의 변화도 함께

일어났다.

반대로 고모음이 중모음으로 대치되는 빈도는 중모음이 고모음으로 대치되는 빈도에 비해 현저하게 떨어진다. 즉 고모음과 중모음의 대치 관계는 양방향 대치라기보다 일방향 대치의 성격을 띠며, 따라서 해당 시기의 아동이 고모음과 중모음에 대한 변별 능력을 전혀 갖추지 못했다고 보기는 어렵다. 대치가 일방향으로 일어나는 경우에는 그 원인으로 두 가지 가능성을 생각해 볼 수 있다. 하나는 조음 기관의 미성숙으로 인한 조음 제약 때문에 발음이 어려운 음소를 발음이 보다 용이한 음소로 대치했을 가능성이고, 다른 하나는 음운 변별 능력이 없는 상태에서 변별 능력이 완전해지는 상태로 이행하는 단계에서 아동이 새로 도입된 음소의 조음 방식을 다른 음의 조음에까지 확대 적용했을 가능성이다. 이 두 가지 가능성을 차례로 검토해 보기로 하자.

우선, 각 모음의 산출 시기나 산출률을 감안해 보면 대치의 원인이 조음 제약 때문일 가능성은 적어 보인다. 앞에서 언급한 바와 같이 고모음은 저모음이나 중모음에 비해 산출 시기도 늦고 관찰 구간 초기에는 산출률도 낮은 편이다. 따라서 성인언어의 중모음이 유아어에서 고모음으로 대치되는 현상은 고모음의 조음이 중모음의 조음보다 용이하기 때문은 아님을 알 수 있다.

중모음이 고모음으로 대치되는 현상은 고모음이 본격적으로 산출되기 시작하는 것과 시기적으로 밀접한 관련을 보인다. 고저 자질에 따른 단모음 실현 비율을 시기별로 관찰해 보면, 유아어에서 고모음이 차지하는 비율이 성인언어에서의 고모음 산출 비율(38.67%)[30]에 근접하는 것은 16~17개월 무렵이 되어서인데([그림3] 참조),

이 시기를 전후하여 중모음이 고모음으로 대치되는 현상이 다른 시기에 비하여 매우 높은 빈도로 관찰된다. 이러한 점을 감안할 때 유아어에서 중모음이 고모음으로 대치되는 현상은 조음상의 제약으로 인한 현상이라기보다는 음소의 학습 과정에서 나타나는 일종의 과잉확대 현상으로 판단된다.[31] 이러한 대치 현상은 24개월 이전까지 흔하게 발견되다가 이후로는 현저하게 줄어든다. 따라서 고모음과 중모음의 분화는 24개월 무렵에는 어느 정도 완성되는 것으로 볼 수 있다.

---

30) 성인언어에서의 모음의 출현 빈도에 관한 계량적 연구로는 배희숙(2001)과 박동근·이석재(2003)이 있다. 박동근·이석재(2003)는 대학생들의 일상대화와 토론대화를 대상으로 하였고, 배희숙(2001)은 두 개의 희곡 텍스트 자료를 대상으로 하여 개별 음소의 산출 빈도를 조사하였다. 이러한 연구들에서 제시된 개별 모음의 빈도 자료를 바탕으로 자질에 따른 모음 범주별 상대 빈도를 산출해 보면, 배희숙(2001)의 결과를 토대로 한 경우에는 고모음과 중모음과 저모음의 비율이 39.47%:34.74%:25.79%, 전설모음과 후설모음의 비율은 27.80%:72.20%, 원순모음과 비원순모음의 비율은 18.35%:81.65%로 나타나고, 박동근·이석재(2003)의 결과를 토대로 한 경우에는 고모음과 중모음과 저모음의 비율이 38.67%:35.47%:25.86%, 전설모음과 후설모음의 비율은 28.18%:71.82%, 원순모음과 비원순모음의 비율은 15.67%:84.33%로 나타나 두 자료 간에 큰 차이는 보이지 않는다. 전자의 경우 원순모음의 비율이 약간 높게 나타난 이유는 대상으로 삼은 텍스트의 특성에 기인한다고 생각된다. 본고에서는 박동근·이석재(2003)에서 제시된 결과가 구어를 대상으로 하고 있어 자연발화에서의 성인의 실제 모음 사용 빈도에 보다 가까울 것으로 보고, 여기서 제시된 개별 모음의 빈도 자료에 따라 성인언어의 모음범주별 상대 빈도를 산출하고, 이를 유아언어에서 산출되는 모음의 범주별 상대 빈도와 비교하였다.

31) 형태소 습득 과정에서도 이와 비슷한 양상이 발견된다. 어떤 아동의 경우 주격조사 '-가'가 출현하는 시기는 20개월이고, 접속조사 '-랑'이 출현하는 것은 이보다 약간 늦은 시기인 21개월 즈음인데, 이 시기의 자료를 관찰해 보면 "토끼양 꾸꾸양 인네.(토끼랑 꿀꿀이랑 있네)", "엄마가 기인 그림 떠.(엄마가 기린 그림 써(그려))" 등 각각의 조사가 제대로 쓰인 예와 함께 "토끼양 아퍼.(토끼가 아퍼)"와 같이 조사 '-랑'이 '-가'를 대치한 예가 동일 파일 안에서 발견된다.

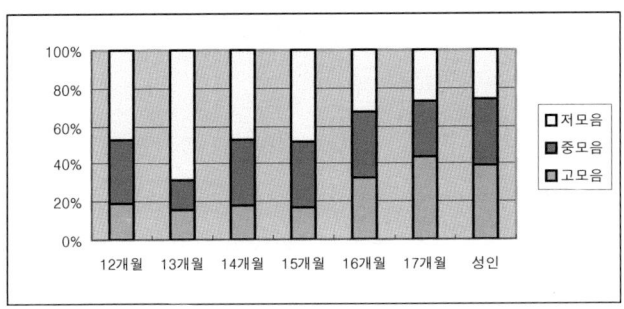

[그림3] 고설성 자질에 따른 단모음 실현 비율

　저모음과 고모음이 서로 대치되거나(예. 안녕[ɯnnʌ], 모자[moʥi], 우뚝[uˈɑkˉ], 찍찍[ʨˈɛʨˈɛ] 등) 저모음과 중모음이 서로 대치되는 것(예. 엄마[ɑmmɑ], 빨강[pˈɑkˈoŋ] 등)은 간혹 발견되기는 하지만 일반적인 현상은 아니다. 이러한 사실은 저모음에 대한 변별 능력이 다른 모음에 대한 변별 능력보다 앞서서 이루어졌을 가능성을 말해 준다. 즉 저모음이 다른 모음과 혼동되는 일이 거의 없다는 것을 볼 때 아동의 모음 체계는 일차적으로 저모음과 그 밖의 모음이라는 두 개의 범주로 나뉜다. 그리고 중모음이 고모음으로 통합되어 발음되다가 점차로 이러한 대치의 비율이 낮아지는 것은, 아동의 음운 체계가 두 개의 범주를 갖는 체계에서 저모음과 중모음과 고모음이라는 세 개의 범주를 갖는 체계로 차츰 이행함을 나타낸다. 저모음이 분화하는 시기는 고모음이 분화하는 시기보다 앞선 것으로 추정될 뿐, 정확한 시기는 알기 어렵다. 왜냐하면 12~18개월 이전에 사용된 말소리에는 어떤 의미가 담겨 있는 일이 드물고, 의미 전달의 기능을 가진 말소리가 출현하는 경우에도 아동이 인식하고 사용하는 소리의 단위가 음소라기보다 단어 전체나 음절인 경우가 많아 대응음 설정에 어려움이 많기 때문이다.

지금까지의 논의를 요약하면, 아동의 모음 체계에서 고저 자질에 의한 모음의 분화는 먼저 저모음 범주가 분화되고 이어서 고모음과 중모음이 분화되는 과정을 거치는 것으로 보인다. 저모음이 다른 모음과 대치되는 예는 거의 발견되지 않고, 중모음이 고모음으로 대치되는 현상만이 나타나는 것으로 보아 저모음의 범주가 다른 모음들로부터 일차적으로 분리 형성되고, 이어서 중모음과 고모음의 범주가 형성된다.

3.2 전설모음과 후설모음의 분화

중모음과 고모음의 대응과 마찬가지로 전설모음과 후설모음의 대응 역시 일방향의 성격을 띤다. 혀의 전후 위치에 따른 모음 대치의 시기별 발생 양상은 〈표9〉에 정리하였다.

〈표9〉 전후 자질에 따른 모음 대치 빈도와 상대 빈도[32]

음운대응 (성인언어 : 유아언어)	12~17개월	18~23개월	24~29개월	30~35개월
후설음 : 전설음	9 (4.09%)	40 (19.32%)	14 (6.42%)	5 (4.76%)
전설음 : 후설음	5 (2.27%)	5 (2.42%)	4 (1.83%)	7 (6.67%)

〈표9〉에 나타난 모음 대치 빈도를 보면 대체로 성인언어의 전설모음이 유아어에서 후설모음으로 대치되는 것에 비해 성인언어의

---

32) 전체 모음 대치 발생 빈도 가운데 해당 항목의 대치 발생 빈도를 백분율로 나타냄.

후설모음이 유아어에서 전설모음으로 대치되는 것이 일반적임을 알 수 있다. 성인언어의 후설모음이 유아어에서 전설모음으로 실현된 예를 아래 (2)에 제시한다.

(2) a.	[k'i:t˺]	(끝)	18개월
	[tɕigɛ]	(두 개)	23개월
b.	[tɕ'ɛtɕ'o]	(저쪽)	23개월
	[mut'ɛwʌ]	(무서워)	25개월
c.	[p^hɛ]	(팔)	26개월

(2a)는 비원순후설고모음 /ɯ/와 원순후설고모음 /u/가 모두 전설고모음 /i/로 대치된 예이고, (2b)는 비원순후설중모음 /ʌ/가 전설중모음 /ɛ/로 대치된 예이며, (2c)는 후설저모음 /ɑ/가 전설중모음 /ɛ/로 대치된 예이다. 즉 후설모음이 전설모음으로 대치되는 현상은 개구도나 원순성에 상관없이 전반적으로 일어난다. 단, 저모음을 제외하고는 혓몸의 전후 자질이 바뀌더라도 고저 자질은 대체로 그대로 유지되는 반면, 원순성 자질은 흔히 다른 자질로 대체된다. 예를 들어서 '두 개[tɕigɛ]'에서는 원순후설모음이 비원순전설모음으로 대치되어 후설성 자질의 변화와 함께 원순성 자질의 변화도 같이 관찰할 수 있다.

이와 같이 후설성 모음 /ɯ, ʌ, ɑ, u, o/ 등은 전설성 모음 /i, ɛ/ 등으로 대치되는데, 그 역방향으로의 대치는 거의 발견되지 않는다. 이런 경우, 조음 제약으로 인한 대치 과정이 아닌가 의심해 볼 수 있는데, 이 시기 아동의 산출음 목록과 빈도를 보면 이러한 가정은 재고되어야 함을 알 수 있다. 전설음화가 조음 제약으로 인한 대치 과정이라면, 산출음 목록에서도 전설모음이 후설모음보다 앞서 나타나고, 산출률도 전설모음이 높게 나타나는 것이 정상이다. 그런데 실제 모음 산출률을 보면, 17개월 이전에 후설모음의 산출 비율(90.81%)이 전설모음의 산출 비율(9.19%)에 비해 월등히 높다 (김태경 2003). 따라서 전설음화가 일어나는 이유가 조음의 용이성 때문은 아니라는 것이 드러난다.

전설음화의 원인은 단순히 음의 산출이 아니라 음소가 발달하는 시기와 관련지어 볼 필요가 있다. 앞서 기술한 바와 같이 음 발달의 초기에는 후설모음의 산출률이 전설모음에 비해 훨씬 높으며, 전설모음이 본격적으로 산출되는 것은 22~23개월 무렵이다.[33]

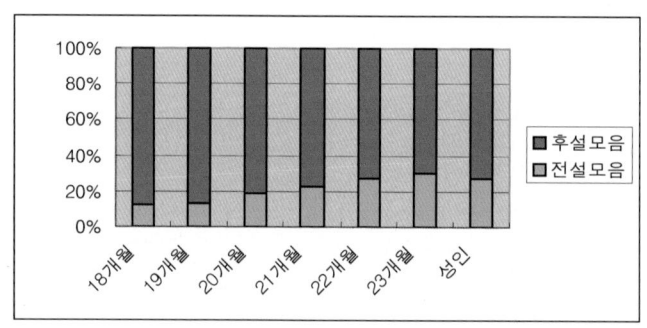

[그림4] 전설성 자질에 따른 단모음 실현 비율

[그림4]에서 보이듯이 22~23개월 무렵이 되어서야 모방을 제외한 자발적 발화에서 전설모음 대 후설모음의 산출비율이 성인의 일반적인 산출 비율(후설모음 71.82%, 전설모음 28.18%)에 가까워

33) 후설성 자질에 따른 개월별 단모음 실현 비율은 2장 〈표34〉 참조

진다. 그런데 앞에 제시된 〈표9〉에 나타난 바와 같이 후설음의 전설음화가 주로 일어나는 시기는 전설모음이 본격적으로 출현하는 시기와 거의 일치한다. 즉 전설음화 과정은 전설음이 음소로서 습득되기 시작하는 단계에 있는 아동들에게서 주로 나타나는 현상이다. 이것은 아동이 자신의 음운 체계에 처음으로 도입된 음소를 안정화시키는 과정에서 해당음의 조음 방식을 다른 음의 조음에까지 과잉 적용한 것으로 해석할 수 있다. 이러한 연습 과정과 시행착오를 거치며 전설음은 하나의 음소로 아동의 음운 체계 안에 점차 자리를 잡아가게 되는 것으로 보인다.

후설음을 전설음으로 대치하는 현상은 비교적 짧은 기간 동안 나타나다가 두 돌을 전후하여 대부분 사라진다. 따라서 음의 산출에서 전설모음과 후설모음의 분화가 완성되는 것은 고모음과 중모음의 분화가 완성되는 시기와 비슷하다고 볼 수 있다. 전설모음과 후설모음의 분화가 시작되는 시기는, 음의 대치 빈도나 음의 산출 빈도로 보면 고모음의 분화 시기보다 늦은 것으로 나타난다. 그러나 음의 산출을 기준으로 한 음의 분화 시기는 음의 인식에서의 분화 시기와 일치하지 않을 수 있다. 12~17개월 기간에 후설모음이 전설모음으로 대치되는 비율은 중모음이 고모음으로 대치되는 비율에 비하여 크게 떨어지는데, 그것은 전설모음의 산출 자체가 어렵기 때문이다. 이것은 관찰 구간 초기에 후설모음이 전설모음으로 대치되는 비율이 낮은 것 외에도 전설모음이 흔히 회피된다는 사실을 통해서 확인할 수 있다.

(3) [ʌmmɑ]   (맴매)   13개월

   [ɯ]   (이모)   17개월

   [tɑɾ'ɑ]   (다했다)   19개월

   [ʌʌ]   (기차)   19개월

   [k'ak⁻k'ɯŋ]   (코끼리)   19개월

   (3)은 전설모음이 포함된 단어를 자신이 익숙한 음운연결형으로
변형하여 발음하거나, 전설모음이 속한 음절을 탈락시키거나, 아니
면, 발음이 용이한 음절의 중복형으로 발음한 예들이다. 이와 같이
20개월 이전 아동들의 발화 자료에서는 성인 언어의 전설모음에
대응되는 분절음을 찾아내기가 어렵다.
   또한 고설성 자질이 변화하는 경우에, 대치된 모음이 드물게 전
설모음일 경우, 전설모음인 대치음에 대응하는 목표음도 대부분 전
설모음이다(보기 (1a) 참조). 다시 말해서, 고저 자질에 따른 대치가
발생하는 경우 원순성 자질의 변화가 동반되는 일은 흔해도, 전후
자질의 변화가 일어나는 일은 드문 것이다. 이러한 사실은 전설모
음의 산출이 본격적으로 이루어지기 이전에 인식에서는 이미 전설
모음과 후설모음의 분화가 이루어지기 시작했음을 말해 준다. 즉
전후 자질에 의한 모음 대치 현상은 고저 자질에 따른 대치 현상보
다 뒤늦게 나타나는데, 이것은 인식에 있어서 전후 자질에 의한 모
음 분화가 고저 자질에 의한 모음 분화보다 늦게 시작된다고 판단
할 근거가 되지 못한다. 또한 전후 자질이나 고저 자질이 대치되는
경우에 이 두 자질이 동시에 대치되는 예는 찾아보기 어려우므로,
이들 자질에 의한 분화가 비슷한 시기에 별도로 진행되고 있다고

130

보인다. 즉 전설모음과 후설모음의 분화는 12~17개월 사이에 시작되어 24개월 무렵에 안정되는 것으로 판단된다.

지금까지의 논의를 요약하면, 전후 자질에 의한 모음의 변별은 원순성 자질에 의한 변별보다 앞서서 이루어지며, 변별이 완성되는 시기는 24개월 무렵이 된다. 그리고 전후 자질과 고저 자질 중 어느 자질에 의한 분화가 먼저 시작된다고 판단내리기는 어렵다. 그 이유는 전후 자질에 따른 일방향적 대치가 고저 자질에 따른 일방향적 대치보다 늦게 나타나기는 하나, 후설모음이 전설모음으로 일방적으로 대치되는 시기 이전에 전설모음이 조음이 보다 용이한 후설모음으로 대치되는 현상이 거의 발견되지 않기 때문이다. 후설모음과 전설모음이 전혀 변별되지 않았다면 양방향 대치가 발견되거나 조음 제약에 의한 전설음의 후설음화가 일어났을 법한데, 그 대신 전설모음 회피가 일어난 것은 아동이 어떤 방식으로든 전설모음과 후설모음을 변별적으로 사용한 것으로 볼 수 있다. 따라서 고저 자질에 의한 분화와 전후 자질에 의한 분화는 동시에 진행되는 것으로 판단된다.[34)]

3.3 원순모음과 비원순모음의 분화

원순모음과 비원순모음의 대응은 앞서 논의한 중모음과 고모음의 대응이나 전설모음과 후설모음의 대응과는 달리 양방향성을 갖

---

34) 전후자질과 고저자질에 의한 분화가 비슷한 시기에 이루어짐에도 불구하고 둘 중의 한 자질에 의한 변별적 산출에 실패하는 원인은 유아가 조음 기관에 관한 차별적 통제 능력이 미숙하여 두 개의 변별적 자질에 대한 동시적 실현에 어려움을 겪고 있기 때문일 것으로 추측된다.

는다. 입술 자질과 관련한 모음 대치의 시기별 발생 양상은 〈표4〉
에 정리하였다.

〈표10〉 원순성 자질에 따른 모음 대치 빈도와 상대 빈도35)

음운대응 (성인언어 : 유아언어)	12~17개월	18~23개월	24~29개월	30~35개월
비원순음 : 원순음	46 (20.91%)	42 (20.29%)	83 (38.07%)	61 (58.10%)
원순음 : 비원순음	43 (19.55%)	50 (24.15%)	61 (27.98%)	8 (7.62%)

제시된 표를 관찰해 보면 성인언어의 비원순음이 유아어에서
원순음으로 대치될 뿐 아니라 성인언어의 원순음이 유아어에서
비원순음으로 대치되기도 한다는 것을 알 수 있다. 그리고 24개월
이전에는 양쪽이 거의 비슷한 비율을 차지하다가 24개월 이후에
비원순음이 원순음으로 대치되는 비율이 높아지기 시작하여 30개
월 이후에는 원순음이 비원순음으로 대치되는 현상은 거의 발견
되지 않고 비원순음이 원순음으로 대치되는 현상이 주로 나타난
다. 원순모음과 비원순모음이 서로 대치되는 예를 각각 아래에 제
시한다.

(4) a. [apʰo]   (아퍼)   17개월

    [ogi]   (여기)   22개월

    [kak'oja]   (갈 거야)   21개월

    [munnɛ]   (먹네)   23개월

    [ok'ɛ]   (어깨)   28개월

---

35) 전체 모음 대치 발생 빈도 가운데 해당 항목의 대치 발생 빈도를 백분율로 나타냄.

b. [kʰudɑ]　　　(크다)　　　　22개월

　[uŋgɑ]　　　　(응가)　　　　23개월

　[tɑŋgun]　　　(당근)　　　　25개월

　[kuɾɛ]　　　　(그래)　　　　28개월

　[tugo]　　　　(들고)　　　　32개월

(5) a. [tʰʌk'i]　　(토끼)　　　　15개월

　[kʰɯ]　　　　(코)　　　　　19개월

　[kʌm]　　　　(곰)　　　　　20개월

　[ogɯ]　　　　(오고)　　　　23개월

　[kʌndʌi]　　　(곰돌이)　　　25개월

b. [nɯn~ni]　　(눈)　　　　　15개월

　[ʌjʌ]　　　　(우유)　　　　15개월

　[p'ɯ]　　　　(뿔)　　　　　20개월

　[tɕigɛ]　　　　(두 개)　　　　23개월

(4)는 성인언어의 비원순모음이 유아어의 원순모음과 대응하는 예

이다. 이를 자세히 기술하면, (4a)에서는 비원순후설중모음 /ʌ/가 원

순후설중모음 /o/ 또는 원순후설고모음 /u/로 대치되었고, (4b)에서는

비원순후설고모음 /ɯ/가 원순후설고모음 /u/로 대치되었다. (5)는 (4)

에서 보인 예와 역방향의 대치 현상을 나타낸다. 즉 성인언어의 원순

모음이 유아어의 비원순모음과 대응한 예인데, (5a)에서는 원순후설

중모음 /o/가 비원순후설중모음 /ʌ/나 비원순후설고모음 /ɯ/로 대치

되었고, (5b)에서는 원순후설고모음 /u/가 비원순후설고모음 /ɯ/나 비

원순전설고모음 /i/ 또는 비원순후설중모음 /ʌ/로 대치되었다. 또한,

'어깨[ok'ɛ], 웅가[uŋga], 토끼[tʰʌk'i], 두 개[ʨigɛ]' 등은 어두 음절에서 대치가 일어났고, '아퍼[apʰo], 당근[taŋgun], 오고[ogɯ]' 등에서는 어말 음절에서 대치가 일어났다. 이러한 예에서 볼 수 있듯이 원순음화와 비원순음화의 과정은 중모음과 고모음 계열의 모음에 모두 일어나고, 어중 위치에 무관하게 적용된다.

이와 같이 원순성 자질과 관련한 대치 현상이 양방향으로 일어나며 다양한 종류의 모음36)에 폭넓게 적용된다는 사실은, 해당 기간의 아동이 원순성 자질과 관련한 자질을 변별적 자질로 인식하지 못하고 있고, 따라서 아동의 음소 체계에 원순모음과 비원순모음의 구별이 아직 안 되어 있을 가능성이 높다는 것을 말해 준다.37)

원순성 자질에 따른 모음 대치는 24개월 이전에는 혓몸 자질의 변화를 수반하는 경우가 많다. 가령, '먹네[munnɛ], 코[kʰɯ], 오고[ogɯ], 우유[ʌjʌ]' 등에서는 원순성 자질의 변화와 함께 고저 자질이 변화하였고, '눈[ni], 두 개[ʨigɛ]' 등에서는 원순성 자질의 변화와 함께 전후 자질이 변화하였다. 24개월 이후에는 고저 자질에 따른 대치 현상이나 전후 자질에 따른 대치 현상은 크게 줄어드는 반

---

36) 모음이 각각의 변별적 자질을 가진 음소로 분화하기 이전에는 국어의 음소에 속한다고 보기 어려운 음으로 대치되는 일도 흔하게 일어난다. 가령 '물고기[mulk'ogi]'의 /i/모음은 유아어에서 원순음화하여 [mok'ogy]로 발음되기도 한다.

37) 음성학적으로 볼 때 모음 /u/나 /o/를 조음하기 위해서 입둘레근이 필수적으로 사용되는 것은 아니다. 성인이 /u/나 /o/를 정상속도로 발화할 때에는 입술을 거의 내밀지 않는데, 이런 경우 화자는 다른 조음 전략을 선택한다. 즉 입술을 내밀 때보다 혀를 뒤로 더 당기고 후두를 내림으로써 구강의 길이를 늘이고 포먼트의 주파수를 낮추어서 입술을 내미는 것과 결과적으로 동일한 음향적 효과를 낼 수 있다(Borden et al. 1994). 따라서 조음음성학적으로 비원순후설모음과 원순후설모음은 원순성 자질에서뿐 아니라 혓몸의 전후 자질을 통해서도 변별될 수 있다. 이와 같이 /u/나 /o/가 음향과 조음 작용 사이에 일 대 다 대응 관계를 가지는 것이 사실이지만, 음운론적으로는 비원순후설모음과 원순후설모음을 변별할 때 원순성 자질을 더 전형적인 기준으로 삼고 있으므로 본고에서는 입술자질과 관련한 대치 현상으로 설명한다.

면, 원순성 자질에 따른 모음 대치 현상은 계속 발견된다. 따라서 모음부류자질 중에서는 입술 자질에 의한 분화가 혓몸 자질에 의한 분화보다 늦게 완성됨을 알 수 있다.

30개월 이후부터는 원순모음이 비원순모음으로 대치되는 비율에 비해 비원순모음이 원순모음으로 대치되는 비율이 크게 높아지는데, 이러한 대치 현상은 조음 능력의 제약 때문에 일어나는 것으로는 볼 수 없다. 왜냐하면 30개월 이전에 이미 원순음과 비원순음이 모두 산출되고 있었고, 그 산출 순서나 산출 빈도[38]로 볼 때 비원순모음에 대한 조음 능력 발달이 원순모음에 대한 조음 능력 발달보다 앞서는 것으로 판단되기 때문이다.

그렇다면 30개월 이후에 비원순모음이 원순모음으로 대치되는 비율이 갑자기 높아지는 원인은, 앞에서 논의된 바 있는 중모음이 고모음으로 대치되는 현상이나 후설모음이 전설모음으로 대치되는 현상과 마찬가지로 음소 학습 과정에 나타나는 과잉 확대 현상으로 보아야 한다. 원순모음이 전체 산출 모음에서 차지하는 비율은 관찰 초기에는 10%에도 미치지 못하다가 18개월 이후가 되어서야 비교적 높은 산출률을 보이는데, 원순모음 대 비원순모음의 비율이 성인 언어에서의 비율(원순모음 15.67%, 비원순모음 84.33%)과 비슷해지는 것은 32~33개월 무렵이 되어서이다(p.136 [그림5] 참조).[39]

---

38) 원순성 자질에 따른 개월별 단모음 실현 비율은 2장의 〈표35〉 참조
39) 24~29개월 사이에는 일시적으로 원순모음의 비율이 성인언어의 원순모음 비율보다 일시적으로 높아지는 현상이 나타나기도 한다.

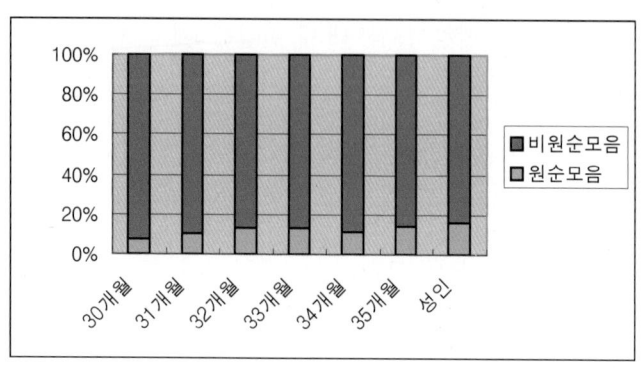

[그림5] 원순성 자질에 따른 단모음 실현 비율

즉 원순음과 비원순음의 대치 현상이 양방향의 성격을 갖는 것에서 일방향의 성격을 갖는 것으로 전환되는 시기인 24~30개월 무렵부터는 아동의 음운 체계에서 이 두 부류의 음에 대한 변별이 일어나기 시작하는 것으로 보인다. 그리고 아동의 음운 체계에서 원순음과 비원순음이 완전하게 변별되는 시기는 이러한 대치 현상이 모두사라지는 시점부터로 볼 수 있을 것이다. 그런데 비원순음이 원순음으로 대치되는 현상이 관찰 마지막 구간인 30~35개월에 비교적 높은 빈도로 관찰되는 것으로 미루어 볼 때 이러한 대치 현상은 36개월 이후에도 당분간 지속될 것으로 보인다. 따라서 원순음과 비원순음이 완전히 변별되는 것은 36개월 이후의 어느 시점이 될 것이다.

3.4 요약

지금까지 성인 언어와 유아 언어 사이의 모음 대응 유형과 발생빈도를 살펴보았다. 모음 대치 현상 중에서 중모음이 고모음으로 대치되는 현상은 12개월에서 24개월 사이에 가장 높은 빈도로 발견되고, 후설모음이 전설모음으로 대치되는 현상은 18개월에서 24개월 사이에 주로 나타나는데, 이것은 관찰 초기 구간(12~17개월)에 전설모음의 산출 자체가 어렵기 때문인 것으로 보인다. 원순모음과 비원순모음의 대치는 양방향의 대치가 모두 발견되며, 24개월 이전에는 원순음화와 비원순음화의 발생 빈도에 큰 차이를 보이지 않다가 24개월 이후부터 원순음화의 비율이 높아져 30개월 이후에는 비원순음이 원순음으로 대치되는 현상이 주로 일어난다. 각각의 대치 과정이 주로 일어나는 시기와 대치의 방향을 종합하여 나타내면 다음 [그림6]과 같다.

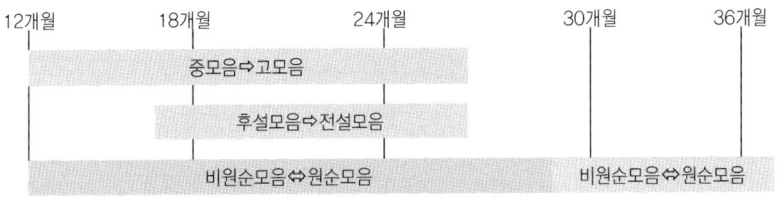

[그림6] 모음 대치의 방향과 대치 시기

위 [그림6]에서 화살표의 방향은 성인언어의 음소와 유아어의 음소가 대응되는 방향을 나타낸다. 즉 화살표가 양방향(⇔)으로 된 것은 두 음소 사이에 대치가 양방향으로 일어나는 것을 가리키고, 화살표가 한 방향(⇨)으로 된 것은 대치의 방향이 일방향적임을 나타낸다. 원순음과 비원순음의 초기 대응 관계에서처럼 어떤 두 음소 사이에 대치가 양방향으로 일어나고 있는 경우에 그 두 음소는 아동의 음운 체계에서 아직 변별되지 않은 것으로 볼 수 있다. 즉 아동은 그 두 음에 대한 조음 능력은 갖추고 있지만 두 음을 별개의 음소로 변별하는 능력은 갖지 못한 것이다. 이러한 단계에서는 성인언어에서 별개의 음소로 분화되어 있는 두 개의 음이 아동의 언어에서는 음성적 차이는 보일지언정 서로 구분 없이 사용된다. 두 음소의 변별이 완전해지는 것은 두 음 사이의 대치가 더 이상 발견되지 않는 때이다. 그런데 변별이 전혀 안 되던 상태에서 변별이 완전해지는 상태로 이행하는 시기에 두 음소 사이의 일방향적 대치가 두드러지는 현상이 나타난다. 즉 두 개의 음을 완전히 혼용하는 것(양방향적 대치)도 아니고 완전히 변별하는 것도 아닌, 하나의 음으로 통합하려는 시도가 발견된다. 이러한 일방향적 대치는 어떤 음이 아동의 음운 체계에서 변별적인 기능을 하는 하나의 음소로 자리잡기 시작하는 때에 해당음의 변별적 자질을 두드러지게 인식하거나 해당음의 조음 방식을 연습하는 과정에서 이를 다른 음에 확대하는 과잉 적용 현상으로 보인다. 즉 조음 능력과 변별 능력의 발생 사이에 일정한 시간 차이가 있는 경우, 그 과도기에 나타나는 일방향적 대치 현상은 해당 음소에 대한 변별이 일어나기 시작했음을 보여주는 유효한 지표가 될 수 있다.

이상의 논의를 토대로 하여 모음 대치 현상을 통해 나타난 아동의 모음 체계 습득 과정을 간략히 보이면 [그림7]과 같다. 아동의 초기 모음 체계는 [그림7]의 (a)에서와 같이 저모음과 그 밖의 모음으로 분화되는 것으로 보인다. 이렇게 판단되는 근거는 저모음 /a/가 다른 모음과 혼동되는 일이 거의 없고 산출 시기도 이르기 때문이다. (a) 단계의 아동에게 있어서 국어의 모음 체계는 저모음과 그 밖의 모음이라는 두 개의 음소로 구성되어 있다고 할 수 있다.

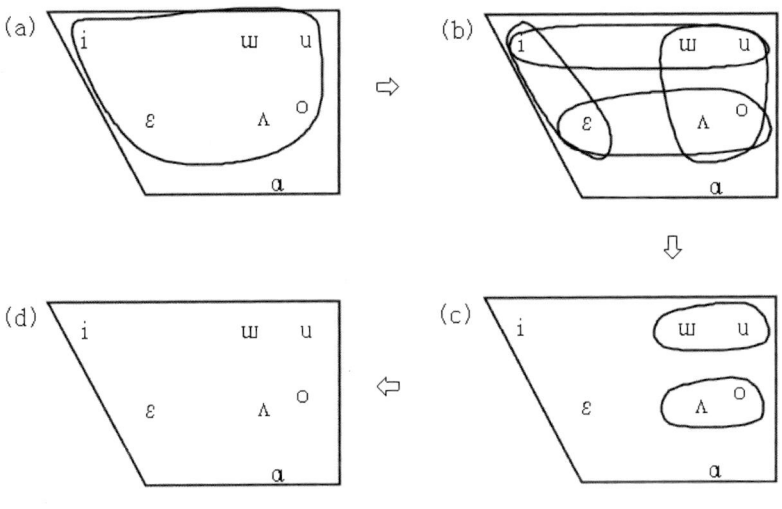

[그림7] 아동의 모음 체계 발달 과정

　저모음의 분화에 이어서 고모음과 중모음의 분화 및 전설모음과 후설모음의 분화가 일어나는데, (b)는 이러한 혓몸 자질에 의한 분화 과정에 있는 아동의 모음 체계를 나타낸다. 혓몸 자질인 고저 자질과 전후 자질에 의한 모음의 변별이 이루어지기 시작하는 것은 12∼18개월 사이이며, 산출에서의 변별이 거의 완성되는 것은 24개월 무렵이 된다. 고저 자질과 전후 자질 중에서 어느 자질에 의한 분화가 먼저 시작된다고 단정하기는 어렵다. 전후자질에 따른 일방향적 대치가 고저 자질에 따른 일방향적 대치보다 늦게 나타나기는 하지만, 후설모음이 전설모음으로 일방적으로 대치되는 시기 이전에 전설모음이 조음이 보다 용이한 후설모음으로 대치되는 현상이 거의 발견되지 않기 때문이다. 따라서 고저 자질에 의한 분화와 전후 자질에 의한 분화는 동시에 진행되는 것으로 판단된다.

　입술 자질인 원순성 자질에 의한 모음의 변별은 (b)와 (c)의 순서에서 볼 수 있듯이 혓몸 자질에 의한 변별보다 뒤늦게 이루어진다. 원순모음과 비원순모음은 24개월 이전까지는 전혀 변별되지 않고 사용되다가 24개월에서 30개월 사이에 변별이 이루어지기 시작하여 36개월 이후에 완성된다. (c)는 전후자질과 고저자질에 의한 모음의 분화는 완성되었으나 원순성 자질에 의한 모음 분화가 아직 이루어지지 않은 상태를 나타낸다. 그리고 (d)는 국어의 변별적 자질에 의한 모음의 변별이 모두 이루어진 목표 언어의 완성된 모음 체계를 나타낸다. 즉 아동은 (a), (b), (c)와 같은 미분화된 모음 체계를 거쳐 비로소 (d)와 같이 성인의 모음 체계와 동일한 모음 체계를 습득하게 되는 것으로 보인다.

4. 마무리

제3장에서는 목표 언어와 유아어의 분절음 대응을 관찰하고, 각각의 분절음 대치가 일어나는 방향과 시기에 대한 고찰을 통해 아동이 자음과 모음의 변별적 자질을 습득하는 순서와 시기를 밝혔다. 그리고 변별적 자질을 습득함에 따라 아동이 음소 체계를 구성하는 방법도 함께 변화함을 보았다.

지금까지 고찰한 바와 같이 목표 언어의 음소는 독립적으로 습득되는 것이 아니라 대조 체계를 통해서 습득된다고 결론내릴 수 있다. 그리고 아동이 그러한 대조를 습득하는 데에는 일정한 순서가 존재함을 알 수 있었다.

그러나 이러한 습득 순서는 순전히 음의 산출에 나타난 변별을 기준으로 한 것이므로, 실제 인식에서 변별이 일어나는 순서는 이와 다를 수 있다. 앞서 언급했듯이 어떤 음소들의 일방향적 대치가 시작되는 시기는 음소의 변별을 인식하기 시작하는 시기를 가늠하는 유효한 지표가 될 수 있으리라고 보인다. 예를 들어 폐쇄음과 파찰음의 대치는 관찰 전체 구간에서 지속되므로 대치가 완전히 사라지는 시점을 기준으로 하면 다른 음소들 간의 변별에 비해 변별이 늦은 것으로 분석되지만, 양방향적 대치가 사라지고 일방향적 대치가 발견되는 24개월 무렵을 기준으로 하면 변별 시기는 크게 앞당겨질 것이다. 마찰음이나 유음도 산출음 목록에는 나타나지 않았지만 이들 음소의 일방향적 대치는 인식에서 음소 변별이 이루어지지 않았다고 볼 수 있는 근거는 되지 못한다. 인식에서의 변별을 검증해 줄 확실한 논거를 마련하기 위해서는 청취를 통한 변별 실험이 이루어져야 할 것으로 보인다.

제4장 음운 변동과 조음 책략

이 장에서는 국어 습득 과정에서 나타나는 음운 오류 현상의 분석을 통하여 아동의 음 산출 과정에 작용하는 음운 처리 과정의 유형과 원인을 알아보기로 한다.

아동의 음운 처리 과정(phonological process)[1]이란 목표가 되는 발화음 전체를 아동이 선호하거나 발음하기 쉬운 구조로 변환하는 다양한 책략들을 가리킨다(Menyuk, Menn, & Silber, 1986). 이러한 음운 처리 과정으로 인하여 아동들의 발화음은 성인언어와 아주 다른 모습을 갖게 된다.

국어 습득 과정에서 보이는 음운 오류를 대상으로 한 종전의 연구는 주로 개별 음에 대한 조음정확도를 측정하여 정상발달 아동과 조음장애 아동 등에 대한 식별의 기준을 마련하는 데 초점이 놓였다(손일수 외 1995, 엄정희 1986, 권경안 1979, 1891, 김영태 1996 등). 그리고 개별 음의 차원을 넘어서 일어나는 음운 처리 과정을 다룬 연구로는 한재순·신문자(1987), 배소영(1987), 김영태(1992), 김영태·신문자(1992) 등이 있다.

그런데 음운 처리 과정을 다룬 기존 연구들의 경우, 그 적용 환경이나 적용 단위에 대해서는 크게 관심이 기울여지지 않았던 것

---

* 이 글은 『한국어학』 24집(2004)에 실렸던 내용을 수정 보완한 것이다.

1) 'phonological process'의 번역어로는 '음운 과정', '음운 변동', '음운 처리 과정' 등의 여러 용어가 사용되고 있으나, 본고는 언어 습득 과정에서 나타나는 다양한 음운 오류(성인 관점에서의)가 아동의 적극적인 책략에 의한 것이라는 관점을 취하며, 이러한 관점을 비교적 잘 나타낼 수 있는 용어로 '음운 처리 과정'을 사용하기로 한다.

으로 보인다. 가령, 기존의 논의에서 전설음화로 분류된 바 있는 '자동차[자돈차], 짝짜꿍[딱따꿍]'의 예는 연구개음이 치경음으로, 치경경구개음이 치경음으로 각각 대치되었으므로 표면적으로는 조음 위치 변동이라는 하나의 현상으로 묶일 수 있다. 그러나 그 적용 환경을 자세히 살펴보면, 두 현상이 전혀 다른 동기에서 비롯된 것임을 알 수 있다. 우선, /ㅇ/이 /ㄴ/로 대치되는 것은 후행자음이 치경음 또는 치경경구개음인 경우에 한정되며, '짝짜꿍[딱따꿍]'의 예에서도 확인되듯이 그러한 음운환경적 조건이 갖추어지지 않은 경우에는 대치 현상이 일어나지 않는다. 그러므로 전자의 경우는 주변음에 의한 동화로 보는 것이 합당하다. 반면, /ㅉ/가 /ㄸ/로 대치되는 것은 음운적 환경이나 어휘의 종류와 무관하며 비교적 일관되게 일어나므로(예. 이쪽[이똑], 반짝반짝[빠따빠따] 등), 주변음의 영향이 아닌 분절음 자체의 특성으로 인한 것으로 볼 수 있다.[2]

즉 국어 습득 과정에서 일어나는 복잡하고 다양한 음운 처리 과정의 동기나 의미를 파악하기 위해서는 음운 처리 과정의 적용 환경이나 적용 단위를 고려한 기술이 이루어질 필요가 있다.

---

2) 아동의 음운 체계와 분절음 자체의 특성으로 인한 분절음 대치 과정에 대해서는 제3장에서 자세히 논의하였다. 여기서는 성인 언어와 유아어의 비교에서 발견된 음운 대응의 종류와 대치 발생 빈도를 근거로 목표 언어의 음소가 독립적으로 습득되는 것이 아니라 대조 체계를 통해서 습득되며 아동이 그러한 대조를 습득하는 데에는 일정한 순서가 존재함을 밝힌 바 있다. 따라서 아동 언어에서 음운 처리의 대상이 되는 기저형은 사실상 성인의 발화음과 같지 않을 수 있다. 가령 경음과 격음의 변별이 아직 완성되지 않은 음운 체계를 가진 아동에게 있어서 목표음이 경음이냐 격음이냐 하는 것은 중요한 요인이 되지 않는다. 이러한 단계에 속한 아동은 자신이 변별적 자질로 인식하고 있는 음의 특성만을 인지하고 그러한 음의 특성을 실현시키는 것을 목표로 삼는다. 따라서 아동이 '빨대'를 [p'aťa] 혹은 [pʰaťʰa]로 발음했을 경우 [p']와 [pʰ]는 우연히 산출되었을 가능성이 높으며 경음과 격음이 선택되는 과정에 음운 처리 과정이 적극적으로 개입된 것으로 보기는 어렵다. 그러므로 음운 환경과 무관한 분절음 대치 현상은 음 산출 과정보다는 아동의 음운 체계와 더 밀접한 관련이 있는 것으로 보고 본 장의 논의에서 제외한다.

앞에서 기술한 것과 같이 음운 처리 과정이 적용된 것으로 보이는 오류 형태는 성인어와의 대비에서 분절음 대응 관계가 일정한가 그렇지 않은가에 따라 두 부류로 나누어 볼 수 있다. 먼저, 음운 환경과 무관하게 분절음의 일부 자질이 제대로 실현되지 못한 분절음 대치의 경우에는 성인언어의 분절음과 아동언어의 분절음 사이에 일정한 대응 관계가 형성된다. 반면, 음운 환경이나 단어의 종류에 직접적으로 영향을 받는 음운 처리 과정의 경우에는 성인언어와 유아어의 분절음 대응 규칙을 찾기 어렵다.

위에서 말한 대응 관계가 일정한 분절음 대치 현상은 곧 아동의 음소 체계를 엿볼 수 있게 하는 근거가 된다. 그러나 일정한 대응 관계가 성립되지 않는 분절음 대치 현상이나 음절 이상의 단위에서 일어나는 음운 현상들은 아동의 음소 체계와 직접적 관련을 맺고 있다고 보기 어려우며, 그보다는 성인과 대비되는 아동 특유의 음운 변동 규칙 또는 제약을 드러내는 것으로 해석된다.

본 장에서는 앞에 언급한 분절음 대치의 두 가지 경우 중에서 후자, 즉 아동의 음소 체계와 직접적 관련이 없고 주변음이나 음절 내 위치에 영향을 받는 음운 처리 과정을 기술 대상으로 삼는다. 그리고 이러한 음운 처리 과정을 그 적용 단위에 따라 음절 단위로 일어나는 과정과 분절음 단위로 일어나는 과정, 그리고 자질 단위로 일어나는 과정으로 나누어 각각의 예와 나름의 규칙성을 찾아보고자 한다.

본 장에서 분석 대상으로 삼은 전사 자료의 구성은 〈표1〉에 정리하였다. 연구 대상 시기를 생후 12개월 이상 36개월 미만으로 한정한 이유는 대개 만 12개월이 되어서야 의미를 지닌 단어가 산출되며 이때부터 세 돌 무렵까지 음소 습득이 가장 활발하게 이루어 지기 때문이다.

음운 처리 과정을 분석하기 위한 방법으로, 먼저 전사된 자료 가운데 의미 파악이 가능한 형태들을 대상으로 하여 아동의 음성형과 성인의 음성형을 대비하였다.[3] 그리고 아동의 음성형이 성인의 음성형과 차이를 보이는 경우 이를 음운 처리 과정의 유형에 따라 분류하고 그 적용 환경을 살피는 한편, 시기별로 각각의 유형이 나타난 빈도와 비율을 계산하였다.

〈표1〉 분석 대상 자료의 개월별 분포

성별＼개월	12	13	14	15	16	17	18	19	20	21	22	23	24	25	26	27	28	29	30	31	32	33	34	35	합계
남	5	5	2	2	6	7	5	7	5	3	2	6	4	4	3	2	2	2	2	2	1	1	3	3	84
여	4	6	6	6	2	3	3	4	4	6	7	3	2	4	3	2	2	2	2	2	3	3	4	1	84
합계	9	11	8	8	8	10	8	11	9	9	9	9	6	8	6	4	4	4	4	4	4	4	7	4	168

1. 음절 단위의 음운 처리 과정

성인 언어의 음소 체계를 가지고 아동의 초기 발화를 단순히 표시할 수는 있지만, 아동들에게 발화음이 실제로 성인이 사용하는

---

3) 아동의 발화음에 대한 성인의 대응음 설정은 아동과 상호작용하는 부모의 발화를 토대로 이루어졌다. 아동의 발화 가운데 부모의 말을 즉시 반복하는 모방 발화의 경우 부모의 선행 발화를 대응음 분석의 기준으로 삼았고, 자발적 발화의 경우에는 발화에 수반되는 아동의 행동과 발화 상황에 대한 부모의 후행 발화를 분석 기준으로 삼되 발화음과 대응음의 연결이 반복적으로 관찰되어 비교적 대응 관계가 확실시되는 자료를 대상으로 삼았다.

것과 같은 음소의 연결로 구성되어 있는지는 확실치 않다. 아동 언어의 소리 단위에 대해서는 음절로 보는 견해(Oller & Steffen, 1994)와 전체 단어로 보는 견해(Ferguson & Farwell, 1975)가 있다. 유아 초기 언어에서 음절이 소리의 단위라는 주장은 아동들이 산출하는 모음과 자음이 자유롭게 조합되지 않으며 대신 특정 모음이 특정 자음과 같이 나타나는 경향이 있음을 증거로 하고 있다. 아동이 분리된 음절이 아니라 전체 단어의 소리에 대한 정신적 표상을 갖는다는 주장은 성인 언어에서 같은 소리도 아동의 발음에서는 단어에 따라 다를 수 있다는 사실로부터 뒷받침된다.

본 절에서 다루고자 하는 음절 단위의 음운 처리 과정은 음절이 하나의 단위가 되어 음운 현상에서 독립적으로 행동하는 경우를 가리킨다. 음절 단위의 음운 처리 과정은 개개의 분절음이 아닌 하나의 음절을 이루는 분절음들 전체가 동시에 탈락되거나 중첩되는 현상 혹은 위치를 바꾸는 현상으로 나타난다. 시기별로 음절 탈락과 중첩, 음절 도치 현상이 발견된 빈도와 비율은 〈표2〉에 정리하였다.

〈표2〉 음절 단위 음운 처리 과정의 발생 빈도와 비율[4]

유 형	12~17개월	18~23개월	24~29개월	30~35개월
음절 탈락	34 (22.37%)	75 (18.80%)	31 (9.48%)	31 (7.24%)
중첩	8 (5.26%)	17 (4.26%)	2 (0.61%)	0 (0.00%)
음절 도치	2 (1.32%)	1 (0.25%)	0 (0.00%)	0 (0.00%)

음절 단위의 음운 처리 과정 중에서 가장 흔하게 발견된 것은 음절 탈락(또는 축약) 현상이다. 음절 탈락 현상이 전체 음운 처리

---

4) 음운 처리 과정의 전체 발생 빈도 가운데 해당 유형의 발생 빈도를 백분율로 나타냄.

과정의 발생에서 차지하는 비율은 월령이 높은 단계로 갈수록 낮아지기는 했으나 전체 관찰 구간에서 중첩이나 음절 도치에 비해 높은 빈도로 발견되었다. 중첩은 비교적 이른 시기에 나타났다가 사라지며, 음절 도치가 발견된 것은 1~2회에 그쳤다.

1.1 음절 탈락

유아어가 주로 몇 음절로 구성되는가는 각각의 발달 단계에 따라 다르지만, 각 단계에서 많이 쓰이는 어휘 길이에 맞추어 음절을 탈락시키거나 축약하는 현상은 매우 일반적으로 관찰된다.

(1) a. [ɑ]   (아빠)   12개월

          [pʼɑ]   (아빠)   12개월

          [mɑ]   (엄마)   13개월

          [u]   (우유)   14개월

          [tɕɑ]   (자장면)   14개월

          [nɑ]   (누나)   16개월

      b. [tɕujo]   (주세요)   19개월

          [piŋgi]   (비행기)   20개월

          [ɑŋkʼɑ]   (하니까)   22개월

          [ɑnɲi]   (할머니)   22개월

          [ɑntɕʰiŋ]   (아이스크림)   22개월

          [ikʰɛ]   (이렇게)   22개월

[igi]	(이야기)	26개월

12～13개월 시기에 나오는 발화는 1음절어가 주를 이루는데, 이
때 성인언어의 2음절 어휘를 1음절로 발음하는 일이 흔히 나타난
다. 이 경우, 어떤 음절을 탈락시키느냐는 개별 아동에 따라서 다
르게 나타나고, 또, 같은 아동이라도 어휘에 따라서 다르게 나타나,
일정한 규칙을 발견하기는 어려워 보인다.[5] 20～30개월 시기에는
3음절 이상의 어휘가 2음절로 축소되는 것이 대부분인데, 이때 탈
락하는 음절은 주로 어중 음절인 경우가 많다. 또한, '하니까[aŋk'
a], 할머니[anɲi]' 등에서 볼 수 있듯이 대부분 음절 탈락(또는 축
약)과 동시에 종성 자음 삽입 현상이 나타나며, 때때로 '비행기
[piŋgi]'이나 '아이스크림[antɕʰiŋ]'에서와 같이 어중 음절에 속한
자음이 탈락하지 않고 남아 있는 경우도 있다. 어휘에 문말 어미가
포함되어 있는 경우에는(예. '주세요[tɕujo]', '사랑해[saŋɛ]') 음절이
탈락하거나 축약되더라도 여기에 얹힌 억양이나 길이 등 운율적
요소는 탈락하지 않고 그대로 유지되는 것이 보통이다.

---

5) 음절 탈락에 영향을 미치는 요소는 개별언어별로 차이가 난다. 가령, 강세 중심 언어인 영어
습득 과정에서는 유아들이 강세에 민감하게 반응하여 주로 비강세 음절을 탈락시킨다고 보고
된 바 있다. tomato[medo], telephone[tɛfon], elephant[ɛfənt] 등(Stoel‑Gammon &
Dun, 1985).

1.2 중첩

음절 탈락과 더불어 월령이 비교적 낮은 아동의 발화에서 흔히 관찰되는 것이 동일 음절의 반복 현상이다. 이때 반복되는 음절의 수에 관해서 이윤선(1993: 31)에서는 아동의 초기 발화에서 중첩 현상이 대치되는 낱말과 같은 음절 수를 갖는 낱말을 만들어 대치 시키는 것으로 나타난다고 기술하였으나, 이러한 주장은 일반화되기 어렵다. 다음에 제시된 중첩형을 보면 본래의 낱말과 같은 수의 음절로 구성된 경우도 있지만, 이보다 적거나 많은 수의 음절 구성도 보인다.

(2) [p'ɑp'ɑ]   (아빠)   13개월

    [uŋuŋ]   (야옹야옹)   13개월

    [kʌgʌ]   (거미)   18개월

    [o:o:o:]   (오토바이)   18개월

    [tɕʰidʑi]   (책)   18개월

    [wʌwʌ]   (먹어)   22개월

    [t'ok˺t'ok˺]   (도토리)   23개월

    [kʰɑgɑ]   (카세트)   24개월

    [ɑp'ɑp'ɑ]   (아빠)   27개월

(2)에서 2음절 중첩어에 대응하는 목표어휘로는 1음절부터 4음절까지 다양한 음절 수의 어휘가 발견되며 3음절 중첩어의 경우도 2음절어나 4음절어와 대응되는 것이 확인된다. 따라서 목표 언어에

속한 어휘의 음절 수와 아동이 중첩 과정을 거쳐 산출해 내는 어휘의 음절 수는 반드시 일치하지 않을 수 있음을 알 수 있다. 그보다는 3음절어 이상의 중첩어가 18개월 이전에는 잘 안 나타나는 것으로 보아, 아동이 각 단계에서 주로 사용하는 단어의 평균적 길이에 더 많은 영향을 받는 것으로 판단된다.

중첩은 주로 다음절어에서 첫음절을 반복하는 형식으로 많이 나타나며, 아동에 따라서는 자신이 선호하는 음을 반복하기도 한다. '책[tɕʰidʑi], 도토리[t'okˇt'okˇ], 먹어[wʌwʌ]' 등의 경우에는 음절 구조 조정과 함께 중첩이 일어난 것으로 볼 수 있다.6) 또한 '아빠[ap'ap'a]'에서처럼 부분 중첩된 형태로 나타나기도 한다. 이러한 중첩 현상은 24개월 이후에는 거의 사라지는데, 특정 어휘에 대해서만 이러한 중첩 형태의 사용이 계속 남아 있기도 한다.

중첩 과정은 한 단어에 속한 음절의 다양한 형태를 동일하게 만듦으로써 결과적으로 단어 전체 구조를 단순화하는 역할을 한다. 이것은 앞에서 논의된 음절 탈락이 단어 길이를 짧게 하는 것과 마찬가지로 단어 전체의 음운 연결 구조를 변화시킨다.7)

---

6) '책[tɕʰidʑi]'의 경우에 모음 삽입으로 볼 가능성도 있으나 대응음과의 음운적 유사성이 약하고 /i/ 모음이 삽입된 다른 예는 찾아보기 어려워 중첩으로 분류하였다.

7) 단어 전체의 구조를 변화시키는 음운 현상 중에는 음절 단위의 음운 처리 과정으로 설명하기 어려운 경우도 존재한다. 예를 들어 어떤 아동은 거의 모든 단어를 자신이 선호하는 음운형인 [wmma]로 발음하고, 어떤 아동은 대부분의 단어를 −Vja−형으로 변형시킨다(빨대[p'aja], 사탕[tʰaja], 고양이[ija] 등). 이와 같이 새로운 단어를 소리가 비슷한 다른 단어나 기존의 전체 단어 소리 패턴(표준적 형태 canonical form; Vihman, 1988)에 동화시킨 예들은 아동이 전체 단어(또는 전체 발화)를 분리할 수 없는 하나의 단위로 인식하고 있음을 보여주는 근거가 될 수 있으며, 이 경우 소리의 단위는 음절보다 더 큰 단위로 설정되어야 할 것이다.

1.3 음절 도치

도치는 한 단어 내에서 음절이나 음운의 위치가 서로 바뀌는 현상을 말하는데, 아동의 발화에서는 이 두 가지 현상이 모두 나타난다. 이 장에서는 음절이 단위가 되어 일어나는 현상을 다루기로 하였으므로 음절의 도치를 보인 예를 우선 제시하기로 한다.

(3) a. [kwɑdɑ]　　　　(사과)　　　　　15개월
　　 b. [k'ɑɾ'i]　　　　(스티커)　　　　18개월

(3a)는 첫음절과 두 번째 음절이 도치된 예이고, (3b)는 두 번째 음절과 세 번째 음절이 도치된 예이다. (3a)의 경우는 마찰음을 폐쇄음으로 대치하는 과정(/s/→/t/)과 음절 순서가 뒤바뀌는 도치 과정이 동시에 적용된 것으로 판단된다. (3b)의 경우에는 첫 음절이 탈락되고 남은 두 음절이 서로 도치되었다.

음절 도치는 의도된 책략에 의한 것이라기보다는 단순한 발화 실수나 잘못된 기억에 의한 것으로 여겨지는데, 그 이유는 성인의 발음을 즉시 반복하는 모방 발화에서는 이러한 도치 현상을 거의 찾아볼 수 없고, 도치가 나타난 어휘 형태는 주로 어떤 어휘가 아동의 어휘 목록에 완전히 자리잡기 전에 일시적으로 나타났다가 사라지는 형태들이기 때문이다. 또한 음절 도치는 다른 음운 처리 과정들에 비해 매우 낮은 빈도로 발견되었으며, 출현 시기도 18개월 이전으로 한정되었다.

2. 분절음 단위의 음운 처리 과정

　분절음 단위의 음운 처리 과정에는 음절 구조를 단순화하거나 아동이 선호하는 구조로 수정하기 위하여 분절음을 탈락 또는 삽입하는 음절 구조 조정 과정과 특정음에 대한 조음 제약으로 인하여 음절 구조에 무관하게 분절음을 탈락시키는 분절음 회피 과정이 있을 수 있다. 전자와 후자를 구분하는 기준은 해당 분절음의 삽입이나 탈락이 음절 구조 내의 위치에 따른 제약을 받는가의 여부이다. 즉 어떤 분절음이 음절 내의 위치에 관계없이 일관되게 탈락한다면 그것은 해당 분절음에 대한 조음 능력이 떨어져 아동이 이를 회피하는 것으로 해석할 수 있지만, 분절음 탈락의 환경이 제한적이라면 일단 그것은 분절음의 특성보다는 분절음이 속한 구조 내의 위치에 영향을 받는 것으로 볼 수 있다. 여기서는 분절음 단위의 음운 처리 과정 중에서 음절 구조 조정과 관련된 현상에 초점을 맞추어 논의를 진행한다. 〈표3〉은 분절음 단위의 음운 처리 과정이 발생한 빈도와 비율을 시기별로 보인 것이다.[8]

---

8) 종성 자음 탈락의 경우에는 일단 세부 유형을 구분하지 않고 발생 빈도를 제시하였다. 적용 환경이나 분절음의 종류에 따른 세부 유형별 발생 빈도와 비율은 뒤(3.1의 각주 11, 12, 15)에서 언급될 것이다.

<표3> 분절음 단위 음운 처리 과정의 발생 빈도와 비율[9]

유형	12~17개월	18~23개월	24~29개월	30~35개월
종성 자음 탈락	68 (44.74%)	156 (39.10%)	87 (26.61%)	74 (17.29%)
모음 삽입	0 (0.00%)	0 (0.00%)	7 (2.14%)	11 (2.57%)
종성 자음 삽입	10 (6.58%)	37 (9.27%)	41 (12.54%)	25 (5.84%)
단모음화	11 (7.24%)	49 (12.28%)	96 (29.36%)	154 (35.98%)
/n/ 삽입	1 (0.66%)	0 (0.00%)	5 (1.53%)	43 (10.05%)
음운 도치	0 (0.00%)	1 (0.25%)	3 (0.92%)	1 (0.23%)

일반적으로 아동의 음운 발달 과정에서 음절 형태의 발달은 CV 형태에서 시작한다고 알려져 있다. 그리고 CV 형태를 지향하는 음절 구조 조정 과정은 영어나 불어 등을 모국어로 하는 아동의 발화 자료에서 광범위하게 발견된다.[10] 한국어 습득 과정에 대한 기존의 논의에서도 아동이 CV 음절을 선호하고 이를 위해 음절 구조를 변화시킨다는 견해는 대부분 그대로 받아들여져 왔다. 그러나 CV 형태를 지향하는 음절 구조 조정 과정이 한국어 습득 과정에서 얼마나 다양한 환경에서 발견되고 발달 시기별로 어떤 양상 변화를 보이는가에 대해서는 논의가 부족하였다. CVC 형태의 음절을 단순화하는 방법으로는 종성 자음의 탈락을 통하여 CV 형태로 축소시키는 방법과 종성 자음 뒤에 모음을 삽입하여 CVCV 형태로 만드는 방법이 있을 수 있는데, 본 장에서는 우선 종성 자음 탈락과 모음 삽입이 시기별로 어떠한 환경에서 일어나는지를 구체적으로 살펴 이러한 음운 처리 과정이 어떠한 동기에서 비롯되는가를 파악하는

---

9) 음운 처리 과정의 전체 발생 빈도 가운데 해당 유형의 발생 빈도를 백분율로 나타냄.

10) Ingram(1986; 229-231)에서는 음절 구조 조정을 위한 과정으로 종성 자음 탈락과 자음군 단순화가 가장 보편적이라고 기술하고 그 예로 영어에서 bib[bi](17개월), bike[bai](17개월), clown[kaun](23개월), play[pe], 불어에서 air[ɛ](24개월), assiette[asɛ](24개월), bleu[bø](25개월) 등을 제시하였다.

데 주력한다. 이어서 음절 단순화 과정과 대비되는 종성 자음 삽입 과정, 그리고 특정 음운 환경을 요하는 /n/ 삽입 과정, 이중모음의 단모음화 과정 등이 음절 구조에 어떤 변화를 가져오는지를 살펴보도록 하겠다.

2.1 종성 자음 탈락

종성 자음 탈락 현상은 종성 자음이 어말 위치에 놓이는 경우와 어중 위치에 놓이는 경우에 각각 다른 양상으로 나타난다.[11) 우선, 어말 위치에 종성 자음이 놓이는 경우, 관찰 구간의 초기에는 다양한 자음의 탈락이 관찰되는 반면, 관찰 구간의 후기로 갈수록 탈락되는 자음이 주로 유음에 치중되는 경향을 보인다.[12)

(4) [ko]   (곰)   14개월

   [jɑo]   (야옹)   14개월

   [tɑ]   (달)   15개월

   [pʼi]   (삔)   15개월

   [tʼokˀtʼo]   (똑똑)   16개월

   [o]   (옷)   18개월

---

11) 어말 종성 자음 탈락의 발생 빈도는 12~17개월에 55회(36.18%), 18~23개월에 121회 (30.33%), 24~29개월에 26회(7.95%), 30~35개월에 20회(4.67%)로 나타났고, 어중 종성 자음 탈락의 발생 빈도는 12~17개월에 13회(8.55%), 18~23개월에 35회 (8.77%), 24~29개월에 61회(18.65%), 30~35개월에 54회(12.62%)로 나타났다.

12) 어말 위치에서 탈락한 종성 자음 가운데 유음이 차지하는 비율은 12~17개월에는 16.36%, 18~23개월에는 47.11%, 24~29개월에는 57.79%, 30~35개월에는 70.00%로 증가하였다.

(5) [pu]   (불)   19개월

    [kʼɑ]   (칼)   19개월

    [piŋgɯ]   (빙글)   22개월

    [ibu]   (이불)   25개월

    (4)는 관찰 초기에 어말 종성 자음이 탈락한 예를 보인 것인데, 여기서 탈락한 자음은 /m/, /ŋ/, /l/, /n/, /k/, /t/ 등으로, 탈락하는 자음의 종류에 별다른 제한이 없어 보인다. 그러나 관찰 후기로 갈수록 탈락 자음이 (5)에서 보이는 것과 같이 주로 유음에 치중되는 경향을 보인다. 특히, 한 발화 내에서 다른 종성 자음은 탈락시키지 않으면서 유독 유음만 탈락시키는 예들이 자주 발견된다(빨간[pʼɑgɑn]). 또한 유음의 탈락은 음절 내 위치에 관계없이 음절 말음과 음절 두음 위치에서 모두 일어난다(헬리콥터[hɛibotʰʌ]). 따라서 이런 경우의 유음 탈락은 음절 구조 조정 과정이기보다는 조음 제약으로 인한 분절음 대치 과정으로 해석하는 것이 합당하다.[13)]

    다음으로 어중 위치에서 종성 자음이 탈락하는 경우를 살펴보자.

(6) [pʼɑtʼɑ]   (반짝)   14개월

    [ʌtʼɑ]   (없다)   15개월

---

13) 종전의 연구(배소영 1987, 이윤선 1993 등)에서는 해당 연령의 미습득음이 음절말에서 실현되지 않는 경우를 음절 구조 조정 현상에 포함시켜 기술하였다. 그러나 이러한 경우는 아동이 음절 말음을 회피하기 위해서 음절구조를 적극적으로 변화시켰다기보다는 음소 자체의 조음상의 난이도 때문에 특정 음소를 실현시키지 않은 것으로 보는 것이 합당하다. 유음은 음절 내 위치나 어중 위치에 관계없이 제대로 실현되는 일이 거의 없기 때문이다(안미리·김태경 2003: 184-188). 이와 같이 다른 음절 위치에서도 출현하지 않는 음소가 음절말에서 비실현되는 경우를 음절 구조상의 음절 말음 회피로 볼 경우, 아동의 CV 음절에 대한 선호도가 실제보다 높게 파악될 수 있다.

[tɕ'aboŋ]   (짬뽕)   15개월

[aɲjʌ]   (안녕)   16개월

(7) [ʌtɕ'ʌdzʌtɕ'ʌ]   (없어졌어)   22개월

[ʃitʰakˀ]   (식탁)   25개월

[tɕʰop'u]   (촛불)   25개월

[jʌtɕ'ʌn]   (엽전)   27개월

(6)을 보면 어중의 연속 자음 /n - tɕ'/, /p - t'/, /m - p'/, /n - n/에
서 종성 자음 위치에 놓인 /n/, /p/, /m/ 등이 탈락하였다. 여기서
보이듯이 관찰 구간의 초기에 해당하는 18개월 이전에는 어중 자
음의 탈락에 그 음운 환경이 크게 관여하지 않는 것으로 여겨진다.
그러나 18개월 이전을 제외한 나머지 시기의 자료에서 어중자음이
탈락한 경우를 보면, 음절말 자음이 유음이거나,[14] (7)에 제시된 것
처럼 음절말 자음과 인접 자음의 조음 위치가 일치하지 않는 경우
가 대부분이다.[15] (7)에 제시한 예에서 어중에 위치한 연속 자음의
조음 위치를 살펴보면 순음 - 치경음, 연구개음 - 치경음, 치경음 -
순음 등으로 되어 있다. 종성 자음 탈락 현상이 주로 조음 위치가
다른 연속자음 단순화의 경우로 한정된다는 것은 (8)과 같이 동일
조음 위치의 두 자음이 연속한 경우에는 자음 탈락 현상이 발견되
기 어렵다는 사실을 통해서도 확인할 수 있다.

---

14) 조음 제약에 의한 유음 탈락 양상은 어중 위치와 어말 위치에서의 양상이 크게 다르지 않
　　으므로 이에 대한 자세한 언급은 생략한다. 예) 빨대[pat'ɛ](22개월), 빨간[p'agan](29개월).

15) 어중 위치의 종성 자음 탈락에서 이 두 조건에 해당하지 않는 경우의 발생 빈도는 12~17
　　개월 시기에만 30.77%로 비교적 높게 나타났고, 나머지 시기에는 각각 8.57%(18~23개
　　월), 6.56%(24~29개월), 3.70%(30~35개월)에 그쳤다.

(8) [ʌmmɑ]　　　　(엄마)　　　　18개월

　　[k'akˀk'akˀ]　　(깍깍)　　　　19개월

　　[pʰiŋɰpʰiŋɰ]　　(빙글빙글)　　22개월

　　[t'ɛnt'i~pʰɛnt'i]　(팬티)　　　　23개월

　　위에 제시된 예를 보면 어중에 포함된 연속 자음 /m‒m/, /k‒k'/, /ŋ‒k/, /n‒t'/ 등이 모두 제대로 실현되었는데, 이들 자음을 조음 위치에 따라 분류하면 순음‒순음, 연구개음‒연구개음, 치경음‒치경음 등으로 조음 위치가 동일한 자음이 연속해 있음을 알 수 있다. 즉 자음이 연속하는 경우 선행 음절의 말음이 후행 음절의 두음과 조음 위치에서 차이가 나는 경우에만 제한적으로 종성 자음이 탈락하고, 후행음절의 두음과 동일한 조음 위치의 자음인 경우는 탈락하는 일이 드물다.

　　이상의 내용을 종합하면 음절 구조 조정을 위한 종성 자음의 탈락은 음운발달 초기(18개월 이전)를 제외하고는 조음 위치가 다른 연속 자음 단순화의 경우로 한정되는 경향을 보인다. 이것은 유아가 기피하는 것이 음절 말음 자체이기보다는 조음 위치가 다른 자음의 연결이고, 이러한 음운 연결을 피하는 수단으로 음절말 자음을 탈락시키는 방법을 택하는 것으로 해석할 수 있다.[16]

---

16) 두 자음이 연속하면서 조음 위치 자질이 일치하지 않는 경우에 아동의 언어 사용에서 이를 회피하는 방법으로 종성 자음 탈락 외에도 조음 위치 자질의 동화가 자주 사용된다. 조음 위치 자질의 확산에 따른 동화 과정은 이 장의 3절에서 다루기로 한다.

2.2 모음 삽입

모음 삽입은 자음 뒤에 모음을 첨가하여 결과적으로 종성 자음을 피할 수 있게 하는 책략이 될 수 있다. 영어의 경우, egg를 [egi]로, blue를 [bəlu]로, big를 [bɪɡə]로 발음하는 등(Stoel – Gammon & Dunn, 1985), 자음으로 끝나는 명사 뒤에 [i]모음을 첨가하거나 어두자음군이나 어말 유성파열음 뒤에 강세가 없는 모음 [ə]를 삽입하는 현상이 유아어에서 흔히 발견된다. 그러나 영어의 경우와 달리 국어 습득 과정에서 나타나는 모음 삽입 현상은 다음에 보이는 바와 같이 용언 활용의 경우로 한정되어 있다.

(9) [andɯgo]   (앉고)   24개월
    [pɛtʰɯnɯn]   (뱉는)   26개월

(9)에 제시된 예를 보면 어중에 포함된 – VC₁C₂V – 에서 C₁과 C₂ 사이에 모음 [ɯ]가 삽입되었는데, '앉 –'과 '뱉 –'은 모두 어간 말음이 자음인 용언이며, 이때 삽입된 모음은 일반적인 용언 활용에서 나타나는 모음인 [ɯ] 모음이다. 그런데 동일한 – VC₁C₂V – 형을 포함하고 있더라도 체언이나 부사어의 경우에는 모음 삽입이 일어나지 않는다(찍찍[tɕ'itˀtɕ'itˀ], 침대[tɕʰindɛ](24개월). 따라서 이것은 단순히 음운 처리 과정으로만 보기는 어렵고, 형태적 지식이 개입한 형태적 오류인 것으로 판단된다. 즉 활용에서 매개모음을 필요로 하지 않는 '– 고, – 는, 지' 등을 매개모음 [ɯ]를 필요로 하는 연결어미 '– 며, – 니까, – 면서' 등의 활용형과 동일시하는 것이다.

[ɯ] 모음 삽입이 음운적 조건이 아닌 형태적 조건을 필요로 한다는 것은 다음과 같이 어간 말음이 모음인 경우에도 [ɯ] 모음 삽입 현상이 발견된다는 사실을 통해 더욱 확실히 뒷받침된다.

   (10) [tʼwiɯgu]   (뛰고)   31개월

즉 유아어에서 모음 삽입의 직접적 동기는 CVC 구조를 CV 구조로 바꾸는 것이라기보다 활용의 패러다임을 규칙화하는 것임을 알 수 있다. 이러한 [ɯ] 삽입 현상은 23개월 이하 자료에서는 찾아보기 어려운데, 이것은 24개월 이상이 되어서야 용언 활용 규칙을 어느 정도 의식하게 된다는 사실과도 맞물린다. 다시 말해서 유아어에서 나타나는 모음 삽입 과정을 종성 자음을 피하기 위한 책략으로 보기는 어렵다.[17]

2.3 종성 자음 삽입

국어의 습득 과정에서 음절 구조와 관련하여 특이하게 보이는 음운 처리 현상은 후행 음절이 자음으로 시작할 때 선행 음절의 종성 위치에 자음을 삽입하는 현상이다. 그리고 이때 삽입되는 자음

---

17) 이와 같이 국어에서 종성 자음을 피하기 위한 적극적 책략이 사용되지 않는 이유는 국어의 음절 말음 위치에 놓이는 자음의 음성적 특징에서 찾을 수 있을 듯하다. 불어나 영어 등의 인구어에서는 음절말 자음이 외파음으로 실현되지만, 국어의 경우에는 음절말 자음을 미파시키는 것이 특징이다. 따라서 국어의 음절말 자음은 이를 외파시키는 다른 언어들에서와 달리 변별 자질이 최소화된 형태이고, 이러한 사실이 언어 습득 과정에서 음절 말음에 대한 부담을 줄이는 이유가 될 수 있다.

으로는 후행 자음과 동일 조음 위치를 갖는 비음이 선택된다.

(11) [tʰantʰɯm]　　　(사슴)　　　　20개월

　　　[tɕ'ant'oŋ]　　　(사탕)　　　　21개월

　　　[nunnɑ]　　　　(누나)　　　　22개월

　　　[tɕ'int'oŋ]　　　(쿠션)　　　　22개월

　　　[nɑmmu]　　　　(나무)　　　　22개월

　　　[haɲiŋk'a]　　　(하니까)　　　24개월

　　　[hadzannɑ]　　　(하잖아)　　　26개월

　　　[annija]　　　　(아니야)　　　32개월

　(11)에서 삽입된 자음은 /n/, /ŋ/, /m/ 등으로, 조음방식으로 보면 모두 비음에 속하며, 후행자음과의 연결을 보면, /n - t'/, /n - n/, /ŋ - k/ 등 삽입자음이 후행자음의 조음 위치 자질을 공유하는 것이 나타난다. 이 가운데에는 여러 개의 음운 처리 과정이 동시에 적용되어 목표음과 표현음 사이의 관계를 쉽게 짐작할 수 없게 하는 경우도 있다. 예를 들어, '쿠션[tɕ'int'oŋ]'의 경우에는 후행음절의 두음 위치에 있는 마찰음이 파열음으로 대치됨과 함께 종성 자음 삽입이 일어나고, 동시에 모음 대치도 같이 일어난 것이다.

　위에서 보인 종성 자음 삽입 현상은 후속 환경의 폐쇄성을 예상하여 해당 조음 기관을 미리 폐쇄하는 일종의 예기적 동화 현상으로도 볼 수 있으며, 다양한 자음 가운데 유독 비음이 삽입되는 원인은 공명도 자질에 있어서 모음과 유사한 성격을 가진 음이 비음이기 때문인 것으로 여겨진다. 비음이 삽입됨으로써 모음과 후행

자음을 연이어 발음하는 과정에서 공명도의 급격한 변화를 완화시켜주는 역할을 하기 때문이다.

Vennemann(1988)에서는 주로 독일어와 이태리어를 자료로 하여 강도 위계에 근거한 선호음절구조법칙(preference laws for syllabic structure)을 제시하였는데, 여기서 제시된 자음의 강도는 '무성파열음 〉 유성파열음 〉 무성마찰음 〉 유성마찰음 〉 비음 〉 유음 〉 고모음 〉 중모음 〉 저모음'의 순이며 음절 말음에 관해서는 자음강도가 낮을수록 선호된다고 보았다. 언어 습득 과정에서 종성 위치에 삽입되는 자음이 비음인 것도 이러한 강도 위계와 무관하지 않다고 보인다.[18]

이러한 음운 처리 과정을 거쳐 결과적으로 얻어지는 음절 구성은 (C)VCCV(C) 구성이다.[19] 종성 자음 삽입 현상은 18개월 무렵부터 높은 빈도로 발견되며 35개월 무렵까지 지속적으로 나타난다. 또한 CV 음절형을 지향하는 자음 탈락이나 모음 삽입이 매우 제한된 환경에서 일어나고 자음 탈락이나 모음 삽입이 일어나는 원인도 개별 음소의 조음적 제약이나 형태적 요인에서 찾아지는 반면 종성 자음 삽입 현상은 순전히 음운론적 동기에 의해 일어난다. 따라서 CV 음절형을 선호하는 것이 국어의 습득 과정에서는 일반적이지 않거나 보다 일시적인 현상으로 나타난다고 볼 수 있다.

---

18) /n/ 대신에 동일한 조음 위치를 갖는 /l/이 선택되지 않는 이유는 유음이 갖는 조음상의 난점 때문일 것이다. 유음은 범언어적으로 가장 늦게 발달하는 음으로 알려져 있으며, 국어의 습득 과정에서도 유음이 본격적으로 출현하는 시기는 대상 아동에 따라 다르지만 대략 30개월 이후가 된다.

19) 아동에 따라서는 모음 사이에 자음이 삽입되는 구조 대신에 활음이 오는 -VjV- 구조를 선호하기도 한다.

2.4 단모음화

음절 구조 조정 과정에서 음절핵과 관련한 음운 처리 과정으로는 단모음화 현상이 있다.

(12) a. [ʌgi]   (여기)   22개월

       [ɛgi～nɛgi]   (얘기)   23개월

       [nɛgi]   (얘기)   29개월

       [nɑoŋ]   (야옹)   25개월

       [ɛp'ɯdɑ]   (예쁘다)   26개월

    b. [kɑʣɑ]   (과자)   20개월

       [ʨɑŋɑ]   (장화)   23개월

       [ʨi]   (쥐)   30개월

    c. [iʣɑ]   (의자)   25개월

       [ɯʣɑ]   (의자)   22개월

위에서 (12a)는 /j/ – 상향이중모음, (12b)는 /w/ – 상향이중모음, (12c)는 /ɯ/ – 상향이중모음의 단모음화 예이다. 단모음화는 주로 과도음을 탈락시키는 방법으로 이루어지는데, /ɯ/ – 상향이중모음의 경우에는 과도음 탈락과 과도음의 모음화가 개별 아동에 따라 선택적으로 일어난다. 이러한 단모음화 현상의 원인은 Vennemann(1988)에서 제시한 선호 음절 구조 법칙에서 찾을 수 있다. Vennemann(1988)의 음절핵 법칙(nuclear law)에 따르면 음절핵은 음절핵으로 실현되는 음이 안정적일수록, 그리고 강도가 낮을수록 선호되는데, 첫 번째 조건은 바

로 단모음이 이중모음보다 선호된다는 의미로 해석할 수 있다.[20] 따라서 단모음화 현상은 음절 말음 탈락과 더불어 음절 구조를 단순화하는 과정에 속한다.

/j/ - 상향이중모음이 단모음화하는 경우에는 과도음 탈락과 더불어 자음 /n/의 삽입이 일어나는 경우가 많다. 위에 제시된 '얘기 [nɛgi], 야옹[nɑoŋ]' 등이 그러한 예에 속하며, 이에 대해서는 다음에 기술하는 /n/ 삽입 현상에서 논하기로 한다.

2.5 /n/ 삽입

유아어에서는 흔히 모음 [i]나 [j] 앞의 환경에서 어중 위치와 관계없이 [n]이 첨가되는데, /n/ 삽입은 앞에서 기술했듯이 단모음화 과정과 함께 일어나기도 한다.

(13)	[ɲiŋɲiŋ]	(잉잉)	21개월
	[ɲjʌu]	(여우)	29개월
	[nɛgi]	(얘기)	32개월

---

20) 단모음화가 조음 능력의 미발달이나 성인의 발음 영향에 기인할 가능성도 생각해 볼 수 있다. 우선, 조음 능력의 미발달이 영향을 미쳤을 가능성은 과도음의 종류에 따라 다를 수 있다. /j/계 이중모음의 경우에는 20개월 무렵부터는 지속적으로 산출되는 편이고(월령별 이중모음의 출현 빈도는 2장 참조), 과도음 /j/는 유음을 습득하는 과정에서 유음을 대치하는 음이 되기도 하므로 조음 능력의 미발달이 원인이라고 보기 어렵다. 단, /w/계나 /ɯ/계 이중모음의 경우에는 36개월까지의 산출빈도가 매우 낮으므로 조음 능력의 미발달이 원인이 될 가능성을 배제할 수 없다. 한편, 조음기관의 발달이 완성된 성인의 발음에서도 단모음화 경향이 발견되기 때문에 이런 현상이 아동의 발음에 영향을 미쳤을 가능성도 있다고 본다.

(13)에서 '잉잉'의 경우에는 /i/ 앞에 /n/이 첨가되었고, '여우'의 경우에는 /j/ 앞에 /n/이 첨가되었다. '얘기'의 경우에는 /n/ 삽입의 적용 환경은 /j/ 앞이지만 단모음화가 일어나 적용 결과에서는 /n/ 삽입의 음운적 조건이 드러나지 않았다. 이와 같이 /j/ 상향 이중모음 앞에서 일어날 수 있는 /n/ 삽입 현상이 단모음화가 일어난 경우에도 마찬가지로 적용된다는 것은 음운 처리 과정의 기저형에 과도음이 포함되어 있음을 말해 준다.

[n] 첨가 현상은 성인 언어에서도 발견되는 현상이어서 더욱 주목할 만한데, 유아어에서는 성인언어에서와는 달리 /n/ 삽입의 형태적 조건은 특별히 나타나지 않는다.[21] 단지 /i/나 /j/ 앞이라는 음운적 조건만 갖추어지면 /n/ 삽입이 일어나는데, 그렇다면 유아어에서의 /n/ 삽입의 원인은 순전히 음성적인 요인에서 찾을 수 있을 듯하다. /n/은 /i, j/ 앞에서 실제로 경구개비음 [ɲ]로 실현되며, 이들 음의 조음 과정은 많은 공통점을 지닌다.[22] [ɲ]은 혀끝을 아래 잇몸에 대고 전설을 상승시켜 경구개에 대고 조음하며, 전설고모음 /i/는 좁힘점에 의하면 경구개음으로 분류되며 혀끝을 아랫니 뒤에 대고 전설을 경구개에 바짝 접근시켜 조음한다(이호영 1996: 95 - 107). 즉 전설고모음 /i/와 경구개반모음 /j/의 구개음적 성질로 인해 음성적으로 이에 가까운 경구개비음이 삽입되어 조음 작용을 용이

---

21) 성인언어에서 /n/ 삽입은, 복합어 형성 시 단어와 단어 사이, 접두파생 시 접두사와 어근 사이, 구성의 어절 경계 사이라는 형태적 환경과 /i/, /j/ 앞이라는 음운적 환경을 동시에 만족시킬 때에 일어난다.

22) /j/ 앞에서 /n/이 삽입되는 현상과 반대로 자음 /n/ 다음에 /j/가 삽입되거나 /n/이 활음으로 대치되는 일도 있다. '나무[ɲjɑmu~jɑmu]'의 예에서 볼 수 있듯이 같은 어휘라도 분절음 삽입과 분절음 대치가 선택적으로 일어날 수 있는데, 이 과정은 아동에 따라서 매우 수의적이다.

하게 하는 것으로 보인다.[23]

2.6 음운 도치

1.1에서 단어 안에서 음절이 도치되는 현상을 살펴보았는데, 이와 마찬가지로 단어 안에서 분절음이 도치되는 현상도 있다.

(14) [kandɑbom]   (반달곰)   29개월
     [hɛibotʰʌ]   (헬리콥터)   29개월

(14)는 음절 전체가 아니라 두 개의 음소가 서로 위치를 바꾼 것이다. '반달곰[kandɑbom]'의 경우에는 첫 음절의 두음과 마지막 음절의 두음이, '헬리콥터[hɛibotʰʌ]'의 경우에는 세 번째 음절의 두음과 말음이 도치되고 종성 자음 탈락이 이어졌다.

음운의 도치 역시, 의도된 책략에 의한 것이라기보다는 단순한 발화 실수나 잘못된 기억에 의한 것으로 여겨지며 다른 음운 처리 과정에 비해 발생 빈도가 높지 않은 편이다. 그리고 앞에서 살펴본 음절 도치 현상은 주로 18개월 이전의 자료에서 나타나고 (14)와 같이 음소가 도치되는 것은 그 이후 시기의 자료에서 주로 나타나

---

23) /ㄴ/ 첨가의 음성학적 원인에 대한 논의는 자음 간 공명도 동화 현상을 통해 설명한 김차균(1981)과 발음 시 두 요소 간의 휴지와 /i/, /j/의 구개음적 성질로 말미암아 /n/ 삽입이 일어난다고 본 김승곤(1985)이 있다. 김차균(1981)에서는 음절 경계의 음들이 공명도에 있어서 앞소리의 공명도가 뒷소리의 공명도보다 크거나 같은 관계를 유지해야 하며 공명도의 동화가 /ㄴ/ 삽입의 원인이 된다고 보았다. 그러나 유아어에서 /n/ 삽입의 적용 환경은 여기서 제시된 조건(음절 경계의 자음과 자음 사이)과는 거리가 있다.

는데, 이러한 사실은 아동이 인식할 수 있는 소리의 단위가 음절에서 음소로 분화되고 있음을 뒷받침하는 하나의 근거가 될 수 있다.

3. 자질 단위의 음운 처리 과정

자질 단위의 음운 처리 과정은 분절음의 일부 자질이 변화하는 것으로, 분절음이 주변음의 영향을 받아 주변음과 일부 자질을 공유하게 되는 음소 동화 과정과 조음 제약으로 인하여 조음이 보다 쉬운 분절음으로 대치하는 분절음 대치 과정이 있다. 분절음이 대치되는 경우에도 대치음과 대치되는 음은 자연부류에 속하는 경우가 많으므로 분절음 전체가 다른 분절음으로 바뀌었다기보다는 분절음을 이루는 일부 자질이 대치되었다고 보아야 할 것이다. 따라서 자질 단위의 음운 처리 과정에 양자가 모두 포함되어야 할 것이나 성인언어와 아동언어의 분절음 사이에 일정한 대응 관계를 보이는 경우는 논의 대상에서 제외하였으므로[24] 이 장에서는 음소 동화 과정을 주로 살펴보도록 하겠다. 시기별로 동화 현상이 관찰된 빈도와 비율을 정리하면 〈표4〉와 같다.

---

24) 조음 제약으로 인한 분절음 대치 현상으로는 유음의 활음화, 유음의 비음화, 유음의 폐쇄음화, 마찰음의 폐쇄음화, 마찰음의 파찰음화 등이 있다(안미리 · 김태경, 2003).

〈표4〉 자질 단위 음운 처리 과정의 발생 빈도와 비율[25]

유 형	12~17개월	18~23개월	24~29개월	30~35개월
자음 동화	14 (9.21%)	44 (11.03%)	32 (9.79%)	38 (8.88%)
모음 동화	0 (0.00%)	12 (3.01%)	12 (3.67%)	6 (1.40%)
구개음화	4 (2.63%)	7 (1.75%)	11 (3.36%)	45 (10.51%)

　자질 단위의 음운 처리 과정 중에서는 자음 동화 현상이 모음 동화 현상에 비해 더 높은 빈도로 발견되었고 관찰 전 구간에 걸쳐 지속적으로 나타났다. 구개음화는 발달 초기에 비해 발달 후기 자료에서 훨씬 높은 빈도로 관찰되었는데, 이것은 발달 초기에 구개음화의 적용 환경이 되는 /i/ 모음의 산출률 자체가 매우 낮다는 사실과 관련이 있는 것으로 보인다.[26]

3.1 자음 동화

　성인의 발화음과 유아의 발화음에서 차이가 생기게 되는 또 다른 요인은 바로 동화 과정이다. 동화 과정은 한 어휘에 속한 분절음들이 자질을 공유하는 현상을 말하는데, 유아어에서는 이러한 동화 과정이 성인 언어에서보다 훨씬 광범위하게 적용된다. 이것은 분절음의 습득 여부와 무관하게 진행된다. 다시 말해서, 어떤 분절음이 이미 습득된 경우에도, 일정한 음운 환경에서 해당 분절음이 인접음의 영향을 받아 다른 음으로 대치될 수 있다.[27] 동화 과정은 자

---

25) 음운 처리 과정의 전체 발생 빈도 가운데 해당 유형의 발생 빈도를 백분율로 나타냄.

26) 아동의 발화에서 전체 음소 대비 /i/ 모음의 산출률은 생후 12개월에 0.16%, 18개월에 3.74%, 24개월에 6.35%, 30개월에 11.75%로 나타났다(김태경 2003: 100-114 참조).

음과 자음, 모음과 모음, 자음과 모음 사이에서 모두 일어나는데,
우선 일반적으로 일어나는 자음 동화의 예를 제시하면 다음과 같다.

(15) a. [mʌmmʌ]　　　　　　(멍멍)　　　　　　15개월

　　　[jammɑ]　　　　　　 (양말)　　　　　　21개월

　　　[kombu]　　　　　　 (공부)　　　　　　23개월

　 b. [tɕ'it˥tɕ'it˥]　　　　　　(찍찍)　　　　　　18개월

　　　[k'antɕʰoŋk'antɕʰoŋ]　(깡총깡총)　　　22개월

　　　[nut˥t'ɛ]　　　　　　　(늑대)　　　　　　30개월

　　　[kʌt˥tɕ'ʌŋ]　　　　　 (걱정)　　　　　　30개월

　 c. [kintɕʰi]　　　　　　　(김치)　　　　　　22개월

　　　[k'antɕ'aŋ]　　　　　 (깜짝)　　　　　　23개월

　　　[tɕʰindɛ]　　　　　　 (침대)　　　　　　24개월

　　　[jʌntʰo]　　　　　　　(염소)　　　　　　30개월

(15)는 두 개의 자음이 인접한 경우에 선행 자음이 후행 자음의
영향을 받아 조음 위치 동화를 일으킨 예들이다. (15a)의 경우는 연
구개음이 후행하는 순음의 영향으로 순음화한 것이고, (15b)는 연구
개음이 후행하는 치경경구개음의 영향을 받아 위치 동화한 것이다.
치경경구개음과 치경음의 변별은 국어의 음절말 위치에서 유효하지

---

27) 이윤선(1993)에서는 우체통[uˈ⁾jetʰˈ⁾ŋ](3;5), 고추[kotʰ⁾jo](2;0) 등에서 파찰음이 파열음으
로 대치된 현상을 강도 위계에 따른 동화 현상으로 보았다. 그러나 이 시기 아동의 음운
체계를 감안하면 이러한 현상은 동화이기보다는 분절음 대치 현상으로 보아야 한다. 파찰음
을 치경파열음으로 대치하는 것은 치경파열음과 파찰음을 뚜렷이 변별하지 못하는 36개월
이전의 아동에게서 그 음운적 환경과 무관하게 매우 빈번하게 발견되는 현상이기 때문이다.

않으므로 결과적으로는 치경음으로 실현된다. (15c)는 순음이 후행하는 치경경구개음 또는 치경음의 영향으로 치경음화한 것이다.

위의 예들을 살펴보면, 모두 조음 위치 자질만이 변화하였고 비음성이나 폐쇄성 등의 조음방식 자질은 그대로 유지되고 있음을 알 수 있다.[28] 위치 동화 현상은 성인 언어에서도 관찰되는 현상으로, 치경음이 순음화하거나(신발[simbal]), 치경음이 연구개음화하거나(받고[pakˈkʼo]), 순음이 연구개음화하는 것(감기[kaŋgi])이 일반적이다. 성인언어에서 보이는 이 같은 방향의 위치 동화 현상(치경음〈 순음, 치경음〈 연구개음, 순음〈 연구개음)은 아동의 언어에서도 마찬가지로 나타난다. 그러므로 아동의 경우에는 일반적인(성인언어에서의) 위치 동화의 적용 환경 외에도 (14)에서 볼 수 있는 아동 특유의 위치 동화 환경에서까지 폭넓게 동화 과정이 일어나고 있는 것이다. 아동의 발화에서는 인접음이 아닌 자음에 의해 동화가 일어난 다음과 같은 경우도 있다.

(16) a. [pʼabaŋ]   (가방)   15개월

　　　 [kʼokˈkʼatɕʼi]   (똑같지)   18개월

　　　 [pabaŋ]   (가방)   22개월

　　　 [tɕʼandzitɕʼandzi]   (간질간질)   22개월

　　b. [mummu]   (눈물)   22개월

　　　 [tondoi]   (곰돌이)   24개월

---

28) '염소[jʌntʰo]'의 경우에 마찰음 /s/가 폐쇄음 /tʰ/로 대치된 것은 음운 환경과 무관한 조음 제약에 의한 대치로 판단된다. 마찰음은 유음과 더불어 가장 늦게 산출되는 음에 속하며, 한국어 마찰음이 완전히 습득되는 시기에 대해서는 논의에 따라 다소 차이가 있지만 대개 5~6세 무렵(김영태, 1996: 7 - 33)으로 보고 있다.

(16)은 동화를 일으키는 자음과 동화가 된 자음이 인접해 있지 않은 간접 동화의 예로, (16a)에서 '가방[pʼabaŋ～pabaŋ]'은 연구개음이 후행음절에 속하는 두음의 영향을 받아 순음화하였고, '똑같지[kʼokˀkʼatɕʼi]'는 치경음이 후행음절 두음의 영향으로 연구개음화하였으며 '간질간질[tɕʼandʑitɕʼandʑi]'의 경우는 연구개음이 역시 후행음절 두음의 영향으로 치경경구개음화하였다. (16b)에 보인 예는 인접음 사이의 직접 동화와 비인접음 간의 간접 동화가 모두 일어난 것이다. '눈물[mummu]'의 경우 어중의 인접 자음 /n‒m/과 각각 다른 음절에 속하는 두음 /n‒m/에 똑같이 위치 동화가 일어나 결과적으로는 두 개의 /n/이 순음 /m/으로 대치되는 현상을 보인다. '곰돌이[tondoi]'의 경우도 마찬가지로 설명되는데, 첫 번째 음절의 두음인 /k/와 말음인 /m/이 두 번째 음절 두음의 영향으로 모두 치경음으로 실현된다.

　자음 동화 과정에서 또 다른 문제는 자질 확산의 방향에 관한 것이다. Menn(1975)에서는 조음 위치 자질에 동화의 방향을 결정짓는 층위가 존재하며 낮은 층위에 속한 자음이 높은 층위에 속한 자음에 동화된다고 보고, 높은 층위에 속하는 자음부터 나열하면, 연구개음, 순음, 치음의 순이 된다고 하였다. 즉 치음은 순음이나 연구개음에 동화될 수 있으며, 연구개음에 동화될 가능성이 더 높다는 것이다. 그는 그 근거로, 자신의 아들인 다니엘의 발화 자료에서 한 단어에 속한 /t‒b/는 /b‒b/로 실현되며(예. tub[bub], table[bʌby]), /b‒g/ 연쇄는 /g‒g/로 실현되는 반면(예. big[gɨg], back[gɛk]), /b‒d,t/나 /k‒p,d/는 동화 과정을 겪지 않는다는 점을 들었다.

그런데 필자가 관찰한 바에 따르면 이러한 층위 이론은 한국 아동의 음운 현상에 그대로 적용되기 어렵다. 우선, 치경음과 순음이 인접한 경우, /n – m/은 /m – m/로 실현되는 반면(예. 눈물[mummu]), /m – n/은 /n – n/으로 실현된다(예. 곰돌이[tondoi]). 즉 치경음과 순음 사이의 계층 관계를 논할 수 없다. 연구개음과 치경음(치경경구개음)이 인접한 경우에도 마찬가지다. /ŋ – tɕʰ/은 /n – tɕʰ/으로 실현되는 반면(예. 깡총[kʼantɕʰoŋ]), /tʼ – kʼ/이 하나의 음운론적 단어 안에 속한 경우에 /kʼ – kʼ/으로 실현된다(예. 똑같지[kʼokˈkʼatɕʼi]). 이 경우에도 인접하거나 혹은 하나의 단어 안에 놓인 두 음소의 조음 위치 자질 간에는 어떤 우선순위도 찾아볼 수 없고 단지 후행하는 자음에 선행자음이 동화되는 것을 볼 수 있다. 다시 말해서 동화의 방향은 조음 위치 자질에 의해 결정되는 것이 아니라 하나의 단어 안에서 두 개의 음소가 놓이는 순서에 의해 결정된다.

3.2 모음 동화

모음 동화의 예는 드물게 발견되며 대부분이 순행동화인 것으로 나타났다.

(17) [pʼatʼa]　　　　(빨래)　　　　20개월

　　 [pʼaja]　　　　(빨래)　　　　26개월

　　 [anɲjaŋ]　　　(안녕)　　　　23개월

　　 [adzatɕʼi]　　 (아저씨)　　　25개월

| [tɕʰʌndʑʌŋi] | (청진기) | 29개월 |
| [tʰʌt˺tɕ'ʌ] | (첫째) | 30개월 |

(17)에서 보면 '빨래[p'ɑt'ɑ]~[p'ɑjɑ], 안녕[ɑɲɲjaŋ], 아저씨[ɑtɕɑtɕ'i]' 는 선행음절의 모음 /ɑ/가 후행음절에 영향을 미쳐 후행음절의 모음이 /ɑ/로 변한 경우이고, '청진기[tɕʰʌndʑʌŋi], 첫째[tʰʌt˺tɕ'ʌ]' 등은 선행음절의 모음 /ʌ/의 영향으로 후행음절의 모음이 변화한 경우이다. 모음 동화의 예는 발견된 수가 적어서 더 많은 자료에 대한 분석이 필요하겠지만, 역행동화보다 순행동화의 성격이 강한 것으로 잠정적 결론을 내린다.

3.3 구개음화

자음이 후행 모음의 영향을 받아 변동이 일어나는 일도 있다.

(18) [kodʑi]	(고기)	14개월
[t'atɕʰi~t'atɕ'i]	(딸기)	19개월
[kʰotɕ'ii]	(코끼리)	23개월
[tɕidɑigu]	(기다리고)	26개월
[jʌdʑi]	(여기)	29개월

위에 제시된 예를 보면 성인언어의 연구개음 /k/나 /k'/가 유아어에서 치경경구개음 /tɕ, tɕ', tɕʰ/ 등으로 실현되고 있다.

연구개음과 치경경구개음의 대응은 앞에서 본 자음 위치 동화의 경우와는 달리 다대다(多對多) 대응이 아닌 일대일(一對一) 대응 관계를 보이므로 조음 제약이나 음소 미분화에 의한 혼용 가능성도 생각해 볼 수 있다. 그런데 연구개음이 치경음으로 대치되는 현상에서 특징적인 것은, 이러한 변동이 모음 /i/에서만 일어나고 그 외의 환경에서는 일어나지 않는다는 것이다. 위에 제시된 예만 보아도 '고기[koʥi]'나 '기다리고[ʨidɑigu]' 등에서 /o/ 모음에 선행하는 /k/는 치경경구개음으로 대치되지 않고 연구개음으로 실현됨을 확인할 수 있다. 또한, 이 시기 아동의 자발적인 발화에서 연구개음의 산출률이 치경경구개음의 산출률보다 높게 나타나는데도 치경경구개음이 연구개음으로 대치되는 역방향의 대치 현상은 발견되지 않는다(안미리 · 김태경 2003). 따라서 위에 보인 연구개음이 치경경구개음으로 대치되는 현상을 조음 제약에 의한 대치나 음소 미분화에 의한 혼용으로 보기는 어렵다.

이러한 사실들을 감안할 때, 연구개음이 치경경구개음으로 대치되는 현상은 아동의 음운 체계에 영향을 받는 단순한 분절음 대치 현상이 아닌 음운론적 환경에 민감한 동화 현상임을 알 수 있다. 즉 후행하는 /i/ 모음의 전설성으로 인해 이에 선행하는 연구개음이 치경경구개음화하는 것이다.[29)]

---

29) /ㄱ/의 구개음화는 통시적 변화의 예(길경이>질경이) 외에도 성인 언어의 일부 방언에서 찾아볼 수 있다(길[질], 기름[지름], 끼다[찌다] 등).

4. 마무리

지금까지 유아 언어에 나타나는 아동 특유의 음운 처리 과정을 살펴보고 이를 유형에 따라 분류하였다. 12개월 이상 36개월 미만의 아동에게서 일반적으로 관찰되는 음운 처리 과정은 그 단위에 따라 음절 단위의 음운 처리 과정과 분절음 단위의 음운 처리 과정, 그리고 자질 단위의 음운 처리 과정으로 나누어 볼 수 있다. 각각의 층위에서 음운 처리 과정이 일어나는 양상을 정리하면 다음과 같다.

1) 음절 단위의 음운 처리 과정에는 음절 탈락과 중첩, 음절 도치 등이 있고, 발화 실수로 보이는 음절 도치를 제외하고 나머지 과정들은 단어 전체 구조를 단순화하여 아동의 표준적 발화 형태로 바꾸어 놓는다.

2) 분절음 단위의 음운 처리 과정으로는 종성 자음 탈락, 모음 삽입, 단모음화, 종성 자음 삽입, /n/ 삽입, 분절음 도치 등이 있다. 여기서 종성 자음 탈락이나 모음 삽입은 조음 제약으로 인해 특정 음소(유음)가 실현되지 못한 경우나 형태적 지식이 개입한 용언 활용의 오류를 제외하면 그리 일반적인 현상은 아닌 것으로 나타났다. 이에 비해 후행 자음과 동일한 조음 위치를 갖는 종성 자음의 삽입 현상은 여러 대상자들에게서 비교적 지속적으로 관찰되는 현상으로, -VCCV-형의 음절 구성에 대한 선호를 보여준다. /i/나 /j/ 앞에서

일어나는 /n/ 삽입 과정은 음의 연결에서 나타나는 공명도나 조음 위치의 급격한 변화를 완화시켜 조음을 부드럽게 하는 역할을 하며 단모음화 과정과 함께 일어나기도 한다.

3) 자질 단위의 음운 처리 과정에는 자음 동화, 모음 동화, 구개음화 등이 있다. 자음동화는 선행 자음이 후행 자음의 조음 위치 자질을 공유하는 것으로 나타나고, 모음 동화의 경우에는 후행모음이 선행모음의 영향을 받아 완전 동화하는 양상으로 나타난다. 자음이 후행 모음의 영향을 받아 변동이 일어나는 것은 /i/ 모음 앞에서 연구개음이 치경경구개음으로 대치되는 경우이다. 이와 같이 한 단어에 속한 분절음들이 자질을 공유하는 동화 현상은 분절음의 연쇄에서 자질의 변화를 최소화함으로써 발음하는 데 드는 노력을 경감하는 역할을 한다.

이러한 음운 처리 과정은 각각의 과정이 독립적인 규칙으로 존재하기보다는 목표음을 지향하기 위한 책략으로서 공모하는 것으로 보인다. 가령 어중에 포함된 $-VC_1C_2V-$에서 조음 위치가 다른 자음 연쇄인 C_1C_2를 피하기 위하기 위해서는 C_1을 탈락시키는 책략을 사용할 수도 있고 C_1을 C_2에 동화시키는 책략을 사용할 수도 있다. 여기서 어떤 음운 처리 과정을 사용하는가는 발달 단계나 개별 어휘 또는 개별 아동의 성향에 따라 달라진다. 조음 위치가 다른 자음의 연쇄라는 동일한 환경을 전제로 할 때, 어떤 아동은 자음 탈락과 같은 분절음 단위의 음운 처리 과정을 선호하며 어떤 아동은 자음 탈락 대신 인접음 사이의 자질 공유로 일어나는 동화 과정을 선호한다. 또한, 초기에는 자음 탈락 과정만을 보이던 아동이 후기로 가면서 동일한 환경에서 동화 과정을 주로 사용하기도 한다. 즉 음운 처리 과정은 한꺼번에 적용되는 고정된 목록이 아니라 조음 능력에 한계를 갖는 아동이 목표음에 가능한 가깝게 발음하기 위해 선택하는 수단일 뿐이다. 그리고 위에서 밝힌 음운 처리 과정의 원인으로 볼 수 있는 단어 구조 단순화나 조음 위치가 다른 자음연쇄 회피 등의 궁극적인 목적은 한마디로 조음에 드는 노력을 경감하는 것이라 할 수 있겠다.

이와 같이 음운 처리 과정의 결과로 산출된 아동의 음성형은 대부분 단순한 발화 실수라기보다는 성인보다 많은 조음 제약을 지닌 아동이 선택할 수 있는 최적의 음성형이라 할 수 있다. 따라서 아동의 음운 오류 형태를 관찰할 때에는 아동의 음성형이 성인의 음성형과 어떤 차이를 갖는지 뿐 아니라 그 원인이 무엇이고 어떠한 과정을 거쳐 산출되는가에도 관심을 기울일 필요가 있다.[30]

---

30) 아동의 음 산출에 관여하는 제약의 유형과 위계를 분석한 김태경(2005)에서는 유음 탈락을 제외한 어중 종성 자음 탈락과 대치(위치 동화) 현상이 모두 조음 위치가 다른 자음 연쇄를 피하고자 하는 단일한 동기에 의해 발생한다는 사실을 지적하고 이를 형식적으로 뒷받침하기 위해 최적 이론을 바탕으로 유표성 제약에 속하는 Agree(pl) 제약과 충실성 제약에 속하는 Ident 제약 및 Max 제약 사이의 위계를 설정한 바 있다. 이에 따르면, 국어 습득 초기에 Agree(pl) 제약은 다른 모든 충실성 제약을 지배하는 최상위 등급을 지니며 충실성 제약들 사이의 위계는 아동에 따라(또는 발달 단계에 따라) 달라진다. 또한, 유표성 제약이 성인에 비해 높은 등급을 갖는 데에서 성인과 아동의 출력형이 차이를 갖게 된다는 기존의 가정을 확인한 한편, 세부 제약의 목록에 관해서는 출력형에서 입력형의 형태를 그대로 유지하고자 하는 일련의 충실성 제약들이 습득 초기에는 제약의 통합으로 존재하다가 점차 분화하는 것일 가능성을 제기하였다.

제5장 문미 억양의 발달과 운율 단위 구성

앞에서 다룬 언어 습득 초기의 음운 현상들은 그것이 단어의 의미 변별 기능을 가지든 그렇지 않든 모두 분절음에 관련된 것들이었다. 본 장에서 다루고자 하는 주제는 분절음이 아니라 분절음에 얹힌 억양과 운율 단위에 관한 것이다.

실제로 아동은 첫 단어를 말하기 이전부터 의도를 가진 음성을 산출하여 타인과 소통하며, 한 단어 시기의 아동이 사용하는 단어 형태 또한, 의미와 일대일 관계를 갖기보다는 하나의 형태로 다양한 소통의도를 전달하는 경향이 있다.[1] 가령, 어떤 아동은 '아'라는 동일한 분절음 형태를 가지고 어떤 사물을 지시하기도 하고 사물을 달라고 요구하기도 하는 등 각기 다른 의도를 전달하는데, 이와 같이 동일한 분절음 형태가 여러 가지 의도로 해석될 수 있는 것에는 발화에 수반되는 몸짓과 함께 분절음에 얹힌 억양이 기여하는 바가 클 것으로 예상할 수 있다.

대개 화자가 전달하고자 하는 억양 의미는 억양 단위의 끝음절에 얹힌 억양 패턴에 의해 전달된다고 보는 것이 일반적이며, 억양과

---

* 이 장의 내용은 『음성과학』 제11권 2호(2004)에 발표한 논문 「억양의 의사소통적 기능에 관한 연구: 일어문 시기의 아동을 대상으로」와 『국어교육』 제115집(2004)에 발표한 논문 「유아 초기의 운율 발달에 관한 연구」를 바탕으로 작성되었다.

1) 목표 언어의 음성 형태를 사용하여 자신의 의도를 표출하는 것은 대략 생후 12개월 무렵부터로 알려져 있다. Bates(1975)에서는 발화 행위의 발달 단계를 발화효과 단계, 발화수반 단계, 발화 단계의 세 단계로 기술하였다. 발화효과 단계(출생~10개월)는 행동의 영향력은 있지만 의사소통 의도가 있다고 보기 어려운 단계이고, 발화수반 단계(10~12개월)는 의사소통 의도가 있으나 목표 언어의 형태를 사용하는 것이 아니라 행동에 의해 의사소통이 이루어지는 단계이다. 그리고 발화 단계(12개월 이후)는 의사소통 의도가 나타나며 성인과 같은 발화 형태를 보이는 단계이다.

관련한 연구는 이러한 경계음조에 대한 논의가 주를 이룬다. Jun (1993, 1999), 이호영(1991, 1999) 등에서 각각 제시된 바 있는 국어의 경계억양(boundary tone)과 핵억양(nuclear tone)은 억양 목록과 표기 방법에서는 다소 차이를 보이고 있지만 말마디의 마지막 음절에 부과되고 특정 억양 의미를 전달한다는 점에서 공통점이 있다.

특히, 발화 단위의 맨 마지막에 오는 경계음조는 화자와 청자의 역할을 바꾸는 신호로 사용되거나 하나의 정보 단위가 종결되었음을 알리는 동시에 발화수반력(illocutionary force)을 정의하여 청자에게 발화의 의도를 인지하도록 하는 등 발화 전체에 결속되는 특수한 역할을 수행한다. 이러한 발화 단위 끝에 오는 경계음조와 달리, 발화 중간에 오는 운율 단위 경계는 절의 경계를 구분하려는 통사적 동기에서 비롯된다고 보는 것이 일반적이다.[2]

본 장에서는 언어 습득 초기의 아동이 발화 단위의 경계에서 어떠한 억양을 주로 사용하는가, 문장 성분 간의 의미 관계 및 발화 전체의 의미가 운율 구조에 어떻게 반영되는가, 개월별로 운율 실현 양상에 어떠한 변화가 나타나는가 등에 관해 알아볼 것이다. 그중에서도 일어문 시기에 해당하는 아동의 언어를 다루는 1절에서는 문미 억양과 화행 사이의 관계를 살펴보고 소통 의도가 억양에 어떻게 반영되는가를 주로 논의한다. 이어서 2절과 3절에서는 문장이 통사적으로 복잡해지기 시작하는 만 2세에서 3세까지의 발화를 대상으로 개월별로 운율 실현 양상에 어떠한 변화가 나타나는가, 그리고 언어의 다른 요소들, 즉 문장 성분 간의 의미 관계가 운율

---

2) 김선철(1996)에서는 국어 복합문의 6가지 하위 유형에서 문장의 통사 구조를 억양 곡선이 어떻게 반영하고 있는가를 밝힌 바 있다.

구조에 어떻게 반영되는가에 대해 각각 살펴볼 것이다.

일어문 시기의 억양 분석을 위한 피험자는 남녀 1명씩(아동C는 남아, 아동G는 여아)[3]으로 구성된 2명의 아동이다. 이 두 피험 아동의 월령은 조사 시작 시점을 기준으로 생후 13개월에 속한다. 피험 아동 C와 G가 구사한 단어 형태 수는 관찰 초기에 1~2개였고 관찰 후기인 생후 23개월 무렵에 가서도 50개를 넘지 않았으며, 문장은 일어문 구성만을 보였다. 다음으로, 다어문 시기의 억양 및 운율 단위 구성 분석을 위한 피험 아동은 생후 24개월(조사 시작 시점 기준)의 여아 1명(아동 Q)이다. 피험 아동별로 분석 대상 자료의 수집 시점(개월 수: 주 수)과 횟수를 나타내면 다음과 같다.[4]

〈표1〉 분석 대상 자료의 피험자별 월령(개월 수; 주 수) 분포표

	1회	2회	3회	4회	5회	6회	7회	8회	9회	10회	11회	12회
아동 C	13;1	14;1	15;0	16;2	17;1	18;0	19;0	22;3	23;0			
아동 G	13;0	14;0	15;0	16;0	17;2	18;1	19;1	20;2	21;0	22;1	23;1	
아동 Q	24;0	25;1	26;2	27;1	28;1	29;0	30;0	31;0	32;2	33;2	34;2	35;1

억양 분석은 녹음 자료에서 피험 아동의 음성을 회기별로 50발화씩 추출하여 각각 발화 단위의 음성 파일로 저장한 다음, 발화 경계에 나타난 기본주파수의 상승과 하강 패턴에 따라 유형 분류하는 방식으로 이루어졌다. 양육자의 발화 내용과 아동 발화와의 선후 관계는 조사대상자의 발화를 해석하는 데 참고가 되도록 별도로 기록하였다.

---

3) 1장 〈표1〉의 대상자 구분 참조.
4) 아동 C의 경우 생후 20~21개월 사이에는 아동의 개인사정으로 인하여 녹음이 불가능하여 자료 수집이 잠시 중단되었다.

1. 일어문 시기의 억양 유형 분포와 특성

성인 언어와 마찬가지로 유아 언어에 있어서도 억양과 의도 사이에 일정한 관계가 발견된다는 결과가 성조언어인 Latvian어, 타이어, Lao어와 비성조언어인 영어 등을 대상으로 한 연구에서 보고되고 있지만(Galligan 1987, Furrow 1984, Marcos 1987), 국어의 경우에 유아의 억양 사용 양상에 대한 실증적인 연구는 아직 보고되지 않았다. 따라서 한국어를 모어로 하는 아동이 일어문 시기에 어떤 억양을 사용하는가를 살펴보는 것은 흥미로운 일이 될 것이다.

억양 유형을 결정하는 방법으로는 크게 기본주파수의 상승(rising), 하강(falling), 수평(level)과 같은 주파수의 이동 방향에 의해 구별하는 방법과 기본주파수의 상승 후 하강하기 시작하는 점(최고점)과 하강 후 상승하기 시작하는 점(최저점)이 나타나는 위치를 기준으로 표시하는 방법이 있다.5) 국어의 억양 체계를 수립하는 데 있어서도 이러한 관점의 차이에 따라 다양한 체계가 제안되었다.6)

그런데 유아의 말에서는 하나의 음절로써 하나의 발화가 구성되는 일이 흔하고, 억양의 상승과 하강의 전환점을 찾기 어려운 경우가 많다. 게다가 유아는 성인들이 잘 사용하지 않는 특유의 억양을

---

5) O'Conner and Arnold(1973)을 비롯한 영국식 억양 표기를 채택하는 쪽에서는 음성에 실려 있는 억양의 상승과 하강에 충실하게 그 오르내림을 유형화한 반면, Pierrehumbert (1987)에서는 저조(L)와 고조(H)의 두 자질을 이용하여 억양을 표시하는 방법을 제시함으로써 최고점과 최저점이 나타난 시간적 위치에 초점을 두었다.

6) Jun(1999)에서는 국어의 경계억양으로 H%, L%, HL%, LH%, LHL%, HLH%, LHLH%, HLHL%, LHLHL%(여기서 L은 저조(low), H는 고조(high)를 표시함)의 9가지 유형이 존재한다고 보았고, 이호영(1991, 1999) 등에서는 높은수평조, 가운데수평조, 낮은수평조, 높내림조, 낮내림조, 오르내림조, 낮오름조, 온오름조의 8가지 유형을 국어의 핵억양 목록으로 제시하였다.

사용하기도 한다. 성인의 발화 경계에서는 기본주파수의 하강이나 상승이 발견되는 것이 보통이나, 유아의 발화에서는 마지막 음절과 앞 음절 간에 피치(pitch) 변화가 거의 나타나지 않고 마지막 음절 안에서 수평조가 유지되는 등 전형적인 성인의 경계억양 유형으로 나타내기 어려운 억양 패턴이 발견된다.

이 책에서는 이러한 유아들의 억양 패턴을 효과적으로 나타내기 위하여 〈표2〉와 같은 체계로 분석하였다. 먼저, 발화 경계의 마지막 음절에 나타난 피치 변화를 기준으로 수평조, 오름조, 내림조, 오르내림조, 내리오름조 등으로 억양 유형을 구분한다. 그리고 수평조의 경우에는 마지막 음절과 끝에서 두 번째 음절(penultimate syllable)의 피치를 비교하여 다시 높은수평조, 평탄조, 낮은수평조로

〈표2〉 억양 분류 기준과 억양 유형별 F0 측정 지점표

억양	정의	주파수 측정지점
높은수평조(H)	마지막음절이 앞음절보다 높게 실현되며 마지막음절 안에서 F0가 거의 동일하게 유지되는 억양	끝에서 두 번째 음절(P), 마지막 음절의 최고점(H2)
평탄조(MM)	마지막음절이 앞음절과 같은 음높이로 실현되며 마지막음절 안에서 F0가 거의 동일하게 유지되는 억양	끝에서 두 번째 음절(P), 마지막음절의 최고점(H2)
낮은수평조(L)	마지막음절이 앞음절보다 낮게 실현되며 마지막음절 안에서 F0가 거의 동일하게 유지되는 억양	끝에서 두 번째 음절(P), 마지막음절의 최저점(L2)
내림조(HL)	마지막음절 안에서 F0가 감소하는 억양	내림시작점(H1), 최저점(L2)
오름조(LH)	마지막음절 안에서 F0가 증가하는 억양	오름시작점(L1), 최고점(H2)
오르내림조(LHL)	마지막음절 안에서 F0가 증가하다가 감소하는 억양	오름시작점(L1), 최고점(H1), 최저점(L2)
내리오름조(HLH)	마지막음절 안에서 F0가 감소하다가 증가하는 억양	내림시작점(H1), 최저점(L2), 최고점(H2)

세분함으로써 구억양(phrase tone)에 대한 경계억양(boundary tone)의 상대적 높낮이가 드러나도록 하였다. 또한, 각 억양 패턴의 평균적인 피치 변화를 포착하기 위하여 주요 지점들의 기본주파수(F0)를 측정하였다.[7]

1.1 일어문 시기의 억양 유형 분포와 특성

1.1.1 억양별 사용 빈도

파일별로 50개씩 산출한 발화 자료 가운데 말겹침이 있거나 돌발소음이 들어간 발화와 혼잣말로 분류되는 발화를 제외하고 아동별로 각각 207개(아동 C)와 282개(아동 G)의 발화 자료가 추출되었다. 이들 발화의 경계억양을 앞(〈표2〉)에서 제시한 기준에 의해 분석한 결과, 각 억양 유형별 사용 빈도와 비율이 다음과 같이 나타났다.

〈표3〉 발화 경계에 나타난 억양 유형과 분포표

	아동 C		아동 G	
MM	83	(40.10%)	112	(39.72%)
L	12	(5.80%)	37	(13.12%)
H	9	(4.35%)	33	(11.70%)
HL	31	(14.98%)	48	(17.02%)
LH	29	(14.01%)	31	(10.99%)
HLH	2	(0.97%)	12	(4.26%)
LHL	40	(19.32%)	2	(0.71%)
HLHL	–	–	1	(0.35%)
LHLH	1	(0.48%)	5	(1.77%)
HLHLH	–	–	1	(0.35%)
전체	207	(100.00%)	282	(100.00%)

---

7) 여기서 기본주파수가 측정된 지점은 억양음운론에서 하나의 음조가 할당되는 지점이다. 이호영(1999)에 따르면, 구억양(phrase tone)이나 경계억양(boundary tone)에서 나타나는 최고점과 최저점의 기본주파수를 목표점으로 각 음절의 기본주파수가 결정된다.

〈표3〉에 제시된 경계억양의 사용 빈도를 살펴보면, 두 아동에게서 모두 평탄조가 가장 빈번하게 사용되었음을 알 수 있다. 아동C의 경우에는 평탄조 다음으로 오르내림조와 오름조, 내림조가 자주 사용되었고, 아동G의 경우에는 내림조와 낮은수평조, 높은수평조 등이 자주 사용되었다. 위 표에서 HLHL, LHLH, HLHLH 등으로 표시된 것은 마지막 음절 안에서 F0의 상승과 하강이 반복되는 굴곡 억양을 나타내며 이러한 굴곡 억양은 매우 드물게 사용되었다.

1.1.2 주요 억양 유형의 실현 양상

아동의 발화 경계에 나타난 억양 유형이 구체적으로 실현된 모습을 보이기 위해 주로 사용된 7가지 유형에 대하여 각 억양 곡선의 주요 지점에서 측정된 기본주파수의 평균과 표준편차를 계산하였고, 그 결과는 〈표4〉와 〈표5〉에 제시한다. [그림1]은 두 피험자에게서 주로 사용된 경계억양의 실현 양상을 비교하기 쉽도록 그래프로 나타낸 것이다.

〈표4〉 아동 C의 억양별 기본주파수 평균

	P	L1	H1	L2	H2
MM	326(38)				337(48)
L	381(80)			295(72)	
H	323(12)				419(36)
HL			316(64)	257(63)	
LH		318(52)			409(78)
HLH			326(19)	274(11)	319(0)
LHL		373(46)	605(86)	397(98)	

〈표5〉 아동 G의 억양별 기본주파수 평균

	P	L1	H1	L2	H2
MM	347(72)				366(53)
L	396(86)			312(50)	
H	488(76)				551(82)
HL			455(62)	362(63)	
LH		375(46)			482(95)
HLH			473(72)	360(46)	403(39)
LHL		385(71)	432(66)	384(58)	

* ( ) 안의 수치는 표준편차이다.

위의 통계 자료를 바탕으로 두 아동에게서 나타난 경계억양과 성인의 경계억양을 비교해 보면 몇 가지 차이점이 드러난다. 우선, 피험자들에게서 공통적으로 가장 많이 나타난 평탄조 억양은 [그림1]에서 보이는 것처럼 마지막 음절과 앞 음절 간에 피치 변화가 거의 나타나지 않고 마지막 음절 안에서 수평조가 유지되는 유형이다. 그런데 이러한 평탄조 억양은 성인의 경계억양에서는 찾아보기 어려운 유형이며, 일반적으로 성인의 발화 경계에서는 기본주파수의 하강이나 상승이 발견되는 것이 보통이다. 따라서 발화 경계에서 발견되는 [그림1]의 평탄조 억양은 성인과 구별되는 유아 특유의 억양으로 보인다.

둘째, 성인이 반문 혹은 가부질문에 주로 사용하는 높은수평조 억양이 피험자들에게서는 거의 발견되지 않았다. 성인언어에서 높은수평조의 주파수는 앞음절에 비해 훨씬 높은 주파수로 실현되는 반면,[8] 분석된 자료에서 높은수평조 억양의 마지막음절과 앞음절의

---

8) 높은수평조의 경우 마지막 음절에 얹힌 핵억양의 기본주파수와 앞음절에 얹힌 구억양의 기본 주파수 차이는 200Hz 정도로 나타난다(이호영, 1999: 33).

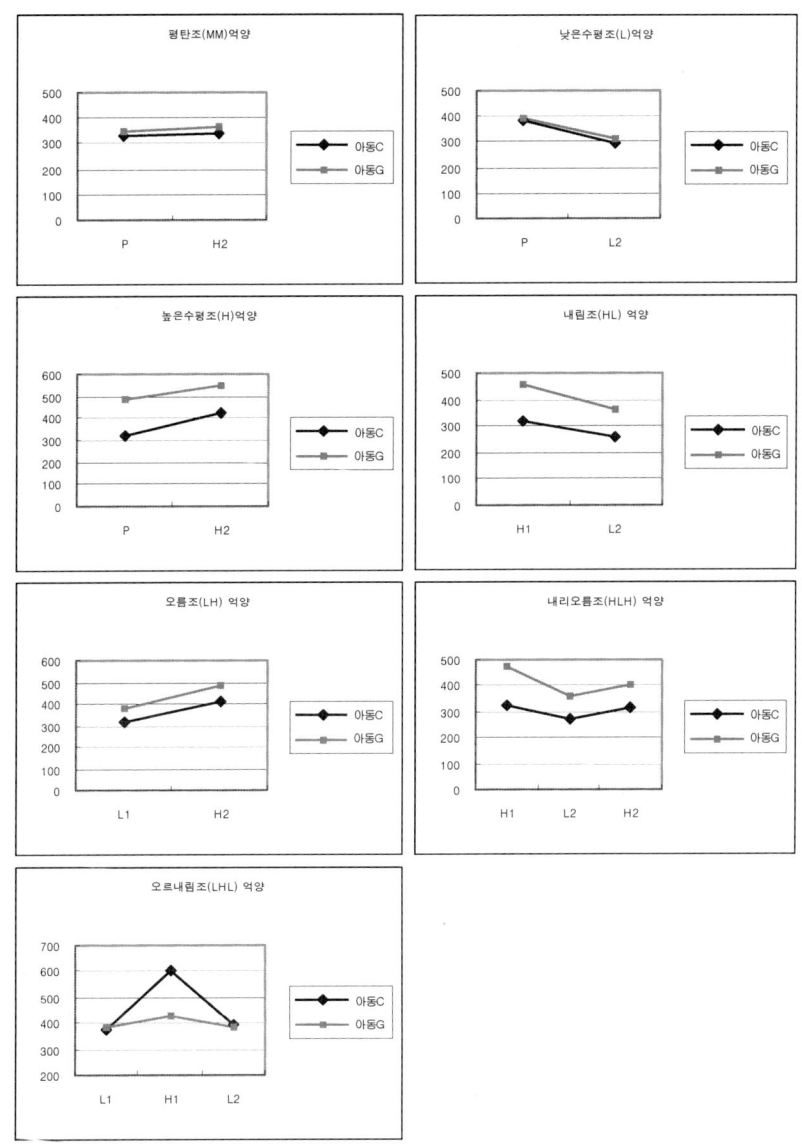

[그림1] 아동별 경계억양의 실현 양상

주파수 차이는 60~100Hz 정도로 성인의 전형적인 질문 억양과는 거리가 있다.

셋째, 오르내림조의 경우에는 피험자 개인 간에 차이가 발견되었는데, 아동 G가 사용한 오르내림조는 상승-하강 폭이 50Hz 미만으로 성인의 오르내림조와 유사하게 나타났으며, 주로 반복되는 발화에서 짜증난 태도와 함께 사용되어 그 쓰임이 성인과 유사하였다. 그러나 아동 C에게서 발견된 오르내림조는 상승-하강 폭이 200~300Hz 이상으로 매우 크게 나타나 성인에게서는 발견되지 않는 개별아동 특유의 억양으로 판단된다.

음역에 있어서는 전체적으로 여아인 아동 G의 억양 곡선이 남아인 아동 C의 억양 곡선보다 높게 나타났으나, 대상자가 매우 한정되어 있으므로 그 차이가 성별에 의한 것인지 아니면 개인차인지는 단정하기 어렵다.

1.1.3 개월별 억양 사용 분포의 변화

앞에서 제시된 억양 유형의 분포를 개월별로 살펴보면, 월령이 증가함에 따라 사용되는 억양 유형이 점차 다양해지고 각 유형 간의 사용 비율 간격이 좁혀짐을 알 수 있다. 개월에 따른 억양 사용 빈도와 비율은 〈표6〉과 〈표7〉에 피험 아동별로 제시하였다.

〈표6〉 아동 C의 개월별 억양 사용 빈도표

	13;1	14;1	15;0	16;2	17;1	18;0	19;0	22;3	23;0
MM	6	2	14	17	4	8	11	8	13
L	1		3	1	2		2	2	1
H	1	1	4			1	1	1	
HL		1	8	8	8	1	1	1	3
LH		2	2	4		6	3	4	8
HLH	1		1						
LHL					1	13	8	3	15
LHLH								1	

〈표7〉 아동 G의 개월별 억양 사용 빈도

	13;0	14;0	15;0	16;0	17;2	18;1	19;1	20;2	21;0	22;1	23;1
MM	21	13	6	6	6	20	3	6	3	19	9
L				2	1	2	6	3	4	12	7
H	1				2	3	1	1	8	7	10
HL	17	6	3	4	4	4	4	1		3	2
LH		5			1	13	5	1	3		3
HLH							5	3	3		1
LHL							1			1	
HLHL							1				
LHLH							4	1			
HLHLH									1		

억양 유형 중에서 가장 두드러진 변화를 보이는 것은 평탄조로서, 월령이 증가함에 따라 두 피험자 모두에게서 사용 비율이 감소하였다. 평탄조의 사용 비율이 낮아지는 대신, 아동 C의 경우에는 18개월 무렵부터 오름조와 오르내림조의 사용이 눈에 띄게 증가하였고, 아동 G의 경우에는 19개월과 21개월 무렵부터 각각 낮은수평조와 높은수평조의 사용이 증가하였다.

1.2 화행에 따른 억양 사용 양상

성인언어에서 발화 경계에 나타난 억양이 문장 유형 및 화자의 태도와 밀접한 관계가 있다는 것은 잘 알려져 있는 사실이다. 여기서는 성인이 사용하는 언어에서와 마찬가지로 유아 언어의 경우에도 화행에 따라 선호되는 억양 유형이 있는지를 알아보기로 한다.

앞에서 유아는 성인과 다른 억양 패턴을 보인다는 것을 살펴보았다. 이러한 억양 패턴에서 보이는 차이 외에 화행의 종류를 구분하는 데 있어서도 우리는 성인의 언어를 관찰할 때와 다른 관점에서 접근할 필요가 있다. 성인 언어의 경우는 문법적 표지와 더불어 억양이 화행 판단의 주요한 기준이 되지만, 문법 표지나 성인의 억양 체계를 아직 습득하지 못한 단계에 있는 아동의 발화는 언어 형식이 아닌 대화 상황에 의존하여 그 의도를 파악해야 하기 때문이다.

예를 들어, 성인언어에서 각각 별도의 화행으로 분류되는 질문 화행이나 청유 화행, 그리고 긍정 응대와 부정 응대 등은 의문사나 어미와 같은 언어 형식에 의존하는 바가 크다. 그러나 이와 같이 세분된 언어 형식을 습득하지 못한 유아의 발화를 대상으로 하는 경우, 대화 상황만을 통해서 화행을 구분해 내기 어려운 면이 있다. 가령, 그림책에 나타난 대상을 가리키면서 한 단어로 된 말을 했을 때, 그 발화가 대상의 이름을 묻는 것인지 아니면 단지 그 대상에 이름을 붙이는 것인지 명확하게 판단할 수 없다.

억양은 문법적 표지와는 달리 아동이 분절음을 습득하기도 전인 매우 이른 시기부터 나타나기는 하지만, 성인의 억양 체계를 아직 습득하지 못한 단계에 있는 아동의 발화에 대해서는 억양 또한 화행 구별의 기준으로 삼기 어렵다. 가령, 성인언어에서 질문 화행에 주로 쓰이는 오름조 억양을 어떤 아동은 엄마 발화에 대한 반응 정도로 사용하는가 하면, 어떤 아동은 진술의 의도를 나타내는 데 쓰기도 하기 때문이다.

유아의 화행에 대한 여러 연구에서는 유아 언어에서 화행이 단지 형식을 갖추지 못한 것뿐 아니라 유아가 수행하는 화행이 성인의 화행과 다른 분류 체계를 갖는다고 주장한다. Golinkoff(1993)에 따르면 유아는 정보를 요구하면서 동시에 정보를 공유하고자 소통을 한다. 또한 장경희·김정선(2003: 339)에서는 '엄마'라는 음성이 단순한 표출 기능을 갖는 말에서 대상 호출 기능과 요구 기능을 아우르는 말로, 나아가 호출 기능만을 수행하는 말로 기능이 변화함을 지적한 바 있다.

즉 유아 언어에 있어서 진술 화행은 성인언어에 있어서 진술이 갖는 기능뿐 아니라 질문이나 감탄이 갖는 기능까지도 모두 포함하는 경향이 있고, 마찬가지로 유아 언어에서의 요구는 성인 언어에서의 명령뿐 아니라 부르기의 기능도 포괄하는 것으로 보인다. Bates et al(1975)에서는 아동의 초기 몸짓이 두 가지의 일반적 소통 기능을 신호하는 데 사용된다고 보고, 성인에게 어떤 행동이나 사물을 요구하는 목표를 가진 원시명령(protoimperatives)과 가리키기나 보여주기 등 공동 주의나 공유된 주의를 유지하려는 목표를 가진 원시진술(protodeclaratives)로 분류하기도 하였다.

이 책에서는 이와 같이 형식이 완전하지 않은 일어문 시기의 언어 특성을 감안하여, 다음과 같이 포괄적인 분류 체계 안에서 화행을 분석하였다.

〈표8〉 화행 분류 기준

화행	판단 근거
진술	선행 발화로서 엄마의 확인 진술이 이어짐
요구	선행 발화로서 엄마의 수락 또는 거절의 응대가 이어짐
대답	후행 발화로서 엄마의 질문이나 진술에 대한 응대로 나타남.
수락	후행 발화로서 엄마의 요구에 대한 응대로 나타나며, 아동이 요구를 받아들인 것에 대해 엄마가 칭찬하는 등의 발화가 이어짐.
거부	후행 발화로서 엄마의 요구에 대한 응대로 나타나며, 아동이 요구를 받아들이지 않은 것에 대해 엄마가 꾸짖거나 다시 요구하는 등의 발화가 이어짐.

　수행 의도의 판단은 위와 같이 문법적 표지나 억양이 아니라 대화 상황과 대화에 참여한 양육자의 선행 발화와 응대 발화를 근거로 이루어졌다.9) 〈표8〉에 제시된 화행 중에서 진술과 요구는 인접쌍 내의 순서로 볼 때 선행 발화에 속하고 대답, 수락, 거부는 후행 발화에 속하는데, 선행 발화에 속하는 요구와 진술은 발화에 수반되는 몸짓이나 표정을 통해 비교적 쉽게 구분된다. 요구의 경우에는 보통 간절한 표정이나 달라는 손짓 등의 동작을 수반하고, 진술의 경우 자신이 가지고 있는 사물이나 엄마와 함께 보고 있는 그림책 등에 나타난 대상을 지시하는 동작이 수반되는 경우가 많으므로, 형태가 완전하지 않은 말소리라도 대화 현장에 있는 엄마는 대화 상황과 아동의 행동, 표정 등으로 미루어 아동의 의도가 요구인지 진술인지를 해석해 낼 수 있다.10)

　후행 발화는 그 선행 발화의 종류에 따라서 질문이나 진술에 대

---

9) 대화상대자의 발화와 인접쌍을 이루지 못하는 혼잣말이나 일반적인 상호작용으로 볼 수 없는 모방 발화는 화행 분석 대상에서 제외하였다.

10) 이 책에서 말하는 요구 화행과 진술 화행은 성인언어에서의 여러 화행이 아직 분화하지 못한 단계의 화행을 가리킨다는 점에서 Bates et al(1975)에서 말한 원시명령과 원시진술의 개념에 가깝다.

한 응대와 요구에 대한 응대로 분류되는데, 질문이나 진술에 대한 응대는 모두 대답으로 분류되고[11] 요구에 대한 응대는 일반적으로 요구를 받아들이는 행동 또는 받아들이지 않는 행동과 함께 나타나므로 수락과 거부로 나뉜다.

1.2.1 화행별 억양 사용 빈도

앞에서 보인 기준(〈표8〉)에 의해 분석된 화행의 유형와 개별 아동이 보인 억양 패턴의 관계는 〈표9〉와 〈표10〉에 제시되어 있다.[12]

〈표9〉 아동 C의 화행별 억양 사용 빈도표

	거부	대답	수락	요구	진술
MM	1	29	1	11	30
L		3			6
H		1		2	2
HL	1	13		4	13
LH	5			23	1
HLH	1			1	
LHL	1	4		2	33
LHLH	1				

---

11) 질문에 대한 응대는 성인언어의 경우 그 질문 유형에 따라 내용 질문에 대한 응대와 판정 질문에 대한 응대로 나눌 수 있고, 각각은 긍정의 응대와 부정의 응대로 다시 세분될 수 있다. 진술에 대한 응대 역시 긍정과 부정의 관점에서 이루어진다(장경희 1999: 312). 그러나 유아의 경우에는 각각의 화행이 언어형식으로 뚜렷이 구분되지 못할 뿐 아니라 이러한 세분된 분류에 큰 의의를 두기 어려우므로 여기서는 한데 묶어서 조사하기로 한다.

12) 억양 분석에 포함된 발화 자료에는 엄마와의 상호작용은 뚜렷하지만 화행의 하위 유형을 가려내기 어려운 발화들이 포함되어 있어, 화행별 억양 분석 시에는 전체 억양 분석 대상보다 적은 수의 발화 자료가 분석되었다.

<표10> 아동 G의 화행별 억양 사용 빈도

	거부	대답	수락	요구	진술
MM	1	26	1	50	25
L	1	5		7	13
H				21	
HL	2	5		18	17
LH	5	1		11	3
HLH	2			8	1
LHL				1	1
HLHL				1	
LHLH	1			4	
HLHLH				1	

〈표9〉~〈표10〉에서 보이듯이 아동 C의 경우에는 요구 화행에 평탄조와 오름조, 진술 화행에 평탄조와 오르내림조, 대답 화행에 평탄조가 주로 쓰였고, 아동 G의 경우에는 요구 화행에 평탄조와 높은수평조, 진술 화행에 평탄조와 내림조, 대답 화행에 평탄조가 주로 쓰였다. 거부 화행은 출현 빈도가 높지 않으나 오름조가 공통적으로 높은 비율을 차지했다. 수락 화행의 경우는 피험자별로 각각 1회씩 발견되었고 평탄조로 실현되었다. 수락 화행의 발생 빈도가 낮은 이유는 아동이 부모의 요구에 행동으로 응하는 경우가 많고, 수락 화행이 이루어진다 해도 매우 작은 목소리로 실현되어 억양이 잘 나타나지 않는 경우가 많았기 때문으로 보인다.

1.2.2 평탄조 억양의 화행별 기본주파수 비교

앞(1.2.1)의 분석 결과에 따르면 평탄조는 요구, 진술, 대답에 두루 사용된 것으로 나타난다. 따라서 평탄조가 이 세 가지 화행 종류에 따라 음역(pitch range)의 차이를 갖는지를 추가로 검토하였다. 피험자별로 나타난 평탄조 억양의 화행별 기본주파수 평균과 표준편차는 〈표11〉과 〈표12〉에 제시되어 있다.

〈표11〉 아동 C가 보인 평탄조 억양의 화행별 기본주파수 평균

	대답	요구	진술
기본주파수	305(38)	384(39)	350(40)

* ( ) 안의 수치는 표준편차

〈표12〉 아동 G가 보인 평탄조 억양의 화행별 기본주파수 평균

	대답	요구	진술
기본주파수	302(30)	397(34)	371(56)

* ( ) 안의 수치는 표준편차

각각의 화행에 대한 마지막 음절의 최고점 기본주파수 평균값을 비교한 결과, 두 피험자 모두에게서 요구 화행에 대한 기본주파수 평균값이 가장 높았고, 진술 화행이 그 뒤를 이었으며, 대답 화행에 대한 수치가 가장 낮게 나타났다. 피험자별로 살펴보면, 아동 C의 경우에 요구와 진술 화행에 대한 기본주파수 평균값의 차이는 34Hz였고($t = 2.36$, $p < 0.05$), 대답과 진술 화행의 차이는 45Hz였으며($t = -4.40$, $p < 0.01$), 대답과 요구 화행의 차이는 79Hz로($t = -5.68$, $p < 0.01$) t-검정 결과 각 집단 간에 모두 유의미한 차이를 갖는 것으로 나타났다. 아동 G의 경우에는 요구와 진술 화행에 대한 기본주파수 평균값의 차이가 26Hz였고($t = 2.48$, $p < 0.05$), 대답과 진술 화행의 차이는 69Hz였으며($t = -5.42$, $p < 0.01$), 대답과 요구 화행의 차이는 95Hz로($t = -11.78$, $p < 0.01$) 역시 통계적으로 유

의미한 차이를 갖는 것으로 나타났다.

1.2.3 월령 증가와 화행별 억양 사용 양상

억양 사용의 분포는 월령의 증가에 따라 일정하게 변화하는데 (1.1.3), 이와 같은 사실이 화행에 따른 억양 유형의 선택과 어떤 관계를 가지는지를 좀 더 자세히 알아보기 위해 개별 화행에 대한 개월별 억양 실현 양상을 살펴보았다. 월령에 따른 억양 사용 양상에서 가장 두드러진 변화는 평탄조 억양의 감소와 그 외 억양의 증가 (아동 C의 경우 오름조와 오르내림조, 아동 G의 경우 낮은수평조와 높은수평조)였다. 그런데 여기서 사용 비율이 증가한 억양 유형들은 각각 요구 화행과 진술 화행에 주로 사용된 억양들이다. 1.2.1에 제시된 결과(〈표9〉∼〈표10〉 참조)에 따르면 아동 C의 발화에서 오름조는 평탄조와 함께 주로 요구 화행을 나타내는 데에 오르내림조는 진술 화행을 나타내는 데 사용되었고, 아동 G의 발화에서 높은수평조는 요구 화행에, 낮은수평조는 진술 화행에 주로 쓰였다. 따라서 여러 화행 유형 가운데 요구 화행과 진술 화행에서 월령에 따른 억양 선택 양상의 변화가 뚜렷할 것으로 예상할 수 있다.

그러므로 여기서는 요구 화행과 진술 화행 각각에 대하여, 동일한 종류의 화행을 나타내기 위해 사용되는 두 억양 유형이 월령이 증가됨에 따라 그 사용 비율에서 어떠한 변화를 보이는지를 관찰하기로 한다. 화행 종류에 따른 개월별 억양 사용 빈도를 조사한 결과는 [그림2]와 [그림3]에 나타내었다.

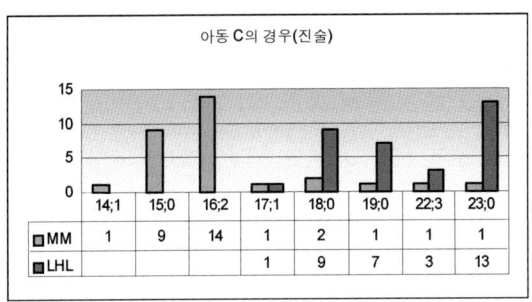

아동 C의 경우(진술)	14;1	15;0	16;2	17;1	18;0	19;0	22;3	23;0
MM	1	9	14	1	2	1	1	1
LHL				1	9	7	3	13

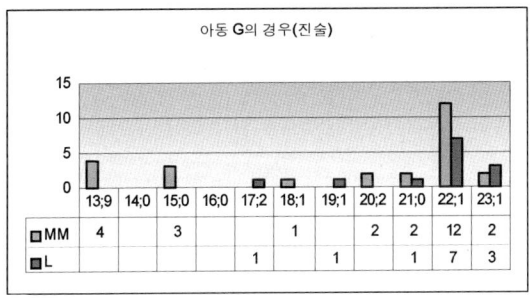

아동 G의 경우(진술)	13;9	14;0	15;0	16;0	17;2	18;1	19;1	20;2	21;0	22;1	23;1
MM	4		3			1		2	2	12	2
L					1		1		1	7	3

[그림2] 진술 화행에 대한 개월별 억양 선택

[그림2]를 보면 아동 C의 경우 진술 화행과 결합하는 억양으로 월령이 낮은 단계에서는 평탄조가 선택된 반면, 월령이 높아갈수록 오르내림조가 선택되는 비율이 높아진 것을 확인할 수 있다. 아동G의 경우에는 월령이 낮은 단계에서는 진술 화행에 대하여 아동 C의 경우와 마찬가지로 평탄조가 선택되다가 월령이 높아지면서 평탄조와 함께 낮은수평조가 선택되는 일이 잦아지는 것으로 나타났다.

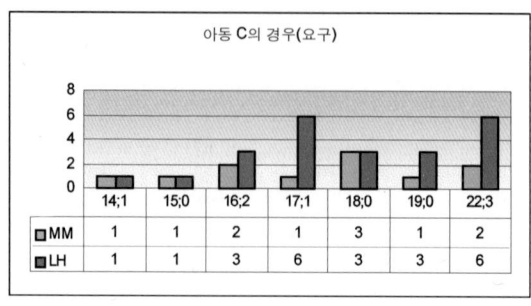

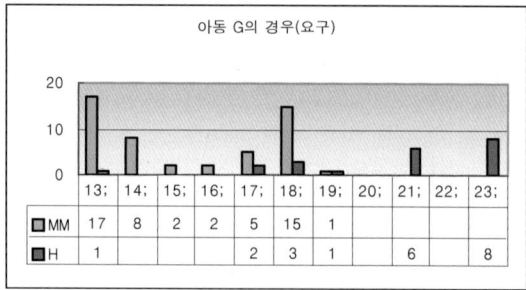

[그림3] 요구 화행에 대한 개월별 억양 선택

요구 화행에 대해서는 [그림3]에서 확인되는 바와 같이 아동 C의 경우 평탄조와 오름조가 함께 사용되며 월령이 높아지면서 오름조가 선택되는 비율이 크게 높아졌다. 아동 G의 경우에는 18개월 이전에는 평탄조가 선택되는 비율이 압도적으로 높았으나 21개월 이후에는 높은수평조만이 사용되었다.

요컨대, 관찰 초기에는 두 피험자 모두 요구·진술·대답 화행에 평탄조를 주로 사용하였으나 관찰 후기로 가면서 요구 화행과 진술 화행에 평탄조 외의 각각 다른 억양을 사용하였고 평탄조는 주로 대답 화행에만 사용되었음을 알 수 있다.

비록 사례 수가 많지는 않았지만, 이러한 분석 결과는 월령의 증가가 억양 유형 선택을 통한 화행의 변별과 밀접한 관계가 있음을 보여준다. 즉 월령이 낮은 단계에 평탄조 하나로 여러 화행을 수행하며 주로 음높이(pitch range)에 의존하여 화행을 구별하는 것과 달리, 월령이 높아지면 억양(pitch direction)의 목록이 다양해지고 이와 같이 다양한 억양 유형들을 각기 다른 화행의 종류와 체계적으로 결합하여 사용하는 것으로 보인다.

2. 다어문 시기의 억양 유형 분포와 특성

문장의 화용적 기능이나 통사 구조는 상당 부분 억양이나 리듬 등의 운율 요소에 의해 전달되므로, 통사 구조 및 화용 면의 발달은 운율 실현과 결코 무관하지 않을 것임을 예상할 수 있다. 아동의 인지가 발달하고 화행이 다양해지는 이어문 시기부터는 억양 사용에 있어서도 일어문 시기에 비해서 보다 복잡하고 세분된 양상을 띤다.

앞에서 일어문 시기 억양의 변화와 그 기능을 살펴본 데 이어 본 절에서는 생후 2년에서 3년에 이르는 기간에 보이는 운율 사용 양상을 검토하고, 월령 증가에 따라 어떠한 변화가 나타나는지를 알아볼 것이다. 이를 위하여 개월별로 문미에 나타나는 억양구 경계 성조의 유형과 사용 빈도, 화행별 문미 억양의 분포 등을 차례로 살핀다.

본 절에서 분석되는 억양 유형은 1절에서 보인 억양 유형에 비해 보다 세분된 체계로 되어 있다. 여기서는 이호영(1999)[13]에서 제시된 바 있는 화자의 음역에 의해 세분된 국어 억양 유형에 따라 피험 아동의 억양 패턴을 표시하고, 성인에게서 잘 쓰이지 않는 유아 특유의 평탄조 억양은 1절에서 보인 대로 MM으로 표시한다.

2.1 문미 억양구의 경계 성조

개월별로 문미에 나타난 억양 유형의 분포를 조사한 결과는 〈표 13〉과 같다. 여기서 발견된 억양의 유형은 성인의 발화에서 볼 수 있는 문미 억양의 유형을 거의 모두 포함하고 있으며, 여기에 유아 특유의 억양인 평탄조가 추가로 발견되었다. 평탄조 억양은 24개월 자료에서 가장 높은 빈도(11회)로 발견되었고, 다른 월령대에서는

---

13) 이호영(1999)에서는 국어에서 높내림조와 낮내림조, 낮오름조와 온오름조, 높은수평조와 가운데수평조, 낮은수평조가 기능적으로 대립하므로 국어의 핵억양을 억양음운론의 틀 안에서 분석할 때 고조(H)와 저조(L)만으로는 불충분하며 중간조(M)를 하나 더 설정해야 한다고 주장하고, Jun(1999)의 경계억양에 관한 수정안을 다음과 같이 제시하였다.
핵억양과 경계억양의 비교(이호영 1999: 37).

핵억양	Jun(1999)의 경계억양	수정안
높은수평조	H%	H%
가운데수평조		M%
낮은수평조	L%	L%
높내림조	HL%	HL%
낮내림조		ML%
온오름조	LH%	LH%
낮오름조		LM%
오르내림조	LHL%	LHL%
내리오름조	HLH%	HLH%
	LHLH%	
	HLHL%	
	LHLHL%	

출현빈도가 감소하였다. 이러한 결과는 12개월에서 23개월 사이에 평탄조가 가장 흔하게 사용된다는 사실을 감안할 때[14] 이전 단계와 비교하여 이 시기에 일어나는 가장 큰 변화 중 하나라는 것을

〈표13〉 문미 억양구 경계 성조의 유형과 분포

	24개월	25개월	26개월	27개월	28개월	29개월	30개월	31개월	32개월	33개월	34개월	35개월	합계
H	5 (10%)	10 (20%)	9 (18%)	5 (10%)	8 (16%)	3 (6%)	3 (6%)	1 (2%)	4 (8%)	8 (16%)	11 (22%)	4 (8%)	71 (11.8%)
HL	–	–	1 (2%)	–	–	–	–	–	–	–	–	–	1 (0.2%)
HLH	–	–	1 (2%)	2 (4%)	1 (2%)	–	1 (2%)	–	–	–	2 (4%)		7 (1.2%)
L	30 (60%)	30 (60%)	20 (40%)	22 (44%)	24 (48%)	30 (60%)	27 (54%)	31 (62%)	24 (48%)	26 (52%)	18 (36%)	33 (66%)	315 (52.5%)
LH	2 (4%)	1 (2%)	–	1 (2%)	4 (8%)	1 (2%)	1 (2%)	1 (2%)	4 (8%)	1 (2%)	1 (2%)	2 (4%)	19 (3.2%)
LHL	–	–		4 (8%)	–	–	–	–	–	1 (2%)	–	–	5 (0.8%)
LHLH	–	1 (2%)	–	–	–	–	–	–	–	–	–	–	1 (0.2%)
LHLHL					1 (2%)	–	–	–	–	–	–	–	1 (0.2%)
LM	2 (4%)	8 (16%)	7 (14%)	13 (26%)	7 (14%)	9 (18%)	11 (22%)	6 (12%)	9 (18%)	4 (8%)	3 (6%)	4 (8%)	83 (13.8%)
M	–	–	5 (10%)	1 (2%)	3 (6%)	7 (14%)	3 (6%)	7 (14%)	3 (6%)	3 (6%)	11 (22%)	5 (10%)	48 (8.0%)
ML	–	–	–	–	–	–	1 (2%)	3 (6%)	2 (4%)	1 (2%)	1 (2%)	–	8 (1.3%)
MM	11 (22%)	–	7 (14%)	2 (4%)	2 (4%)	–	3 (6%)	1 (2%)	4 (8%)	6 (12%)	5 (10%)	–	41 (6.8%)

---

14) 이 장의 1절에서 일어문 시기(12~24개월)에 마지막 음절이 앞음절과 같은 음높이로 실현되고 마지막 음절 안에서 기본주파수가 거의 동일하게 유지되는 평탄조 억양(MM)이 가장 빈번하게 사용되며, 월령이 증가함에 따라 이러한 평탄조 억양의 사용 비율이 점차 감소하는 대신 특정 화행과 특정 문미 억양이 일정한 대응 양상을 보이며 평탄조 억양을 대신한다는 것을 보았다. 일어문 시기에는 화행의 종류(요구, 진술, 대답)에 따라 음역을 달리하는 경향이 나타나는데, 이를 통해 억양 유형으로써 화행을 구분하기 이전에 일정 기간 동안 음역이 화행을 구분하는 주요한 수단이 됨을 알 수 있다.

알 수 있다. 평탄조를 제외한 억양 유형의 수를 개월별로 살펴보면, 24개월 시기에는 3개의 억양 유형이 나타나다가 25개월에는 5개, 26개월에는 6개로 사용되는 억양 유형의 수가 증가한 것을 관찰할 수 있다. 전체적으로 보면, 문미 억양으로 가장 많이 사용되는 유형은 낮은수평조(L) 억양이고, 높은수평조(H)와 낮오름조(LM)도 비교적 자주 사용되는 것으로 나타났다.

2.2 화행과 문미 억양

문미 억양의 선택에는 문장 유형뿐 아니라 화자의 태도나 감정 등 복잡하고 다양한 층위의 요인들이 함께 영향을 미친다. 이호영 (1994: 20 – 32)에서는 국어 핵억양(문미 억양)의 선택 과정에 관련되는 요인으로, 문장 유형, 어미 형태, 언표내적 행위, 화자의 태도 등을 들고, 발화가 어떤 요소들의 결합으로 이루어지느냐에 따라 각기 다른 억양이 선택된다고 주장하였다. 특정 화행과 억양 유형 간에 일대일의 대응 관계가 수립되기 어려운 이유는, 이와 같이 문미 억양의 선택에 영향을 미치는 요인이 워낙 다양한 층위에 걸쳐 있기 때문이다.

앞(2.1)에서 월령이 증가함에 따라 사용되는 문미 억양 유형의 수도 증가함을 보았다. 그런데 이러한 월령별 변화가 화행별로는 어떻게 나타나는지를 좀 더 자세히 알아보기 위해 대표적인 화행인 진술, 질문, 명령에 대하여 억양 유형의 개월별 분포를 살펴보았다.[15) 각각의 화행에 대한 억양 유형의 분포는 〈표14〉 ~ 〈표16〉

에 제시하였다.

〈표14〉 진술 화행에 대한 문미 억양 선택 양상

	24개월	25개월	26개월	27개월	28개월	29개월	30개월	31개월	32개월	33개월	34개월	35개월	합계
MM	11		6		2		2	1			1		23
H	1	1				1	2	1		1	1		8
L	26	20	8	5	17	17	16	8	10	12	5	21	165
LM		7	4	2	3	5	4	2	3	2	1	2	35
LH		1		1	1							1	4
M			4	1		6	1	1		2	2	1	18
HLH				1		1						1	3
ML								1	1				2
LHL										1			1
합계	38	29	22	9	24	29	26	14	14	18	10	26	259

〈표14〉에 제시된 바와 같이 진술 화행에서 가장 많이 사용된 억
양 유형은 낮은수평조(L)였고(165회), 낮오름조(LM)가 그 다음으로
많이 사용되었으나 사용 빈도에서 낮은수평조(L)와 큰 차이를 보였

---

15) 발화의 수행의도에 대한 판단은 인접쌍(adjacency pair) 내의 순서와 문장 유형(sentence
 -type), 대화에 참여한 양육자의 응대 발화 등을 근거로 하였고, 대화상대자의 발화와 인
 접쌍을 이루지 못하는 혼잣말이나 일반적인 상호작용으로 볼 수 없는 모방 발화는 분석 대
 상에서 제외하였다. 즉 인접쌍 내의 순서로 볼 때 선행 발화에 해당하는 것으로서 엄마의
 확인 진술이 이어지는 경우에는 진술로, 엄마의 수락 또는 거절의 응대가 이어지는 경우에
 는 명령으로, 엄마의 대답이 이어지는 경우에는 질문으로 분류하였다. 후행 발화의 경우에
 는 그와 인접쌍을 이루는 선행 발화의 유형에 따라 각각 다른 유형으로 분류하고 언어 형
 식에 근거하여 이를 다시 긍정적 응대와 부정적 응대로 세분하는 방식을 취하였다. 분석 결
 과, 질문에 대한 응대는 내용 질문에 대한 응대가 총 37회 출현하였고, 판정 질문에 대한
 응대는 긍정이 52회, 부정이 11회 출현하였고, 대부분이 낮은수평조로 실현되었다. 진술에
 대한 응대 역시 긍정과 부정의 관점에서 분류되었는데, 긍정의 경우 총 5개 발화 중 3개
 발화에서 낮은수평조가, 부정의 경우에는 총 9개 발화 중 5개 발화가 낮오름조로 실현되었
 다. 요구 화행에 대한 응대의 경우, 긍정이 13회, 부정이 11회 출현하였고, 긍정의 경우에
 는 낮은수평조, 평탄조, 낮오름조, 가운데수평조 등의 억양으로 실현되었고, 부정의 경우는
 주로 낮은수평조와 낮오름조로 실현되었다. 이 밖에 대화상대자의 말을 듣고 있다는 청자
 반응 표시인 '맞장구'(3회) 등이 나타났고 낮은수평조로 실현되었다. 여기서 진술, 명령, 질
 문을 제외한 나머지 화행은 사례 수가 많지 않고 대응하는 억양 유형도 비교적 한정적이어
 서 월령별 변화를 살피기에는 적절치 않다고 판단되므로 본 기술에서는 제외하기로 한다.

다. 성인의 경우에는 평서문에 낮은수평조, 낮내림조, 오르내림조가 주로 사용되었고 낮오름조와 가운데수평조는 비교적 낮은 빈도로 사용되었으며 높내림조와 높은수평조는 전혀 사용되지 않았다고 이호영(1999: 34 - 35)에서 밝힌 바 있다. 그런데 이러한 결과는 5명의 피험자가 10개의 실험 문장을 낭독한 실험에서 나온 것으로, 실제 자연발화에서는 이보다 더 다양한 문미 억양이 선택될 것임을 짐작할 수 있다.

월령에 따른 변화를 살펴보면, 월령이 높아짐에 따라 유아 특유의 평탄조(MM) 억양은 줄어들고, 그 밖의 억양을 사용하는 일이 많아졌음을 알 수 있다. 또한, 그 밖의 억양 유형을 사용함에 있어서도, 24개월에는 진술 화행이 주로 낮은수평조(L)하고만 결합되는 양상을 보이다가 월령이 증가하면서 낮오름조(LM)나 가운데수평조(M) 등 다양한 유형의 경계성조와 결합되는 일이 많아져, 진술 화행과 결합하는 억양 유형의 수가 증가함을 볼 수 있다. 진술화행에 쓰인 높은수평조(H)는 낮은수평조(L)와 함께 가장 먼저 나타났는데(24개월), 주로 자랑하거나 약속을 나타내는 발화에 쓰였다. 낮오름조

〈표15〉 명령 화행에 대한 문미 억양 선택 양상

	24개월	25개월	26개월	27개월	28개월	29개월	30개월	31개월	32개월	33개월	34개월	35개월	합계
MM				1					1		2		4
LH	1				1		1				1		4
LM	1			11	2	2	2	1		1	2	2	24
L		1	5	6	4	9		3	2	2	2	1	35
HLH			1	2									2
LHL				4									4
M					2			1	1		4	1	9
ML									1				1
H										1	1		3
합계	2	1	6	24	9	11	3	5	5	4	12	4	86

(LM)와 온오름조(LH)는 25개월에 처음 출현하였고, 낮오름조(LM)는 같은 내용을 다시 반복해서 진술하는 경우에, 온오름조(LH)는 친밀하고 다정한 태도로 달래는 경우에 주로 사용되었다. 가운데수평조(M)는 '-네'로 끝나는 감탄서술이나 낭독체를 흉내 낸 발화에 사용되었다. 낮내림조(ML)는 31개월과 32개월에 각각 1회씩 출현하였고, 주장을 나타내는 발화에서 사용되었다. 이 밖에 굴곡 성조인 내리오름조(HLH)와 오르내림조(LHL)는 각각 28개월과 33개월에 처음 나타났고, 내리오름조(HLH)는 강한 주장이나 놀람을 표시하는 발화에서, 오르내림조(LHL)는 짜증 섞인 진술에서 사용되었다.

명령 화행에서 주로 사용된 억양 유형은 진술 화행에서와 마찬가지로 낮은수평조(L)와 낮오름조(LM)였다. 그러나 진술 화행의 경우 낮은수평조(L)가 낮오름조(LM)에 비해 훨씬 높은 사용 빈도를 보인 반면, 명령 화행의 경우에는 두 개의 억양 유형이 비슷한 빈도로 사용되었다. 성인의 경우에는 낮내림조와 낮은수평조, 높내림조가 골고루 사용되고 간혹 오르내림조와 가운데수평조가 사용되기도 하는 것으로 보고되었다(이호영 1999: 34-35).

명령 화행의 경우에도 월령의 증가에 따라 이와 결합하는 경계 억양의 종류가 다양해지는 것을 관찰할 수 있었다. 24개월 시기에는 온오름조(LH)와 낮오름조(LM)가 1회씩 발견되었고, 25개월 시기에는 낮은수평조(L)가 발견되었으나 이 무렵까지는 억양의 유형이 화행이나 태도와 특별한 관계를 가지고 의도적으로 선택된 것으로는 보이지 않는다. 26개월 때에는 명령 화행에 낮은수평조(L)가 선택되는 빈도가 높아짐과 함께 내리오름조(HLH)가 처음으로 나타났는데, 내리오름조(HLH)는 반복되는 명령에 쓰여 짜증난 태도를 나타냈다. 그리고 27개월에 사용된 내리오름조(HLH)도 마찬가지로 짜증난 태도를 나타내는 데 사용된 것으로 보아, 비로소 억양 유형이 발화 의도 및 태도와 일정한 관계를 갖게 되었음을 알 수 있다. 27개월에 와서는 이전부터 사용된 낮은수평조(L), 내리오름조(HLH), 낮오름조(LM)와 함께 오르내림조(LHL)가 처음으로 사용되었고, 낮은수평조(L)는 단호한 태도, 낮오름조(LM)는 조르는 태도, 내리오름조(HLH)는 짜증난 태도, 오르내림조(LHL)는 반복해서 조르는 태도를 나타내는 데 주로 사용되었다. 28개월에 처음 출현한 가운데수평조(M)는 허락을 나타내는 데에 사용되었고, 32개월 시기에 보인 낮내림조(ML)는 놀람을 나타내는 데에 쓰였다. 33개월과 34개월에 1회씩 사용된 높은수평조(H)는 행동에 앞서 주의를 집중시키는 발화에 사용되었다.

〈표16〉 질문 화행에 대한 문미 억양 선택 양상

	24개월	25개월	26개월	27개월	28개월	29개월	30개월	31개월	32개월	33개월	34개월	35개월	합계
H	4	9	9	5	8	2			3	6	7	3	56
L			1				1			3		2	7
LM			1						2				3
LH					2	1		1	4	1		1	10
M					1	1	2	1		1	3	1	10
ML											1		1
HLH												1	1
합계	4	9	11	5	11	4	3	2	9	11	11	8	88

질문 화행에 대응되는 억양은 진술이나 명령 화행에 비해 적은 수인 7개 유형으로 나타났다. 〈표16〉에 보인 억양 유형 가운데 가장 자주 사용된 유형은 높은수평조(H) 억양이었고, 가운데수평조

(M)와 온오름조(LH) 억양이 그 뒤를 이었다. 이호영(1999: 34 – 35)에서는 성인의 경우에 가부질문과 반문에서 높내림조와 높은수평조가 주로 사용되고, 내용질문에서 낮은수평조와 가운데수평조를 제외한 대부분의 핵억양이 두루 사용된다고 하였다. 이호영(1999: 34 – 35)의 결과에서 볼 수 있듯이 의문문의 하위 유형과 억양 유형 사이에는 일대일의 대응 관계가 성립하는 것이 아니며, 문장 유형이 억양의 선택에 절대적인 영향을 미친다고도 보기 어렵다.

가장 먼저 나타난 높은수평조(H) 억양은 가부질문과 반문, 자문에 두루 사용되었고, 26개월에 처음 출현한 낮은수평조(L)와 낮오름조(LM)는 자문이나 확인질문에 사용되었다. 낮오름조(LM)는 낮은수평조(L)에 비해 친밀한 태도를 전달한다. 온오름조(LH)와 가운데수평조(M)는 28개월부터 나타났고, 각각 내용질문과 수사의문문에 사용되었다. 34개월 시기에 나타난 낮내림조(ML)는 동의를 구하는 질문에 사용되었다. 내리오름조(HLH)는 35개월 시기에 나타났다. 내리오름조(HLH) 억양이 사용된 상황은 아동의 질문에 엄마가 대답을 안 하자 아동이 반복해서 질문한 경우로, 다른 화행에서 사용될 때와 마찬가지로 짜증내는 태도를 전달했다.

지금까지 살펴본 월령에 따른 문미 억양의 사용 양상을 요약하면, 초기에는 하나의 화행에 대응하는 문미 억양의 유형이 한정적이나 월령이 높아지면서 다양한 유형의 억양이 결합됨을 알 수 있다. 이것은 억양 선택에 화행적 요소뿐 아니라 태도나 감정적인 요소가 개입하여 억양 선택이 보다 복잡한 과정으로 진행됨을 보여준다.

3. 정보 단위로서의 운율 단위 구성

발화 내의 통사 구조와 운율 요소 사이의 관계에 대한 선행 연구에서는 1;6세 무렵에 이어문과 함께 강세의 변별적 기능이 나타나거나(Bloom 1973), 통사적으로 연관된 두 개의 어휘를 한 억양 단위로 묶는 현상(Brown 1973: 182) 등이 보고된 바 있다. 그러나 사실상 이어문 시기에 나타나는 발화들은 두 개의 어휘가 하나의 발화로서 통합된 의미를 전달하는지 별개의 의미를 전달하는지 판단이 불가능한 경우가 대부분이어서[16] 이어문 시기의 발화를 대상으로 운율 단위와 통사 구조의 상관성을 살피는 일에는 무리가 따른다.

여기서는 문장이 통사적으로 복잡해지기 시작하는 만 2세에서 만 3세까지의 발화를 대상으로 문장의 통사 구조와 운율과의 관계를 살펴보고자 한다. 이를 위하여 개월별로 문장 중간에 나타나는 억양구 경계 성조의 유형과 출현 빈도, 복문 구성에 나타난 운율 단위 등을 차례로 관찰한다.

3.1 문중 억양구의 경계 성조

문장 중간 위치에 나타난 억양구 경계 성조의 유형과 개월별 출현 빈도는 〈표17〉과 같다.

---

16) "엄마 빵빵" "엄마 아빠" 등 전보문을 예로 들 수 있다.

	24개월	25개월	26개월	27개월	28개월	29개월	30개월	31개월	32개월	33개월	34개월	35개월	합계
MM	3	3	4	2	5				1	5	2		25
M		4	3	3		8	4	5	6	7	6	1	47
LM				2		6	8	2		5	3	3	29
L					1	4	1	2	4	1	3	6	22
H												1	1
합계	3	7	7	7	6	18	13	9	11	18	14	11	124

　문중에서 억양구가 생성되는 경우는 관찰 초기(24～28개월)에 비해 관찰 후기(29～35개월)에 비교적 많이 발견되었는데, 이것은 월령이 증가함에 따라 발화의 길이가 길어지고 통사 구조가 복잡해지는 것과 관련이 있으리라고 생각된다. 억양의 유형별로 살펴보면, 유아 특유의 평탄조 억양이 28개월 무렵까지는 비교적 꾸준히 발견되다가 29개월 이후에는 출현하지 않거나 흉내말의 경우로 한정되는 경향을 보였다. 그 밖의 억양 유형으로는 가운데수평조가 25개월에 처음 출현하였고, 낮오름조, 낮은수평조가 각각 27개월과 28개월에 처음 출현되었다. 높은수평조는 가장 늦은 35개월에 출현되었다. 전체적인 사용빈도를 살펴보면, 가운데수평조가 가장 빈번하게 사용되었고, 그 다음으로는 낮오름조와 평탄조가 자주 사용되었다. 문 중에서 가운데수평조의 사용 빈도가 높게 나타난 것은 성인 발화의 경우와 비슷하다고 볼 수 있다.[17] 낮오름조의 사용 비율(23%)은 성인의 경우(7%)보다 훨씬 높게 나타났다.

---

17) 한선희(2000: 230-231)에서는 대담 형식의 대화체 음성자료를 분석한 결과, 문상 중간에 오는 억양구 경계 성조의 유형으로 고조(H%)가 35%로 가장 많고, 그 다음으로 하강조(HL%) 32%, 저조(L%) 16%, 굴곡하강조(LHL%) 10%, 상승조(LH%) 7%의 분포를 보인다고 하였다. 여기서 H%는 억양의 방향(direction)만을 고려한 것으로, 이 책의 가운데수평조가 지시하는 억양 유형을 포함한 것이다.

3.2 통사 구조와 운율 단위 구성

성인 발화에서는 일반적으로 통사 구조와 운율 단위 구성이 밀접한 관계를 갖는데, 유아의 경우에는 어떠한지를 알아보기 위해 절의 경계에 나타난 운율을 살펴보았다. 운율 경계는 통사적으로 긴밀한 관계로 연결된 어절보다는 그렇지 않은 어절에 올 경우가 많다(정회선, 1996: 217 - 224). 통사 구조와 운율 단위 구성의 연관성이 비교적 잘 드러나는 것은 복문 구성에서이므로 여기서는 복문 구성을 보이는 발화들을 골라 문장의 구조가 운율에 반영되고 있는지를 살폈다. 〈표18〉은 각 개월별로 복문 구성이 나타난 빈도와 복문 구성에서 절의 경계에 억양구 경계가 형성된 빈도를 나타낸 것이다.

〈표18〉 복문 출현 빈도와 절 경계에서의 억양구 형성 빈도

		24개월	25개월	26개월	27개월	28개월	29개월	30개월	31개월	32개월	33개월	34개월	35개월	합계
대등 접속	사례 수	1	-	1	1	3	1	2		2	2			13
	억양구형성	-	-	1	-	2	1	2		1	2			9
종속 접속	사례 수	2				1	2	2	2	1	7	1	6	24
	억양구형성	-				-	1	1	-	1	5	1	2	11
관형절 내포	사례 수	1					1	3				1	3	9
	억양구형성	1					-	-				-		1
인용절 내포	사례 수			1		1	3						3	8
	억양구형성			-		-	-							0

1) 대등 접속

대등 접속문에서는 접속 어미 다음에 억양구 경계가 생기면서 억양구 경계음조가 나타나게 되는 것이 일반적이다(김선철 1996:

78). 단, 선행절과 후행절이 짧고 발화 전체에 악센트가 네 개 미만일 때 선행절의 술어 다음에 억양구 경계가 생기지 않을 수 있다 (Lee 1990: 143 – 144, 김선철 1996: 78 – 84).

분석 결과, 아동의 발화에서 나타난 대등 접속 어미는 '– 고'로 한정되었고, 이를 포함한 발화는 전체 자료에서 13개로 나타났다. 이 가운데 접속 어미 다음에 억양구 경계가 생긴 경우는 9 개였으며, 억양구 경계가 형성되는 비율은 관찰 초기보다 후기에 비교적

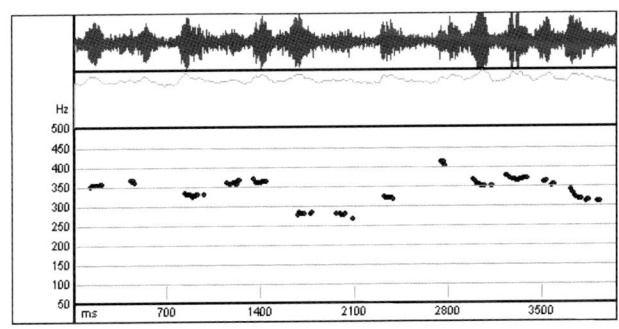

[그림4] 26개월 유아 발화의 억양 곡선, "발톱도 빼쪽하고,
또 손도 빼쪽하고"

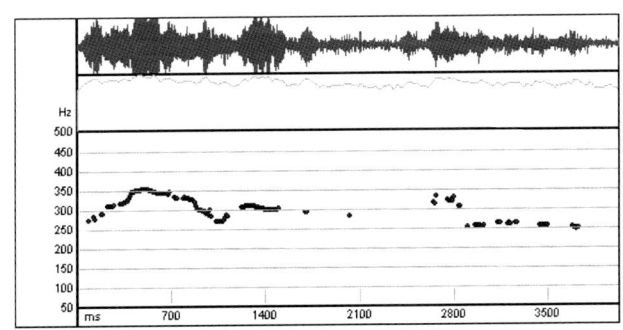

[그림5] 28개월 유아 발화의 억양 곡선, "엄마는 여기 앉으구,
(//) 아빠는 여기 앉으구"

높게 나타났다. [그림4]와 [그림5]는 각각 26개월 시기와 28개월 시기에 발화된 자료의 억양 곡선을 나타낸 것으로 해당 발화는 병렬 접속 형태인 '-고'를 포함하고 있다.

[그림4]에 나타난 억양 곡선과 파형을 보면 거의 모든 음절을 끊어서 발음하고 중간구나 억양구 등의 운율 단위 구성은 이루어지지 않았음을 확인할 수 있다. 성인의 발화에서는 접속 어미 다음에 억양구 경계가 나타나고 나머지 어절들 사이에 중간구 경계가 나타나는 것이 일반적이다. 해당 발화의 경우, '뾰쪽하고'와 '또' 사이에 절의 경계가 놓이므로 다른 성분들 사이의 관계에 비해 이 두 성분 사이의 통사적인 친밀도가 낮다고 볼 수 있다. 그러므로 '뾰쪽하고' 다음에 다른 위치에서보다 긴 휴지(休止)가 개입될 것이 예상되지만, 아동의 실제 발화에서는 휴지가 거의 개입되지 않았고 어간말 음절의 장음화도 일어나지 않았다. 또한 어절 끝에 오는 음절들의 길이와 그 밖의 위치에 놓인 음절의 길이에 별 차이가 없으며, 일반적인 성인의 억양에서 발견되는 음조 조화 현상도 찾아볼 수 없다. 즉 음절들이 통사 구조에 따라 적절한 운율 단위를 이루지 못하고 따로따로 존재하는 듯한 느낌을 준다.

반면, 28개월에 발화된 자료인 [그림5]에 나타난 억양 곡선을 보면 연결어미 '-고' 다음에 휴지가 삽입되었고 나머지 음절들 사이의 발음 간격이 좁혀졌음을 확인할 수 있다. 즉 통사 구조가 운율 단위 구성에 어느 정도 반영이 되었다고 볼 수 있다. 그러나 여기에 나타난 경계음조는 평탄조 억양으로, 일반적인 성인 발화에서 보이는 문 중 억양구 경계 성조와는 차이를 보였다. 청각적 인상으로는 [그림5]의 발화가 [그림4]의 발화에 비해 유창성이 크게 증가한 것으로 느껴지는데, 실제 발화 속도에 큰 차이가 없는데도 불구하고 이러한 인상을 갖게 하는 데에는 [그림5]의 발화에서 통사 구조상의 경계와 운율 구조상의 경계가 일치된 점이 중요하게 작용하는 것으로 생각된다.[18)

2) 종속 접속

인과 관계, 조건 관계, 목적 관계, 계기 관계 등을 나타내는 종속 접속 어미로 연결된 종속 접속문 구성에서도 대등 접속문 구성에서와 마찬가지로 접속 어미 다음에 억양구 경계가 생기는 것이 일반적이다. 다만, 후행절이 짧고 악센트가 두 개 미만인 경우에는 선행절과 후행절 사이에 억양구 경계가 생기지 않는다(Lee 1990: 148, 김선철 1996: 84 - 90).

대상 아동의 발화에서 종속 접속 구성이 나타난 것은 24개월 시기에 계기·한정 접속 구성이 출현한 것(2회)을 제외하고는 주로 28개월 시기 이후 자료에서이다. 전체적으로는 24개의 발화가 종속 접속 구성으로 되어 있었고, 어미 형태로는 ‘ - 고(서), - 는데, - 니까, - 어도, - 어서, - 면’ 등의 형태가 나타났다. 종속 접속 구성의 24개 발화 가운데 종속 접속 어미 다음에 억양구 경계가 형성된 경우는 11개였다. 다음에 제시된 [그림6]~[그림7]은 종속 접속문에서 접속 어미 뒤에 억양구 경계가 형성되지 않은 예를 보인 것이다.

---

18) 관찰 구간 전체에서 본 발화 속도(초당 음절 수) 평균은 3.50으로 고현주 외(2003)에서 제시한 성인의 발화 속도(5.35~8.17)와 비교해 보면, 다소 느린 것으로 나타났다. 월령의 증가와 발화 속도 사이에서는 일정한 상관관계를 발견하기 어려웠는데, 이러한 결과는 이 시기에 다른 운율적 요소의 발달이 두드러지는 반면 발화 속도의 증가는 거의 이루어지지 않거나 매우 느리게 진행됨을 말해 준다.

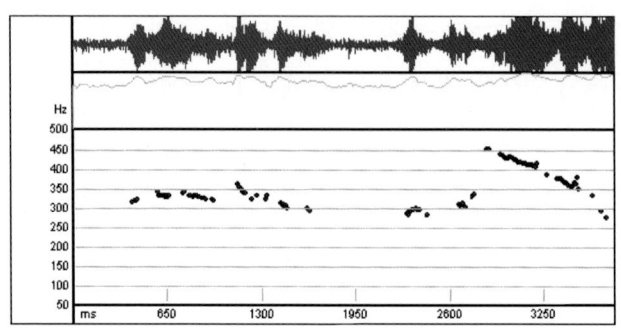

[그림6] 24개월 유아 발화의 억양 곡선, "얘는 베개를 (//) 잡고 흔들흔들 해."

    [그림6]은 24개월에 발화된 자료의 억양 곡선으로, 해당 발화는 계기 한정 접속의 종속 구성으로 되어 있다. [그림6]에 나타난 억양 곡선을 보면 '잡고'와 '흔들흔들 해' 사이에는 휴지가 거의 개입되지 않고, 그 대신 목적어인 '베개를'과 '잡고' 사이에 휴지가 삽입된 것을 확인할 수 있다. '잡고'와 '흔들흔들'의 사이에는 절의 경계가 놓이므로 통사적인 친밀도가 낮다. 따라서 이 두 어절이 하나의 억양구 안에 놓이고, 반대로 목적어와 술어 관계에 있는 '베개를'과 '잡고'가 별개의 억양구 안에 놓인 이러한 발화는 성인의 관점에서 보면 매우 어색하게 느껴진다. 일반적으로 성인의 발화에서는 접속 어미 다음에 휴지가 삽입되고 억양구 경계음조가 나타나거나, 발화 전체의 길이가 상대적으로 짧은 경우 하나의 억양구로 발화되므로, 위와 같은 경우 '잡고'와 '흔들흔들 해' 사이에 휴지가 삽입되거나 아니면 휴지 삽입이 아예 이루어지지 않는 것이 보통이다. 따라서 이 발화에 삽입된 휴지는 의미 및 정보의 단위로서의 억양구를 구성하기 위해 의도적으로 삽입되었기보다 단순히 호흡의 단위를 구성하는 데에만 기여하는 것으로 보인다.

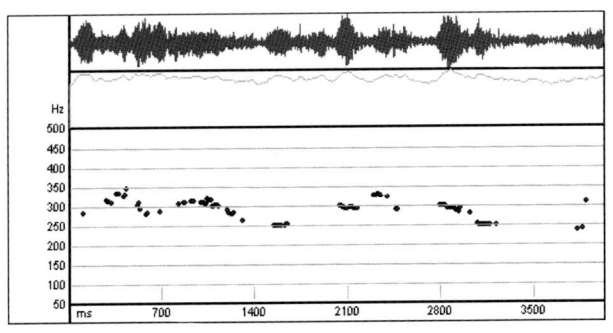

[그림7] 28개월 유아 발화의 억양 곡선, "(바람개비는) 너무 어려우니까 유빈이가 좀 이따 만들게."

위에 제시된 [그림7]은 28개월 시기의 발화에 대한 억양 곡선을 나타낸 것이다. 이 발화는 총 다섯 개의 중간구로 구성되어 있다. 첫 번째 중간구는 '너무'에 얹혀 있고(LH), 두 번째 중간구는 '어려우니까'에(LHL), 세 번째 중간구는 '유빈이가(실제 발화음은 [인니가])'에(LH), 그 다음 중간구는 '좀 이따'(HLH)와 '만들게'에(LLH) 얹혀 있다. 이 발화에서는 주목할 만한 현상이 두 가지로 나타났는데, 첫째는 이전 자료와는 달리 THLH 성조 유형이 발화 전체에 걸쳐 동일하게 부과되는 음조 조화(tone concord) 현상이 발견된다는 점이다. 하지만 성인의 발화와는 달리 중간구 경계에 놓인 음절과 나머지 음절들이 거의 같은 길이로 발음되었고, 다섯 음절로 구성된 중간구 '어려우니까'의 경우 세 번째 음절과 네 번째 음절이 두 번째 성조(H)에 연결되지 않고, 경계성조(L)에 연결된 점이 특이하다. 다음으로, 두 번째 중간구의 마지막 음절에 억양구 경계 성조로 볼 수 있는 낮은수평조가 나타났다. 그러나 연결어미와 후행절의 주어 사이에 휴지가 거의 없으므로 온전한 의미의 억양구 경계가 생성되었다고 보기는 어렵다. 즉 이 발화는 전부 다섯 개의 중간구를 가지므로 억양구 경계 형성의 조건을 갖추고 있지만, 전체가 하나의 억양구로 구성됨으로써 통사 구조가 운율에 적절하게 반영되지 못했다고 할 수 있다.

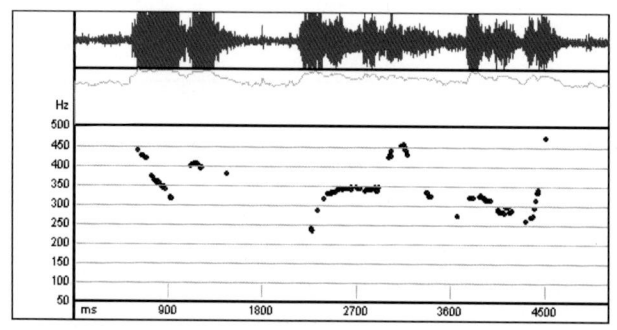

[그림8] **30**개월 유아 발화의 억양 곡선, "숟가락은 (*//*) 없는데, 손으로 집어먹어."

위 발화는 두 개의 억양구로 구성되어 있으며, 억양구 경계는 '숟가락은'과 '없는데' 사이에 형성되어 있다. 역시 통사적 친밀도로 보면 주어와 술어인 '숟가락은'과 '없는데'보다 상황접속소 '-는데'로 연결된 선행절과 후행절 사이에 억양구 경계가 놓이는 것이 자연스럽다. 그러므로 위의 발화에 나타난 휴지 삽입은 발화가 가진 통사 구조 층위에 맞지 않게 이루어진 것으로 볼 수 있다.

유아 초기 단계에서 휴지 삽입이 통사 구성과 무관하게 이루어진다는 사실은 절 접속의 경우로 한정되지 않고, 다음과 같은 문장 접속의 경우에서도 확인된다.

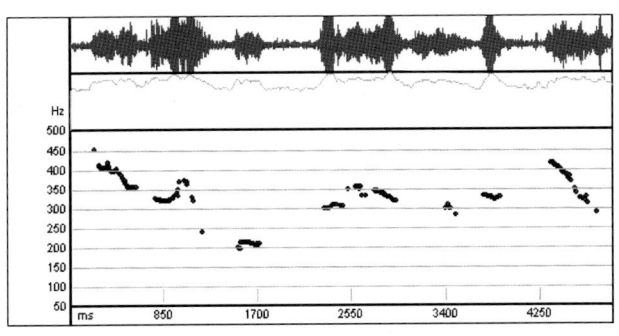

[그림9] 27개월 유아 발화의 억양 곡선, "(아야야 아저씨가) 이렇게 큰 주사를 (/응/) 맞혀버
렸어. 그러니까 (//) 세린이가 (아야야 하고 울었어.)"

위 발화는 두 개의 문장이 '까닭'을 표시하는 접속사 '그러니까'
로 연결된 것이다. 성인의 발화라면 선행 문장의 끝에 위치한 음절
이 장음화하고 후행 문장의 초두에서 기저선의 재지정(reset) 현상
이 나타나는 것이 보통이나, 이 경우에는 '맞혀버렸어'와 '그러니
까' 사이에 중간구나 억양구 경계가 존재하지 않고 억양 곡선도 돌
출하는 부분이 없이 자연스럽게 이어짐을 볼 수 있다. 그 대신 목
적어인 '주사를'과 서술어인 '맞혀버렸어' 사이에 다소 긴 휴지가
개입되었다. 이와 함께 후행 어구에 얹힌 억양의 초두에서 재지정
현상이 발견되고, 선행 어구 말 음절에서는 가운데수평조 억양이
나타났다.[19] 가운데수평조는 성인의 발화에서도 문 중에서 흔히 발
견되는 경계성조 유형이다. 따라서 '주사를'과 '맞혀버렸어' 사이에
억양구 경계가 존재한다고 볼 수 있는데, 성인 발화에서 목적어와
서술어구 사이에 억양구 경계가 놓이는 것은 후행 서술어구가 매
우 길거나 동사구 내포문인 경우를 제외하고는 흔치 않은 일이다.

---

19) 첫 번째 억양구의 경계음조 뒤에 오는 약간의 하강 부분은 정점과 그 다음 고저 악센트를
생리적으로 연결해 주는 것으로 청취적으로는 인지되지 않는다.

위 발화에서 또 다른 억양구 경계는 '그러니까'와 '세린이가' 사이에서 찾아진다. 이 경우에도 경계성조의 유형은 앞선 경계성조와 마찬가지로 가운데수평조 억양으로 나타났다. 접속부사 다음에 억양구 경계가 놓이는 일은 성인 언어에서도 찾아지므로(한선희·오미라 1999: 120), 위 발화에서 두 번째 억양구 경계가 놓인 위치가 접속부사 다음이라는 사실만으로는 통사 구조와 운율 구조의 불일치 현상을 설명하기 어렵다. 그러나 앞에서 언급한 바와 같이 하나의 억양구 안에 문장 경계가 포함되어 있는 점은 통사 구조가 운율 구조에 충분히 반영되지 못하고 있음을 말해 준다.

이러한 통사 구조와 운율 구조의 불일치 현상은 월령이 증가하면서 조금씩 개선되는 것으로 드러났는데, 다음 발화는 그 과정에서 나타나는 과도기적 양상을 보여준다.

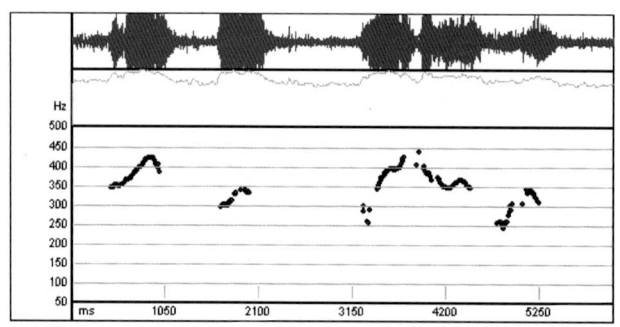

[그림10] 33개월 유아 발화의 억양 곡선, "이거는 (//) 더 (//) 엄마가 타면 (//) 너무 (//) (너무 공이 무겁고, 더, 기분이 안 좋아.)"

[그림10]은 33개월에 발화된 자료의 억양 곡선이다. 위 그림에서 보면, 종속 접속 어미 '-면' 다음에 억양구 경계가 생성되었음이 뚜렷이 나타난다. 그러나 성인의 일반적인 억양구 생성 양상과는

달리, 선행절이 그리 길지 않음에도 불구하고 하나의 억양구 안에 놓이지 못하고 세 개의 억양구로 나뉘어 있음을 볼 수 있다. 여기서 나타난 경계성조는 낮오름조 억양으로 유아의 발화에서 흔히 찾아지는 성조유형이다. 이와 같이 문장을 잘게 토막 내어 낮오름조 억양을 얹어 발화하는 경향은 관찰 구간의 마지막 단계까지 수의적이나마 계속 발견되었다.

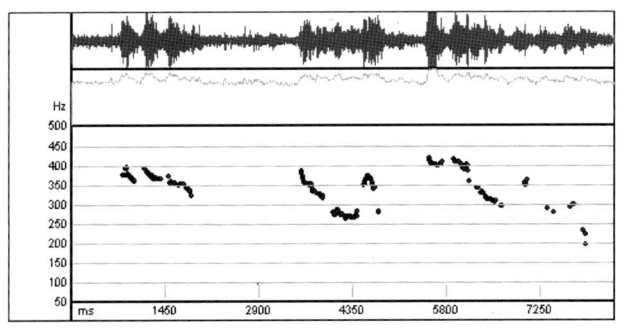

[그림11] 33개월 유아 발화의 억양 곡선, "뽐뽐뽐이 어떻게 하는 거냐면, (//) 뽀뽀하는 게 뽐뽐뽐이야."

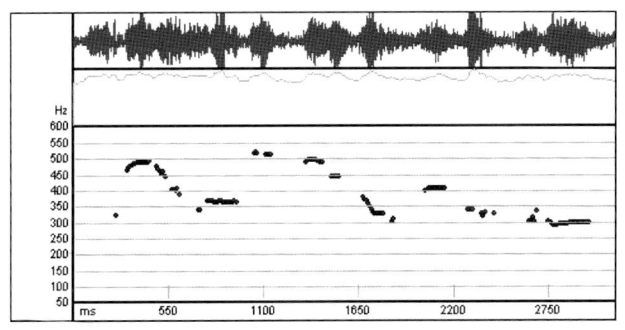

[그림12] 35개월 유아 발화의 억양 곡선, "유빈이 인제 컸으니까 이불 덮고 자지."

[그림11]과 [그림12]에 나타난 억양 곡선은 각각 33개월과 35개

월에 발화된 자료에 대한 것이다. [그림11]의 발화는 조건을 나타내는 종속 연결 어미 '-면'을 포함하고 있고, [그림11]의 발화는 이유를 나타내는 종속 연결 어미 '-니까'를 포함하고 있다. [그림12]에서는 연결 어미 다음에 억양구 경계가 놓여 통사 구성과 운율 구성의 일치를 보여준다. 그리고 이때 나타난 경계성조는 가운데수평조로서 성인의 일반적인 억양 유형에 가깝다. [그림11]에서는 발화 중간에서 억양구 경계를 찾기 어려운데, 연결 어미 다음뿐 아니라 어느 곳에서도 억양구 경계는 나타나지 않는다. [그림12]의 발화에서 두 개의 억양구가 형성된 반면, [그림12]의 발화에서는 하나의 억양구가 형성되었는데, 그 원인은 발화 길이의 차이에서 찾을 수 있다. 김선철(1996: 84-90)에서 확인된 바와 같이 후행절이 두 개 미만의 악센트를 갖는 경우에는 선행절과 후행절 사이에 억양구 경계가 생기지 않는데, [그림12]의 발화는 후행절이 하나의 악센트만을 갖는 하나의 중간구로 되어 있으므로 억양구가 필수적으로 생성되어야 하는 것은 아니다. 따라서 이러한 경우는 연결 어미 다음에 억양구 경계가 놓이지 않았지만 통사 구성에 어긋나는 운율 구성이라고 보기 어렵다.

3) 관형절 내포

관형절 내포문에서는 일반적으로 내포문과 피수식 명사 사이에는 억양구 경계가 올 수 없다. 대신 발화에 네 개 이상의 악센트가 있을 때 관형절의 수식을 받는 명사 다음에 억양구 경계가 위치한다(Lee 1990: 147, 김선철 1996: 102-104).

224

분석 대상 자료에서 관형절 내포의 구성은 총 9개 발화에서 발견되었다. 이 가운데 내포문과 피수식 명사 사이에 억양구 경계에 나오는 다소 긴 휴지가 삽입된 경우는 29개월 자료의 1개 발화([그림 13] 참조)에서 발견되었으나, 억양구 경계성조는 나타나지 않아 의도적인 휴지 삽입인지 비유창성에 의한 것인지 판단하기 어렵다.

관형절 내포 구성 가운데 피수식 명사 다음에 억양구 경계가 삽입된 경우는 24개월 자료의 1개 발화에서 나타났고, ([그림14]), 나머지 발화는 모두 중간구 3개 이하의 짧은 발화로서 하나의 억양

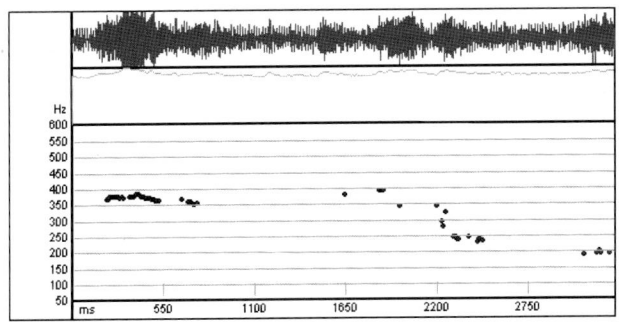

[그림13] 29개월 유아 발화의 억양 곡선, "작은 (//) 꼬끼오가 앉아야 돼."

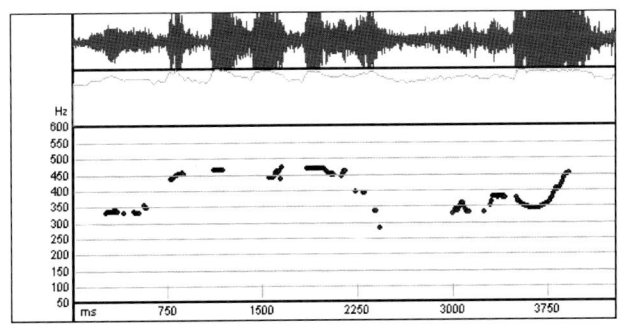

[그림14] 24개월 유아 발화의 억양 곡선, "문 똑똑똑 한 거 (//) 이거 보자."

구로 구성되었다. [그림14]를 보면, 관형절 '문 똑똑똑 한(하는)'과 피수식 의존명사 '거(것)'가 하나의 억양구 안에 놓이고, 피수식 명사 '거(것)' 다음에 억양구 경계가 형성된 것을 볼 수 있다.

관형절 내포 구성에서 관심을 가질 만한 또 다른 부분은 내포절의 중간구 구성에 관한 것이다. 이호영(2003: 206 - 207)에서는 명사구에 두 개의 어절로 이루어진 관형절이 포함되어 있으면 관형절과 피수식 명사 사이의 의미 관계에 따라 중간구(말토막) 경계가 달리 부과된다고 하고, 관형절이 수식하는 명사의 일반적인 특징을 설명하여 관형절의 내용과 명사의 내용이 동격을 이룰 때에는 관형절과 명사 사이에 중간구 경계가 부과되는 반면, 관형절이 피수식 명사의 개별적인 특징을 설명할 때에는 관형절의 첫 어절 다음에 말토막 경계가 부과된다고 보았다.

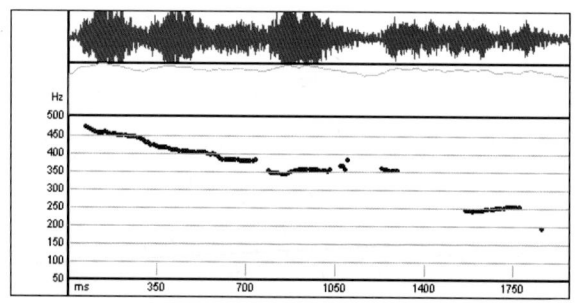

[그림15] 35개월 유아 발화의 억양 곡선, "세린이 언니가 했던 노래."

[그림15]에 제시된 억양 곡선에서 첫 번째 중간구는 세 번째 단절 이전까지의 HLHL 성조가 얹힌 부분이다. 그 사이에 나타난 두 번의 단절은 각각 '-가'의 [g]와 '했-'의 [tʰ]에 기인한다. 위의

발화는 관형절을 내포한 구성으로 관형절이 피수식 명사 '노래'의 개별적인 특징을 설명하고 있다. 그러므로 내포절의 첫 음운 단어인 '세린이 언니가' 다음에 중간구 경계가 오는 것이 자연스럽다. 그러나 실제 발화에서는 '세린이 언니가 했던'이 하나의 중간구를 이루고 관형형 어미 '-ㄴ'과 피수식 명사 '노래' 사이에 중간구 경계가 옴으로써 일반적인 운율 구성 방식에서 벗어나 있다.

4) 인용절 내포

인용절 내포문은 직접 인용의 경우와 간접 인용의 경우로 나뉘고, 직접 인용의 경우에는 '-하고, -라고' 등의 보문자가 나타난 경우와 보문자가 생략된 경우로 나뉠 수 있다. 김선철(1996: 94-97)에서는 보문자 '-고'로 연결된 간접 인용문에 대한 억양 분석 결과, 내포절과 보문자 사이에 억양구 경계 또는 중간구 경계가 나타날 수 없음을 밝힌 바 있다. 직접 인용의 경우에 대한 분석 결과는 아직까지 보고된 바 없으나, 대화체 자연 발화 자료의 억양 유형을 형태소별로 분석한 한선희·오미라(1999: 123-129)에 제시된 전사 자료를 통해 직접인용문 다음에 억양구 경계가 나타남을 확인할 수 있다.[20]

본 분석 대상 자료에서는 간접 인용의 경우는 발견되지 않았고, 직접 인용문의 경우는 총 8회 발견되었다. 이 가운데 보문자가 나타난 발화는 하나도 없었고 모두 보문자가 생략되고 상위동사로 '하다'가 직접 나타나거나, '하다'와 함께 '이렇게' 등의 대용표현이 같이 나타났다.[21]

---

20) "얘기가 있어요# 하고 인제 그렇게 하시지 말고#," "#한 달만 다녀서 메꿔보자# 그랬더니#"

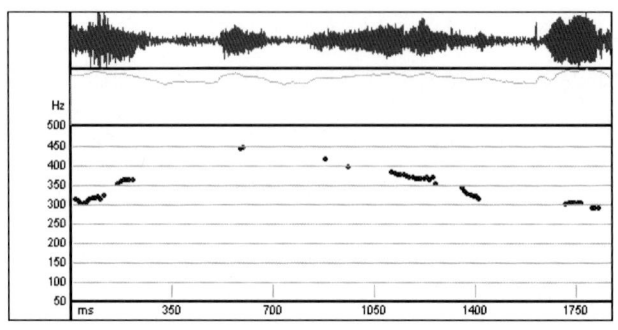

[그림16] 25개월 유아 발화의 억양 곡선, "'아, 심심해.' 하고 있어."

　[그림16]은 25개월 시기에 발화된 것으로, 그림책에 나오는 대화 내용을 엄마로부터 듣고 여기서 나온 '아, 심심해.'라는 주인공의 말을 그대로 인용하여 말한 것이다. 여기에 나타난 억양 곡선을 보면 인용절인 '심심해'와 상위동사 ' - 하고' 사이에 중간구나 억양구 경계가 없이 자연스럽게 이어짐을 관찰할 수 있다. 억양 곡선의 중간에 나타난 조그만 단절 부분은 ' - 고'의 [g]에 해당한다. 이러한 운율 단위 구성은 인용절과 주절 사이의 통사적 경계를 제대로 반영하지 못함으로써 해당 발화의 '심심해'와 '하고'가 '심심해하다'라는 하나의 어휘 의미를 전달하는 것으로 잘못 이해되게 할 수 있다.

　인용절과 주절 사이에 억양구 경계를 삽입하지 않는 현상은 관찰 구간 안에서 월령에 관계없이 나타났다. 다음 [그림17]은 35개월에 발화된 자료의 억양 곡선이다.

---

21) '하다'와 함께 '이렇게' 등의 대용표현이 나타난 경우 이러한 발화를 내포절을 포함한 복문 구성으로 볼 것인지 아니면 두 개의 단문이 나열된 것으로 볼 것인지에 대해서는 논란이 있을 수 있다. 그러나 두 경우 모두 인용문과 이어 나오는 문장 사이는 다른 위치보다 통사적 친밀도가 떨어진다는 점에서는 이견이 없을 것으로 생각되므로 두 경우를 분리하지 않고 함께 기술하기로 한다.

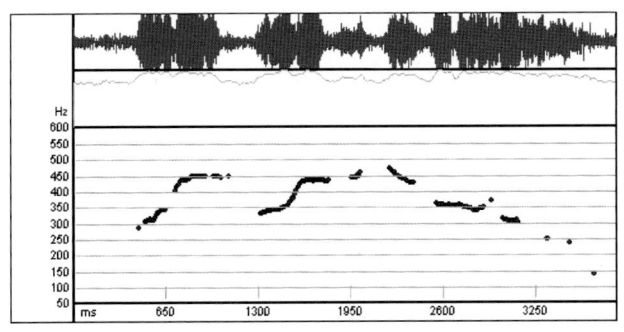

[그림17] 35개월 유아 발화의 억양 곡선, "'엄마, 엄마 꼭 안고 잔다.' 해야지."

위 발화는 엄마에게 '엄마 꼭 안고 잔다.'라는 발화를 요구하는 것으로, 앞부분의 '엄마'에 나타난 비유창성에 의한 단절을 제외하고는 휴지 없이 하나의 억양구로 이루어져 있다. '엄마'에 얹히는 상승 곡선에 이어, 하강 곡선이 '꼭 안고 잔다 해야지' 부분에 얹혀 있는데, 인용절에 포함되는 '잔다'와 주절에 포함되는 '해야지' 사이에 억양구 경계나 중간구 경계는 나타나지 않았다.

복문 구조에서의 운율 단위 구성에 대한 지금까지의 논의를 요약하면, 대등 접속과 종속 접속의 경우, 관찰 초기에는 억양구 형성이 아예 이루어지지 않거나 각 발화가 가진 통사 구조 층위에 맞지 않게 이루어지는 것이 대부분이었으나, 월령이 증가하면서 차츰 억양구 경계와 통사 경계가 일치하는 일이 많아졌다. 관형절 내포의 경우, 24개월에 관형절과 피수식 명사 사이에 휴지가 개입되어 성인과 다른 양상을 보였으나, 나머지 시기에는 피수식명사 다음에 억양구 경계가 나타나거나 발화 전체가 하나의 억양구 단위 안에 놓여 성인과 거의 비슷한 양상을 보였다. 그러나 중간구 형성에 있

어서는 문장 성분 간의 의미 관계를 제대로 반영하지 못하는 예가
눈에 띄었다. 인용절 내포의 경우에는 직접인용임에도 불구하고 인
용절과 주절 사이에 억양구 경계가 나타나지 않았고, 이러한 양상
은 월령이 증가해도 달라지지 않았다.

　이와 같이 월령이 증가함에 따라 운율 경계와 통사 경계의 불일
치 현상이 점차 줄어들기는 하지만 문장 유형에 따라 차이를 보이
는 등 불일치 현상이 완전하게 사라지지는 않는다. 이러한 사실로
보아 의미 단위를 나타내는 운율 기능이 습득되기 시작하는 것은
다단어 발화가 시작되는 만 2～3세 무렵이지만, 습득이 완성되는
것은 이보다 더 늦은 시기가 될 것임을 짐작할 수 있다.

4. 마무리

　제5장에서는 일어문 시기의 아동 두 명과 다단어 발화를 시작하
는 시기의 아동 한 명을 대상으로 유아 초기의 운율 발달 양상을
살펴보았다.

　아동은 일어문 시기부터 - 성인과 같은 방식은 아니지만 - 화행의
종류에 따라 억양을 선택하는 체계적 사용 양상을 보인다. 초기에는
주로 음 높이를 달리함으로써 화행을 구분하고, 후기로 가면 다른
패턴의 억양을 사용함으로써 화행을 구분하는 경향이 있다. 화행에
따라 다른 패턴의 억양을 사용하는 행동은 다어문 시기에 이르면 보
다 복잡하고 다양한 양상을 띤다. 이러한 사실은 발화 경계에 놓이

는 문미 억양의 실현에서 잘 관찰할 수 있다. 다어문 사용 초기에는 문미 억양 유형이 화행의 종류와 일대일로 대응하는 양상을 보이다가 월령이 증가하면 같은 화행에 대응되는 억양 패턴이 점차 다양해진다. 이것은 문미 억양이 갖는 문법적 기능 외에 태도적 기능이나 화용적 기능이 이 시기에 추가로 습득된 결과로 보인다.

일어문 초기의 유아 언어에서 보이는 억양 유형과 화행과의 대응 관계는 성인 언어에서 보이는 억양 유형과 화행의 관계와 꼭 같은 것은 아니다. 아동에 따라서는 성인이 특정 화행을 수행할 때 일반적으로 선택하는 억양 유형이 아니라 아동 스스로 나름대로 선택한 억양 유형을 일정하게 사용하기도 한다. 이것은 유아가 성인 언어를 목표로 삼고 있기는 하지만 이를 단순히 모방하기보다 각 발달 단계에서 각기 다른 방법으로 체계화하고 있음을 암시한다.

마지막으로, 억양구 등 운율 단위의 구성은 다어문 사용 초기에는 발화가 갖는 통사 구조와 거의 무관하게 이루어지다가 차차 밀접한 관련을 갖는 것으로 변화한다. 통사적으로 적절한 위치에 억양구 경계가 놓이게 함으로써 발화의 의미 및 정보 단위를 표시하는 것은 능숙한 의사 전달을 위해 꼭 필요한 일이다. 이와 같이 운율을 의미 및 정보 단위의 개념과 연결시키고 운율 사용의 기술을 배우는 것 또한 언어 습득 과정에서 중요한 부분을 차지한다.

참고문헌

강명재(1991), 「언어습득이론에 근거한 어린이의 언어발달 연구 - 생후 20개월까지」, 홍익대학교 박사학위논문.

고현주·김상훈·김종진(2003), 「한국어에서 공손함을 나타내는 운율적 특성에 관한 연구.」『말소리』45.

곽미숙(2003), 「초등학생의 r-1, p-f 음운인식과 발음 능력의 발달에 관한 연구」, 전북대학교 교육대학원 석사논문.

권경안(1981a), 「한국 아동의 언어 발달 연구 - 음운 발달 및 어휘 발달을 중심으로」, 한국교육개발원.

권경안(1981b), 『한국 아동의 음운 발달(Ⅱ)』, 한국교육개발원.

권경안(1982), 「한국 아동의 언어발달」, 『문교행정』 11.

권경안·이연섭·손미령(1979), 『한국아동의 음운발달』, 교육개발원.

권순희(1982), 어린이의 음운발달에 관하여, 「인문학연구」 17, 강원대.

김경철·채미영(2001), 유아용 언어 평가 도구 분석, 『한국교원대교수논총』

김기호 외 공역(2000), 『음성과학』(G. Borden, K. Harris, L. Raphael, *Speech Science Primer*, Williams & Wilkins, 1994), 한국문화사.

김명희·김순자(2003), 유아의 결속 구조 형성 능력 발달 과정, 『한국어교육』 14(2).

김명희·김정선(2004), 유아의 진술 화행에 관한 연구, 『담화와 인지』 11(1).

김무림(1992), 『국어음운론』, 한신문화사.

김사현(1978), 유아의 언어발달에 관한 고찰, 『목포초급대논문집』 18.

김선철(1996), 「국어 억양의 음성학·음운론 연구 - 서울말을 중심으로 - 」,

서울대 박사학위논문.

김승렬(1969), 아동어의 음운체계의 발달, 『국어국문학논문집』 1, 서울 사대.

김영태(1991), 아동의 언어습득 이론, 『특수아동교육』 18.

김영태(1992), 2~6세 아동의 음운변동에 관한 연구(Ⅰ): 생략 및 첨가 변동을 중심으로, 「재활과학연구」 10(1).

김영태(1996), 그림자음검사를 이용한 취학 전 아동의 자음정확도 연구, 「말-언어장애연구」 2.

김영태·신문자(1992), 아동의 음운변동에 관한 연구(Ⅱ): 대치 변동을 중심으로, 「언어치료연구」 2(1).

김종영(1979), 「유아의 음운습득 고찰」, 계명대학교 교육대학원 석사학 위논문.

김지숙(2001), 「언어발달이 지체된 유치원 아동의 음운변동에 관한 연 구」, 단국대 특수교육대학원 석사 논문.

김차균(1981), 음절이론과 국어의 음운규칙, 『논문집』 8(1), 충남대 인문 과학연구소.

김철규(1977), 언어발달과 언어장애, 『보건세계』 249.

김태경(2003), 영유아 단계의 말소리 출현 양상, 『한국인의 의사소통 능 력 발달 단계 연구 중간발표회 요지집』.

김태경(2005), 아동의 음 산출에 관여하는 제약의 유형과 위계: 자음 대 치와 탈락을 중심으로, 「음성음운형태론연구」 11(2).

김태경·김명희(2004), 유아 초기의 운율 발달에 관한 연구, 국어교육 115.

김태경·안미리(2004), 언어 습득 초기의 음운 처리 과정, 한국어학 24.

남기심·고영근(1993), 『표준국어문법론』, 탑출판사.

남억우(1981), 「아동의 음운발달 연구: 자발적 형태와 반향적 형태의 비 교를 중심으로」, 중앙대 석사학위논문.

노명완(1987), 아동의 언어발달: 한국아동의 단계별 위상, 『국어생활』 10, 국립국어연구원.

다가스 요꼬(1997), 「어린이 언어발달과정에 있어서의 음운현상에 관한 고찰: 한·일 양국어 사용 어린이의 경우를 중심으로」, 서울대 석사학위논문.

박경자(1997), 『언어습득연구방법론』, 고려대 출판부.

박내리(2001), 「조음장애 아동의 한국어자음 대치 변동 현상」, 청주대 석사학위논문.

박동근·이석재(2003), 대학생 구어 담화의 음운 실현에 대한 계량적 연구, 담화·인지언어학회 제2차 국제학술대회 발표요지집, 1－12.

박서린(1999), 「성인의 일상적인 대화에서 나타나는 말소리 출현 빈도 연구」, 이화여대 석사학위논문.

박애경·이승환(2000), 모음환경에 따른 초성 /ㅅ/ /ㅈ/ 및 /ㄹ/의 산출 연구, 「언어청각장애연구」 5(2).

박영주(2001), 「음운이론의 발달: 음운표기를 중심으로」, 호서대 석사학위논문.

박휴용(1994), 「유아의 의사소통에 관한 연구」, 연세대 석사학위논문.

배소영(1987), 정상 말소리 발달(1), 『아동의 조음장애치료』. 서울: 한국언어병리학회.

배소영(1996), 한국 아동의 언어발달, 『대한음성언어의학회지』 7.

배주채(1996), 『국어음운론개설』, 신구문화사.

배희숙(2001), 「한국어 음소와 이음의 분포 연구」 『계량언어학』 1, 박이정.

서정수(1996), 『국어문법』, 한양대출판원.

신지영(1999), 이중모음 /ㅢ/의 통시적 연구, 「민족문화연구」 32.

신지영(2003), 『우리말 소리의 체계』, 한국문화사.

안미리·김응모·김태경(2004), 한국어 모음 체계 습득 과정, 인지과학 15(1).

안미리·김태경(2003), 유아의 자음 체계 습득 과정: 목표 언어와 유아어의 분절음 대치를 중심으로, 『한국어교육』 14(2), 국제한국어교육학회.

안미리·김태경(2004), 억양의 의사소통적 기능에 대한 연구: 일어문 시기의 아동을 대상으로, 『음성과학』 11(2).

안상철(2001), 『최적성 이론의 언어분석』, 한국문화사.

안은순(1999), 「일반아동과 정신지체아동의 음운습득 비교: 파찰음·마찰음·유음을 중심으로」, 단국대 석사학위논문.

엄정희(1986), 「3, 4, 5세 아동의 말소리 발달에 관한 연구: 자음을 중심으로」, 이화여대 석사학위논문.

오정란(1997), 『현대국어음운론』, 형설출판사.

유필재(1994), 「발화의 음운론적 분석에 대한 연구」, 서울대 석사학위논문.

유한희(1980), 「/ㄹ/ 음가의 비실현이 아동의 음운체계에 미치는 영향: 아동의 언어 발달 과정의 측정을 위하여」, 연세대학교 석사논문.

이기문(1988), 陰德記의 高麗詞之事에 대하여, 『국어학』 17, 국어학회.

이기정(1977), 음성·음운 규칙 발달, 『새국어생활』 7(1).

이병근·최병옥(1997), 『국어음운론』, 한국방송대학교출판부.

이삼형·이필영·임유종(2003), 어말어미의 습득 과정에 관한 연구, 「국어교육학연구」 18.

이승복 역(2001), 『언어발달』(Robert E. Owens, Jr., *Language Development: An Introduction*, Allyn & Bacon, 1988), 시그마프레스.

이승복(1994), 『어린이를 위한 언어 획득과 발달』, 정민사.

이승환(1996), 「한국어와 영어의 음운습득 비교 연구」, 계명대 석사학위논문.

이윤선(1993), 「음운현상 기술에 있어서의 음절: 아동언어를 중심으로」, 서울대 석사학위논문.

이인섭(1986), 「한국아동의 언어발달 연구」, 고려대 박사학위논문.

이필영·이준희·전은진(2004), 유아의 품사 범주 발달에 관한 연구, 『이중언어학』 25.

이필영·임유종(2003), 한국 아동의 문장 구성 능력 발달 단계, 『한국어교육』 14(2).

이필영·임유종(2004a), 어미 활용 오류를 통해 본 유아의 언어 습득, 『국어교육』 115.

이필영·임유종(2004b), 유아 초기의 문장 구조와 구성 요소에 관한 연구, 『국제어문』 31.

이현복(1989), 『한국어의 표준발음: 음성학적 이론과 실제』, 서울: 교육과학사.

이현복·김선희·김영태 편역(1995), 『어린이 발음의 진단과 치료』, 교육과학사.

이현진·박영신·김혜리 공역(2001), 『언어발달』(Erica Hoff, Language Development, 2001), 시그마프레스.

이호영(1991), 한국어의 억양 체계, 『언어학』 13, 한국언어학회.

이호영(1994), 한국어 문장 억양의 선택 과정, 『한글』 225. 한글학회.

이호영(1999), 국어 핵억양의 음향음성학적 연구, 『말소리』 38, 대한음
　　　성학회.

이호영(2003), 『국어음성학』, 태학사.

장경희(1999), 진술에 대한 긍정과 부정, 『한국어 의미학』 5, 한국어의
　　　미학회.

장경희·김명희·김순자(2003), 유아의 텍스트 결속 형식 습득 과정, 『국
　　　어교육학연구』 18.

장경희·김정선(2003), 유아의 요구 화행 수행 능력의 발달 단계, 『한국
　　　어교육』 14(2), 국제한국어교육학회.

장경희·이삼형·김정선(2003), 유아의 질문 화행 습득 과정, 『텍스트
　　　언어학』 15, 한국텍스트언어학회.

장신자(1997), 「아동의 음운 발달에 관한 연구」, 계명대 교육대학원 석
　　　사학위논문.

전희정(2000), 「2~7세 정상아동의 /ㅅ/와 /ㅆ/ 말소리 발달 연구」, 이
　　　화여대 석사학위논문.

전희정·이승환(1999), 2~7세 정상 아동의 /ㅅ/와 /ㅆ/ 말소리 발달연
　　　구, 「언어청각장애연구」 4.

정동빈(1987), 『언어습득론』, 한신문화사.

조명한(1982), 『한국아동의 언어획득연구: 책략모형』, 서울대학교출판부.

조숙환(1997), 언어 습득론, 『새국어생활』 7.

한국교육개발원(1981), 「한국 아동의 언어발달 연구: 음운발달 및 어휘
　　　발달을 중심으로」, 한국교육개발원.

한선희(2000), 대화체 억양구말 형태소의 경계성조 연구, 『음성과학』
　　　7(4). 한국음성과학회.

한선희·오미라(1999), 한국어 억양구의 경계톤, 『음성과학』 5(2), 한국
　　　음성과학회.

허웅(1965), 『국어음운학』, 샘문화사.

홍성인(2001), 『한국아동의 음운인식 발달』, 연세대 석사학위논문.

홍성인·전세일·배소영·이익환(2002), 한국아동의 음운인식 발달, 「언

어청각장애연구」 7(1).

황미하(2003), 「2;6~3;5세 한국아동의 언어습득에 관한 종단적 연구」, 단국대 특수교육대학원석사.

Allright, R. L.(1977), Language learning through communication Practice, In C. J. rumfit and K. Johnson(eds.), *The Communicative Approach to Language Teaching*, London: Oxford University Press.

Barton, D.(1975), Statistical significance in phonemic perception experiments, *Journal of Child Language*, 2.

Bates, E.(1975), Peer relation and the acquisition of language, In M. Lewis & L. Rosenblum(eds.), *Friendship and Peer Relations*, New York: Wiley.

Bates, E., Camioni, L. & Volterra, V.(1975), The acquisition of performatives prior to speech, *Merrill-Palmer Quarterly*, 21, 205-226.

Bloom, L.(1973), *One word at a time*. The Hague. The Netherlands: Mouton.

Bloom, L.(1991), *Language Development from Two to Three*, Cambridge, England: Cambridge University Press.

Borden, G., Harris, K. & Raphael, L.(1994), *Speech Science Primer*, Williams & Wilkins.

Brown, R.(1973), *A First Language: The Early Stages*, Cambridge, MA: Harvard University Press.

Bryant, P. E., Bradley, L., Maclean, M. & Crossland, J.(1989), Nursery rhymes, phonological skills and reading, *Journal of Child Language*, 16.

Cutler, A.(1996), Prosody and the word boundary problem, In J. L. Morgan & K. Demuth(Eds.), *Signal to Syntax: Bootstrapping from Speech to Grammar in Early Acquisition*, Hillsdale, NJ: Erlbaum.

Demuth, K.(1996), The prosodic structure of early words, In J. L. Morgan & K. Demuth(Eds.), *Signal to Syntax: Bootstrapping from Speech to Grammar in Early Acquisition*, Hillsdale, NJ: Erlbaum.

Fee, J. & Ingram, D.(1982), Reduplication as a strategy of phonological development, *Journal of Child Language*, 9.

Ferguson, C. A. & Farwell, C. B.(1975), Words and sounds in early language acquisition, *Language*, 51.

Ferguson, C. A.(1979), Phonology as an individual access system: Some data from language acquisition, In C. J. Fillmore, D. Kempler & W. S. Y. Wang(Eds.), *Individual Differences in Language Ability and Language Behavior*, New York: Academic Press.

Furrow, D.(1984), Young children's use of prosody, *Journal of Child Language*, 11.

Galligan, R.(1987), Intonation with single words: Purposive and grammatical use, *Journal of Child Language*, 14.

Garnica, O.(1973), The development of phonemic speech perception, In T. E. More(Ed.), *Cognitive Development and the Acquisition of Language*, New York: Academic Press.

Golinkoff, R. M.(1993), When is communication a 'meeting of the minds?' *Journal of Child Language*, 20.

Goodluck, H.(1991), *Language Acquisition: A Linguistic Introduction*, Cambridge, MA: Blackwell.

Grieser, D. L. & Kuhl, P. K.(1989), Categorization of speech by infants: Support for speech – sound prototypes, *Developmental Psychology*, 25.

Grunwell, P.(1981), The development of phonology: A descriptive profile, First *Language*, 3.

Grunwell. P.(1982), *Clinical Phonology*, Rockville: Aspen.

Grunwell, P.(1986), Aspects of phonological development in later childhood, In K. Durkin(Ed.), *Language Development in the School Years*, Cambridge, MA: Brookline Books.

Hodson, B. W. & Paden, E. P.(1981), Phonological processes which characterize unintelligible and intelligible speech in early childhood. *Journal of Speech and Hearing Disorders*, 46.

Ingram, D.(1976), *Phonological Disability in Children*, London: Edward Anold.

Ingram, D.(1986), Phonological development: Production, In P. Fletcher & M. Garman(Eds.), *Language Acquisition*(2nd ed.), Cambridge, England: Cambridge University Press.

Ingram, D.(1989), *First Language Acquisition: Method, description, and explanation*, Cambridge, England: Cambridge University Press.

Ingram, D.(1995), The cultural basis of prosodic modifications to infants and children: A response to Fernald's universal theory, *Journal of Child Language*, 22.

Ingram, D.(1999), Phonological acquisition, In M. Barrett(Ed.), *The Development of Language*, East Sussex: Psychology Press.

Jakobson. R. & Halle, M.(1956), *Fundamentals of language*, Mouton.

Jakobson. R.(1941), Child Language, Aphasia and Phonology Universals, Translated into English by Keiler, A.(1968), The Hague Mouton.

Jun, S. A.(1993), *The Phonetics and Phonology of Korean Prosody*, Ph. D. dissertation, Ohio State University.

Jun, S. A.(1999), *K - ToBI Labelling Conventions*(version 3.0), ms., UCLA.

Jun, S. A.(2000), *K - ToBI Labelling Conventions*(version 3.1), In *UCLA Working Papers in Phonetics* 99.

Kelly, M.(1996), The role of phonology in grammatical category assignments, In J. L. Morgan & K. Demuth(Eds.), *Sigmal to Syntax: Bootstrapping from Speech to Grammar in Early Acquisition*, Mahwah, NJ: Erlbaum.

Kenny, K. W. & Prather, E. M.(1986), Articulation in preschool children: consistency of productions, *Journal of Speech and Hearing Research*, 29.

Kuhl, P. K.(1987), Perception of speech and sound in early infancy, In P. Salapatek & L. Cohen(Eds.), *Handbook of Infant Perception*, New York: Academic Press.

Kuhl, P. K. & Meltzoff, A.(1982), The bimodal perception of speech in infancy, *Science* 218.

Kuhl, P. K., Williams, K. A., Lacerda, F., Stevens, K. N. & Lindblom, B.(1992), Linguistic experience alters phonemic perception in infants by 6 months of age, *Science*, 255.

Lee, H. Y.(1990), *The Structure of the Korean Prosody*, Ph. D. Thesis, University of London.

Leech, G., Weisser, M., Wilson, A. & Grice, M.(1998), *Survey and Guidelines for the Representation and Annotation of Dialogue*, Integrated Resources Working Group, LE − EAGLES − WP4 − 4.

Leonard, L. B.(1995), Phonological impairment, In Fletcher, P. & MacWhinney, B.(eds.), *The Handbook of Child Language*, Oxford: Blackwell.

Lewis, M. M.(1957), *How Children Learn to Speak*, Basic Books.

Liberman, I. Y., Shankweiler, D., Fischer, F. W. & Carter, B.(1974), Explicit syllable and phoneme segmentation in the young child, *Journal of Experimental Child Psychology*, 18.

Locke, J. L.(1983), *Phonological Acquisition and Change*, New York: Academic Press.

Locke, J. L. & Pearson, D. M.(1992), Vocal learning and the emergence of phonological capacity: A neurobiological approach, In C. A. Ferguson, L. Menn & S. Stoel − Gammon(Eds.), *Phonological Development*, Timonium, MD: York Press.

Macken, M. A.(1995), Phonological aquisition, In John A. Goldsmith(ed.), *The Handbook of Phonological Theory*, Cambridge: Blackwell.

MacWhinney, B.(1991), *The CHILDES Project: Tools for Analyzing talk, Hillsdale*, NJ: Erlbaum.

Manyuk, P. & Menn, L.(1979), Early strategies for the perception and production of words and sounds, In P. Fletcher & M. Garman(Eds.), *Language Acquisition*, Cambridge, England: Cambridge University

Press.

Marcos, H.(1987), Communicative function of pitch range and pitch direction in infants, *Journal of Child Language*, 14.

Menn, L.(1975), Counter－example to 'fronting' as a universal of child phonology, *Journal of Child Language* 2.

Menn, L. & Stoel－Gammon, C.(1995), Phonological development, In P. Fletcher & B. MacWhinney(Eds.), *The Handbook of Child Language*, Oxford: Blackwell.

Menyuk, P.(1971), *The Development of Speech*, New York: Bobbs－Merrill.

Menyuk, P., Menn, L., & Silver, R.(1986), Early strategies for the perception and production of words and sounds, In P. Fletcher & Garman, M.(eds.), *Language Acquisition*. Cambridge, England: Cambridge University Press.

O'Conner, J. D. & Arnold, G. F.(1973), *Intonation of Colloquial English*, London: Longman.

Oller, D. K.(1980), The emergence of the sounds of speech in infancy, In G. H. Yeni－Komshine, J. F. Kavanagh & C. A. Ferguson(Eds.), *Child Phonology*, New York: Academic Press.

Oller, D. K.(1986), Metaphonology and infant vocalization, In B. Lindbloom & R. Zetterstrom(Eds.), *Precusors of Speech*, New York: Stockton Press.

Oller, D. K. & Lynch, M. P.(1992), Infant vocalizations and innovations in infraphonology: Toward a broader theory of development and disorders, In C. A. Ferguson, L. Menn & C. Stoel－Gammon(Eds.), *Phonological Development: Models, Research, Implications*, Timonium, MD: York Press.

Oller, D. K. & Steffens, M. L.(1994), Syllables and segments in infant vocalizations and young child speech, In M. Yavas(Ed.), *First and Second Language Phonology*, San Diego: Singular Publishing Group.

Oller, D. K. Wieman, L. A., Doyle, W. J. and Ross, C. (1976). Infant babbling and speech, *Journal of Child Language*, 3.

Oller, D. K., & Steffens, M. L.(1994), Syllables and segments in infant vocalizations and young child speech, In M. Yavas (eds.), *First and Second Language Phonology*. San Diego: Singular Publishing Group.

Payne J.(1995), The COBUILD spoken corpus: transcription convention, In Leech et al.(eds.), *Spoken English on Computer*. Longman Group, Ltd.

Peppè S.(1995), The survey of English usage and the London – Lund corpus: computering manual prosodic transcription, In Leech et, al.(eds.), *Spoken English on Computer*, Longman Group, Ltd.

Petty W. T. & Jensen J. M. (1980), Developing children's language, Boston: Allyn and Bacon, Inc.

Phillips, S.(1993), *Young Learners*, Oxford: Oxford University Press.

Pierrehumbert, J.(1987), *The Phonetics and Phonology of English Intonation*, Indiana: IULC Publications.

Pinker, S.(1990), Language acquisition, In D. N. Osherson & H. Lasnik(Eds.), *Language Invitation to Cognitive Science*(Vol 1), Cambridge, MA: MIT Press.

Prather, E. M., Hedrick, D. L. & Kern, C. A.(1975), Articulation development in children aged to four years. *Journal of Speech Pathology and Audiology*, 40.

Reich, P. A. (1986), *Language Development*, Englewood Cliffs, NJ: Prentice – Hall.

Sander, E.(1972), When are speech sounds learned? *Journal of Speech and Hearing Disorders*, 37.

Shachkin, N. K.(1973), The development of phonemic speech perception in early childhood, In C. A. Ferguson & D. I. Slobin(Eds.), *Studies of Child Language Development*, New York: Holt, Rinehart & Winston.

Stark, R. E.(1986), Prespeech segmental feature development, In P. Fletcher & Garman, M.(eds.), *Language Acquisition*. Cambridge, England: Cambridge University Press.

Stoel – Gammon, C. & Dunn, C.(1985), *Normal and Disordered*

Phonology in Children, Austin, Texas: Pro – ed.

Templin, M. C.(1957), *Certain Language Skills in Children*, Minneapolis: University of Minnesota Press.

Vennemann, T.(1988), *Preference Laws for Syllable Structure and the Explanation of Sound Change*, Berlin: Mouton de Gruyter.

Vihman, M. M.(1988), Early phonological development, In J. Bernthal & N. Bambson (eds.), *Articulation and Phonological Disorders*, New York: Prentice – Hall.

Vihman, M. M.(1996), *Phonological Development: The Origins of Language in Child*, Cambridge, MA: Blackwell.

Werker, J. F. & Pegg, J. E.(1992), Infant speech perception and phonological development, In C. A. Ferguson, L. Menn & S. Stoel – Gammon(Eds.), *Phonological Development*, Timonium, MD: York Press.

Werker, J. F. & Polka, L.(1993), Developmental changes in speech perception: New challenges and new directions, *Journal of Phonetics*, 21.

색인

김태경

▌약 력

고려대학교 국어교육과 졸업
한양대학교 국어학 석사, 박사
동국대, 동서울대, 한양대 강사
한양대학교 한국교육문제연구소 연구교수

▌주요논문 및 저서

『국어의 음운 제약과 음운 변동 현상』(2005)
「언어 습득 초기의 음운 처리 과정」(2004)
「구어 주석 코퍼스 구축을 위한 발화 단위 연구」(2005)
「한국어 발화 속도의 연령별 증가에 관한 연구」(2006)
「언어 발달 과정에 나타난 비유창성 연구」(2008) 등

김명희

▌약 력

이화여자대학교 교육학과 졸업
미국 컬럼비아대학교 교육학 석사, 미국 보스턴대학교 교육학 박사
한양대학교 교육학과 교수
한국교육과정학회 부회장, 다문화교육학회 회장

▌주요논문 및 저서

『영·유아 교육프로그램』(2004)
『다중지능이론에 기초한 유아교육과정』(2006)
「유아의 텍스트 결속 형식의 습득 과정」(2003)
「프로젝트 스펙트럼 적용 연구와 교육적 시사점」(2004)
「유아의 표현언어 평가척도 개발 연구」(2008) 등

안미리

▌약 력

미국 보스턴대학교 국제정치학과 졸업
미국 퍼듀대학교 교육공학 석사, 박사
한양대학교 교육공학과 교수
한국교육공학회 이사, 한국교육환경연구원 감사

▌주요논문 및 저서

『지식정보사회를 위한 정보교육담론』(2007)
「효과적인 ICT실행과 관련된 주요변인들에 대한 사례 연구」(2002)
「억양의 의사소통적 기능에 대한 연구」(2004)
「초등학생의 의사소통에 대한 의식 및 실태 연구」(2004)
「교사신념 측정도구 개발 및 타당성 분석」(2004) 등

국어의 음운 체계 습득 과정

초판인쇄 | 2009년 3월 30일
초판발행 | 2009년 3월 30일

지은이 | 김태경, 김명희, 안미리
펴낸이 | 채종준
펴낸곳 | 한국학술정보㈜
주 소 | 경기도 파주시 교하읍 문발리 513-5 파주출판문화정보산업단지
전 화 | 031) 908-3181(대표)
팩 스 | 031) 908-3189
홈페이지 | http://www.kstudy.com
E-mail | 출판사업부 publish@kstudy.com

등 록 |
가 격 | 26,000원

ISBN   978-89-534-1326-9 93710 (Paper Book)
       978-89-534-1327-6 98710 (e-Book)

본 도서는 한국학술정보(주)와 저작자 간에 전송권 및 출판권 계약이 체결된 도서로서, 당사와의 계약에 의해 이 도서를 구매한 도서관은 대학(동일 캠퍼스) 내에서 정당한 이용권자(재적학생 및 교직원)에게 전송할 수 있는 권리를 보유하게 됩니다. 그러나 다른 지역으로의 전송과 정당한 이용권자 이외의 이용은 금지되어 있습니다.